KB021202

통합진보당 해산 결정,
무엇이 문제인가?

통합진보당 해산 결정,
무엇이 문제인가?

대표 집필 **김선수** / 통합진보당 소송대리인단

좌담 **한상희, 정태호, 이재화**

도서출판 **말**

도서출판 말

통합진보당 해산 결정, 무엇이 문제인가?

2015년 2월 12일 초판 1쇄 발행

글쓴이 | 김선수(대표 집필)/통합진보당 소송대리인단
좌담 | 한상희 정태호 이재화
기획 진행 | 신석진
사진 | 백운종

편집 디자인 | 김범현
펴낸이 | 최진섭
펴낸곳 | 도서출판 말

출판신고 | 2012년 3월 22일 제 2013-000403호
주소 | 서울 마포구 토정로 222 한국출판협동조합 A동 208-2
전화 | 070-7165-7510
팩스 | 02-707-0903
전자우편 | dreamstarjs@gmail.com

ISBN-979-11-951906-5-2

* 값은 뒤표지에 있습니다.

시민사회 논의는 이제부터 시작

2012년 12월 4일 대통령 후보 TV 토론회에서 통합진보당의 이정희 후보는 충성 혈서를 써가며 일본군 장교가 된 다카키 마사오를 거론하며, 친일과 독재의 후예인 박근혜 후보를 떨어뜨리려 나왔다고 했다. 이 장면을 지켜본 많은 국민은 박근혜 후보가 대통령에 당선되면, 이정희 후보가 무사하지 못할 것이라는 불길한 예감을 떨치지 못했다.

다카키 마사오와 이정희 후보

박근혜 대통령이 당선된 후 국정원과 기무사 등에 의한 불법선거운동이 드러났다. 통합진보당은 원세훈 전 국정원장을 고발하는 등 대선에서의 불법선거운동을 밝히기 위해 활동했다. 그 결과 원세훈 전 국정원장과 김용판 전 서울지방경찰청장 등 5명에 대한 기소가 이루어졌다. 그런 와중에 국정원 협력자를 통해 확인된 2013년 5월 10일과 5월 12일의 이석기 전 의원 강연 모임이 알려졌다. 그리고 이석기 의원실에 대한 압수수색을 계기로 언론을 통해 대대적으로 내란음모 사건으로 비화되었다. 정부는 내란음모 사건 기소 후 2013년 11월 5일 통합진보당에 대한 해산심판을 헌법재판소에 청구했다. 헌법과 헌법재판소법에 규정되어 있지만 활용될 일은 없을 것만 같았던 정당해산심판제도가 현실적인 칼날이 되어 정당의 목을 겨눈 것이다.

  필자는 개인적으로 통합진보당의 당원이 아니고, 어느 정당에도 가입해 본 적이 없다. 우리 사회에서 진보적 정당 활동의 필요성에 대해 적극적으로 공감하지만, 통합진보당의 이런저런 행태에 대해서는 동의하지 못하는 부분도 많았다. 그런데 정당해산심판이 청구되기 직전에 통합진보당의 이정희 대표가 사무실로 찾아왔다. 정부가 해산심판청구를 할 것으로 예상하는데, 대리인단을 구성해서 사건을 맡아달라고 했다. 당시 뮤지컬 영화 「레미제라블」이 인기리에 상영되었다. 박근혜 정부 출범으로 민주주의 후퇴에 상심한 많은 사람이 「레미제라블」을 보면서 치유 받기도 했다. 필자도 그런 사람 중의 하나였다.

  정당해산심판 사건을 진행하는 헌법재판소가 「레미제라블」에서 왕당파에 맞서 싸우는 공화파의 초라한 파리 시내 바리케이드로 보였다. 민주주의를 수호하기 위해 막강한 물리력을 상대로 몸으로 맞설 수밖에 없는 그 바리케이드가 바로 정당해산심판 사건이었다. 또한 평생 한 번 있을까 말까 하고, 세계적으로도 드문 사건을 수행한 다는 것은 변호사로서 영광이기도 한 측면이 있었다. 내란음모 사건 과 통합진보당에 대한 매카시즘적 매도와 내란음모 사건 변호인들에 대한 극우단체들의 비난 집회도 있는 터였다. 이정희 대표로부터 사 건 의뢰를 받고 약간의 고민이 없지 않았다. 새로 공부해야 할 내용 도 많고, 업무량도 엄청날 것으로 예상되어 감당할 수 있을지 장담할 수도 없었다.

이정희 대표의 제의를 받고 우선 김진 변호사에게 연락했다. 상황 을 말하고 의견을 물었다. 맡을지 여부는 내 판단에 따르고, 내가 맡 으면 같이 하겠다고 답변했다. 이에 용기를 얻어 승낙했다. 통합진보 당에서는 대리인단의 규모나 인선은 전적으로 나에게 맡기겠다고 했 다. 민변 회원들에게 공지하여 대리인단을 모집했다. 그 결과 12명의 변호사(김선수, 이재화, 김진, 전영식, 이광철, 이한본, 이재정, 고윤덕, 윤영 태, 신윤경, 최용근, 김종보)를 중심으로 소송대리인단을 구성했다. 뒤 에 소위 내란 관련 사건 기록에 대한 본격적인 증거조사에 들어갈 때 그 사건 변호인 중에서 5명의 변호사(천낙붕, 심재환, 하주희, 조지훈, 김 유정)가 합류했다.

당시 소송대리인단에 합류하는 것이 얼마나 어려운 일이었는지는 이재정 변호사가 최종 변론기일인 제18차 변론기일에 다음과 같이 최후 변론을 한 것을 미루어 짐작할 수 있다.

"저는 통합진보당 당원이 아닙니다. 그리고 그저 진보적 소수정당 의 역할을 지지하면서 마음만 보태고 있었습니다. 그런데 매스컴을 통해서 대리인단에 함께 한 제 모습을 발견한 지인들이 전화를 해오기 시작합니다. '사회에 대한 네 고민은 충분히 알겠는데 이번 일은 아니다.', 'RO니 뭐니 돌아가는 판이 수상치 않다.' 심지어 '다친다.', '위험하다.'고 이야기합니다. 제가 평소 공안사건이나 인권적 조력이 필요한 재판을 하지 않았던 것도 아닌데, 유독 이런 조언에 시달렸던 이유가 무엇일까요? 파렴치범을 변호하거나 심지어 희대의 흉악범이었던 강호순의 형사절차적 인권을 옹호하는 발언으로 사무실로 빗발치는 항의 전화에 시달릴 때도 저를 아끼는 지인들만큼은 변호사인 제 역할을 지지하고 응원해 주었습니다. 그런데 왜 이번에는 저를 아끼는 지인들이 말렸을까요? 왜 제 가족들이 저를 말렸을까요? 통합진보당이 파렴치범보다 살인마보다 더 동의할 수 없었던 걸까요? 통합진보당에 대한 혐오감이 저를 말리게 했을까요? 이미 짐작하시겠지만, 그것은 당시 매카시적 매도 분위기에 대한 공포 때문이었습니다. 여느 때의 종북이니, 빨갱이니 하는 정치적 색깔론 매도와는 달리, 정말 이번만큼은 이 일에 휘말리면 다칠지도 모른다는 공포에서 비롯된 염려였습니다. 그들은 연일 매스컴에서 떠들어대는 RO니 북한 추종 정당이니 하는 것에 대해서 두려워했던 것이 아닙니다. 그들의 눈에는 서슬 퍼런 칼날을 들이대는 공권력이 광기로 보였던 것 같습니다. 언론에서 RO의 폭력성이나 통합진보당의 위험성을 더 열심히 보도하면 할수록, 사법시험 잘 합격해서 변호사로 잘 살고 있는 내 딸, 내 조카, 내 제자, 내 친구가 잘못 휘말려서 시쳇말로 인생 망칠 수도 있는 그런 광풍으로 보였던 겁니다."

소수파가 민주주의 파괴한 적 거의 없어

통합진보당에 대한 해산심판은 2013년 11월 5일 청구서가 접수되었고, 성탄절 하루 전인 12월 24일 제1차 준비절차기일이, 그리고 설 연휴 이틀 전에 제2차 준비절차기일이 진행된 이래 2주 내지 3주 단위로 숨 가쁘게 진행되었다. 대리인단은 이 사건 심판청구 자체의 부당성을 지적했다. 위헌의 소지가 있는 정당에 대해서는 민주시민들이 선거를 통해 선택하지 않는 방식으로 대처하는 것이 성숙한 민주주의 사회다. 국가권력에 의한 강제적인 해산은 민주주의를 지킨다는 명분 아래 민주주의의 가장 근본적인 행위주체인 정당을 정치의 장에서 축출하는 것으로서 그 자체가 민주주의에 대한 심각한 훼손이기 때문이다. 정부가 정당해산심판을 청구하는 것은 국민의 민주적 역량을 불신하기 때문이다. 필자는 제1차 변론기일에 구두 변론하면서 이 점을 지적했다.

"대한민국 정부가 이 사건 심판청구를 한 것은 국가의 사회방위 역량과 국민의 선택을 믿지 못하겠다는 것을 의미한다. 『논어』에 나오는 '무신불립(無信不立)'은 백성의 믿음이 없으면 정치가 설 수 없다는 의미이나, 이 시점의 맥락에서는 '백성을 믿지 못하는 정권은 설 수 없다.'는 의미로도 읽힙니다. 그렇기에 소송대리인단은 정부가 이번 심판청구를 취하하는 것이 가장 바람직하나, 그렇지 않다면 헌법재판소가 올바른 결정을 함으로써 우리 헌법과 민주주의의 수준을 만방에 증명해 줄 것으로 기대합니다."

이 사건 심판사건은 우리나라 초유의 사건으로서 중대한 의미를 가진다. 이에 대해 필자는 피청구인 소송대리인으로서 제1차 변론기일에 다음과 같이 설명했다.

"이 사건은 우리 헌정 사상 초유의 정당해산심판 사건입니다. 우리 사회에 민주주의적 다원성의 의미를 묻고 있으며, 우리 사회의 민주주의적 관용을 심판대에 올려놓았습니다. 이 사건을 어떻게 심리하고, 어떤 결론에 이르는지에 따라 우리나라는 전 세계에서 몇 안 되는 '국가가 나서서 정당을 해산하는 나라'가 되느냐의 기로에 서게 된 것입니다."

또한 최종 변론에서 위 사실을 다시 환기하면서 이 사건 결정이 대한민국에서 갖는 의미를 다시 한 번 강조했다.

"인류 역사상 민주주의의 파괴는 정권을 장악한 다수파의 전횡에 의해 자행되었지, 소수 반대파에 의해 행해진 사례는 거의 없습니다. 소수 반대파에 대한 다수파의 태도 여하에 따라 그 사회의 민주적 성숙도가 달라졌습니다. 소수 반대파를 포용하고 관용한 나라는 선진국으로 발전할 수 있었고, 소수 반대파를 포용하지 못하고 탄압으로 대응한 나라는 혁명으로 치달은 것이 역사의 교훈이기도 합니다. 이 사건 심판의 결과는 우리나라가 어느 길로 갈 것인가에 대한 시금석이 될 것입니다. 소수 반대파를 포용하고 관용함으로써 성숙한 선진 민주주의 사회로 갈 것인가, 아니면 소수 반대파를 배제함으로써 암흑과 후진의 나락으로 떨어질 것인가? 그 결정권은 이제 아홉 분의 헌법재판관님들에게 달려 있습니다."

헌재는 6월 항쟁과 1987년 헌법의 산물

정당해산심판 사건에 대한 심판권을 갖는 헌법재판소는 6월 민주항쟁에 의해 이뤄진 1987년 헌법의 산물이다. 그 계기가 된 6 · 10 민주항쟁 기념일에 제8차 변론기일이 열렸다. 필자는 제8차 변론기일에 피청구인 제출 서면의 요지를 설명하기에 앞서 그 의미를 다음과 같이 지적했다.

"우리 사회의 민주화에서 중요한 역사적인 의미를 갖는 6월 10일에 이 정당해산 사건의 변론기일이 열린다는 것은 자못 의미심장합니다. 1987년 6월 10일 시민 민주화 투쟁은 이 땅에서 권위주의의 시대에 종말을 고했습니다. 우리 사회의 민주화는 집권계층이나 제도권 정당에 의해 이루어진 것이 아니라 시민들의 투쟁에 의해 쟁취되었습니다. 그 결과 국민 기본권 보장을 증진하고, 대통령 직선제를 도입하는 것을 주된 내용으로 하는 전면적인 헌법 개정이 이루어졌고, 그 중요한 성과의 하나로 헌법재판소가 출범하였습니다. 헌법재판소에 부여된 헌법수호 수단의 하나인 정당해산심판이 사상 처음으로 청구되어 오늘 8차 변론기일을 진행하고 있는 것입니다. 이 정당해산 사건은 대한민국의 민주주의 수준과 관용의 폭을 가늠하는 시금석이 될 것이고, 시민들의 투쟁에 의해 쟁취된 대한민국 민주화의 성숙도를 확인하는 계기가 될 것이라 믿으면서 오늘의 변론기일에 임합니다."

심판청구를 기각해야만 하는 여섯 가지 이유

변론을 종결하는 제18차 변론기일에 필자는 소송대리인으로서 최종 변론을 통해 헌법재판소가 이 사건 심판청구를 기각해야만 하는 이유를 여섯 가지 측면에서 다음과 같이 강조했다.

"첫째, 우리의 조국, 대한민국을 위해서입니다. 국가권력이 소수정당을 강제로 해산하는 그런 야만적인 수준의 국가가 된다면 국제사회에서 어떻게 소위 국격(國格)을 유지할 수 있겠습니까? 지난 9월 말에 열린 세계헌법재판회의에 참석한 발레리 조르킨 러시아 헌법재판소장은 러시아에서도 공산당 창당을 금지하지 않았다면서 한국 국민들도 민주주의가 번영하는 국가에서 살기를 바란다고 밝혔습니다. 이 사건에서 만약 해산 결정을 한다면 러시아 헌법재판소장이 보기에도 한국 국민은 아주 딱한 처지에 있는 것으로 동정을 사게 될 것입니다. 우리 조국, 대한민국이 세계의 조롱거리가 되지 않기를 간절히 바랍니다.

둘째, 우리 사회의 민주주의를 위해서입니다. 이 사건에서 정당해산 결정이 내려질 경우 어떠한 비이성적인 광풍이 몰아칠지 전혀 예상할 수 없습니다. 단순히 피청구인의 해산에 머물지 않고 모든 진보진영에 어떠한 철퇴가 내려질지 모를 일입니다. 청구인은 이미 국민들의 광범위한 지지를 받았던 주요 대중투쟁을 반미자주화 투쟁이라면서 북한과의 연계성을 주장했습니다. 앞으로 모든 대중투쟁을 그 연장 선상에서 단정하고 대처할 가능성도 있습니다. 그렇게 되면 국민들의 모든 반정부 비판 활동은 탄압의 대상이 될 것입니다. 혹자는 이 사건에서 기각결정이 나면 피청구인과 그 당원들은 물론이고 국민들에게 잘못된 신호를 전하게 될 것이라고 말합니다. 이는 신호를 위해 우리 사회의 민주주의의 숨통을 끊어야 한다는 것으로서, 그야말로 궤변에 불과합니다. 오히려 이 사건 심판청구가 인용된다면, 이 사회는 표현의 자유와 사상의 자유는 물론이고 상상할 자유조차 압살되어 숨 쉴 곳이 한 뼘도 남아 있지 않은 황무지가 되고 말 것입니다. 우리 사회에서 민주주의를 살려내고 지켜내기 위해서라도 이 사건 심판청구는 기각되어야 합니다.

셋째, 우리 국민의 자존을 위해서입니다. 누차 말씀드렸지만 이 사건 심판청구는 우리 국민들의 민주적 역량에 대한 신뢰가 없기 때문에 제기된 것입니다. 그래서 본 대리인은 모두진술을 할 때 '무신불립(無信不立)'을 지적한 바 있습니다. 이 사건 심판청구는 어떻게 보면 우리 국민들에 대한 모독입니다. 우리 국민은 군사독재의 억압을 뚫고 민주화를 일궈냈습니다. 민주적 기본질서를 침해하는 정당에 대해서는 헌법재판소가 강제적인 해산 결정을 하지 않더라도 우리 국민들이 선택을 통해 억제할 수 있습니다. 국가가 나서서 강제적으로 해산하지 않더라도 민주적인 정치과정을 통해 얼마든지 해소할 역량이 있습니다. 헌법재판소는 이 사건에 대한 기각결정으로 우리 국민의 자존을 세워주시기 바랍니다.

넷째, 청구인 즉 대한민국 정부를 위해서입니다. 대한민국 정부는 정당해산이라는 극약 처방이 아니라도 얼마든지 형사적·행정적 대응 수단을 통해 국가의 안전과 사회를 방위할 수 있는 역량이 충분합니다. 헌법재판소를 통해 강제적으로 정당해산을 해야만 사회를 지킬 수 있을 정도로 취약하지 않습니다. 이 사건 진행 과정에서 우리 정부의 역량에 대해 청구인과 피청구인이 오히려 반대의 입장을 취하는 아이러니한 상황이 전개되기도 했습니다. 피청구인 측은 우리 정부가 국가안전이나 사회방위를 위한 역량이 과잉인 것이 문제이면 문제이지 부족한 바는 전혀 없으므로 굳이 정당해산이라는 극단적인 조치를 취할 필요가 없다는 입장을 피력하였습니다. 그런데 정작 청구인은 자신의 그러한 능력을 불신하고 헌법재판소가 극단적 조치를 취해주어야만 한다는, 자기비하적·자학적 평가를 하였습니다. 국민의 입장에서는 참으로 당혹스럽다고 하지 않을 수 없습니다. 국민의 선택을 받아 구성된 정부가 자신의 역할을 제대로 수행할 수 없음을 자인하고 있으니 말입니다. 이 사건 심판청구가 인용된다면, 이는 대한민국 정부의 무능을 만천하에 공표하는 것이 됩니다. 오히려 이 사건 심판청구를 기각하는 것이 그나마 대한민국 정부의 체면을 세워주는 것이 될 것입니다.

대한민국과 헌재를 위해서도 기각해야

다섯째, 우리 사회의 약자와 소수자들을 위해서입니다. 피청구인은 우리 사회에서 소외되고, 힘없고, 가난하고, 정당한 대우를 받지 못하는 사람들을 위해 정책을 제시하고 연대하고 같이 투쟁해온 정당입니다. 피청구인이 해산될 경우 사회적 약자와 소수자를 위한 활동 자체가 불온시되고 위축될 우려가 큽니다. 우리 사회의 약자와 소수자들에게 희망의 불씨를 살려주기 위해서도 이 사건 심판청구를 기각하여 주시기 바랍니다.

여섯째, 마지막으로 헌법재판소를 위해서입니다. 헌법재판소는 군사독재정권에 대한 국민들의 항거로 쟁취한 1987년 헌법에 의해 출범했습니다. 헌법재판소는 우리 국민들이 쟁취한 민주화의 소산입니다. 그렇기에 헌법재판소는 우리 국민의 민주적 역량을 철저하게 신뢰한 반석 위에 서 있는 것입니다. 헌법재판소의 모든 권한의 원천은 국민입니다. 헌법재판소는 우리 사회의 다수파를 대변하는 기관이 아니라 소수파의 인권과 활동을 옹호함으로써 민주주의를 수호하고 확장하는 것을 사명으로 하는 기관입니다. 다수파의 횡포가 거침없이 행해지고 있는 작금의 상황에서 헌법재판소가 균형추를 잡아주어야 합니다. 다수파에 하나의 동조의견을 보태는 역할에 머문다면 그러한 헌법재판소는 존재의의를 상실하게 될 것입니다. 헌법재판소 결정으로 소수 반대파 정당을 해산하는 것은 헌법재판소의 존립 원천을 부정하는 것이 될 것입니다. 이러한 의미에서 이 사건에서 심판대 위에 있는 것은 통합진보당이 아니라 헌법재판소 자신이라고 할 수도 있습니다. 헌법재판소의 존재의의를 확인하기 위해서도 이 사건 심판청구를 기각하여 주시기 바랍니다."

그러나 헌법재판소는 최종 변론기일을 진행한 후 한 달도 되지 않은 짧은 기간 만에 선고기일을 잡고는 8:1의 의견분포로 정당해산 결정을 선고했다. 통상 선고기일 통지는 1주일 정도 전에는 해주는데, 이 사건의 경우에는 2일 전에 선고기일을 통지해주었다. 박근혜 대통령이 2년 전에 당선된 그 날을 선고기일로 잡았다. 심판청구 시점부터 계산하면 13개월 정도 만이다. 방대한 증거목록은 선고 후 1달 이상이 지난 시점까지 제대로 작성되지 못하여 피청구인 대리인은 이를 복사할 수도 없었다. 증거목록조차도 제대로 작성하지 않은 상태에서 서둘러 선고를 했다는 의미다.

시민사회 논의는 이제부터 시작

헌법재판소의 이 사건 정당해산 결정은 민주주의 사회에서 가장 중요한 정치적 행위자인 정당을 강제적으로 정치의 장에서 축출했을 뿐만 아니라 국민이 선거로 뽑은 국회의원들의 자격마저 상실시켰다. 과연 헌법재판소에 그러한 권한을 행사할 민주적 정당성이 있는 것일까? 헌법적·법적 근거 없이 헌법재판소가 국회의원 자격을 상실케 하는 것의 심각성에 비추어 그 사실인정은 엄격한 증거법칙에 입각해야 하고, 그 판단은 올바른 법리와 보편적인 기준에 근거해야 한다. 그런데 이 사건 결정, 특히 다수의견은 심각한 문제를 안고 있다.

이 사건 결정에 대해서는 다양한 측면에서 해석되고 분석될 것이다. 우리 사회의 민주주의 발전을 위해서는 이 사건 결정을 극복해야만 하는 과제가 주어졌다. 피청구인 소송대리인단의 일원인 전영식 변호사가 최종 변론에서 지적한 것처럼 법정에서의 절차는 종결되었지만 시민사회에서의 논의는 이제부터 시작이다.

"마지막으로 헌법재판관 아홉 분 앞에서 진행된 청구인과 피청구인 대리인단의 법정에서의 공방절차는 종결됩니다. 그러나 저는 법정에서의 절차가 종결되는 순간 우리나라의 민주주의와 법치주의, 다원적 시민사회의 가치와 헌법재판의 의미에 대한 시민사회의 논의는 비로소 시작될 것으로 생각합니다. 청구인의 위헌 논리와 피청구인의 합헌 논리, 헌법재판소의 다수의견과 소수의견들이 모두 비판의 장에 올려질 것이고 낱낱이 해부될 것입니다. 향후 우리나라 헌법의 규범적 효력을 좌우하는 일대의 사건이 될 것입니다."

필자는 이 정당해산심판 사건의 피청구인 소송대리인단 단장으로서 활동했다. 정당해산 결정이 선고된 직후 발표한 '소송대리인단의 견해'에서 밝힌 바와 같이, 소송대리인단은 우리 사회의 민주주의를 수호한다는 사명을 갖고 최선을 다했으나 결국 실패함으로써 역사의 죄인이 되었다. 우리 사회는 이 정당해산 결정의 파고를 넘어야만 한다. 그 첫 작업은 정당해산 결정에 대한 치밀한 분석인데, 이 사건에 처음부터 끝까지 관여한 소송대리인의 관점에서 일차적으로 정리했다.

다수의견 폐기되고, 소수의견이 헌재 공식의견 되기를

이 책에는 필자의 평석 이외에 이재화 변호사, 정태호 교수, 한상희 교수의 대담도 수록했다. 이재화 변호사는 다른 야당의 비례대표 후보였음에도 피청구인 소송대리인단에 참여하여 치밀하게 변론을 준비하고, 심판정에서 부당한 진행에 강력하게 이의를 제기하는 등 열정적으로 활동했다. 정태호 교수는 피청구인 추천 참고인으로서 정당해산제도의 법리와 독일의 사례에 대한 의견서를 제출하고 심판정에 출석하여 의견을 진술했으며, 재판관들과 대리인들의 질문에 답변했다. 한상희 교수는 정부가 정당해산심판을 청구한 직후부터 헌법학자로서 그 부당성을 기회 있을 때마다 지적해주었다. 세 분의 대담은 필자의 평석에서 부족한 부분을 보충해줌과 동시에 평석에 담기 힘든 내용까지 알기 쉽게 설명해 주었다.

이 사건 결정에서는 다수의견을 '법정의견'으로, 소수의견을 '반대의견'으로 칭했다. 그렇지만 필자는 '다수의견'과 '소수의견'으로 칭했다. 재심 등의 방법으로 다수의견이 폐기되고 소수의견이 헌법재판소의 공식의견으로 되는 날이 가까울수록 대한민국의 민주주의는 그만큼 빨리 회복될 것이다.

대법원은 2015년 1월 22일 소위 내란 관련 사건에 대해 전원합의체 판결을 선고했다. 항소심 판결과 같이 내란음모죄에 대해서는 무죄를, 이석기와 김홍열 두 사람의 내란선동죄에 대해서는 유죄를, 그리고 RO의 존재에 대해서는 입증이 부족하다고 판단했다. 3인의 대법관(이인복, 이상훈, 김신)은 내란선동죄도 무죄라는 취지의 의견을 밝혔다. 대법원 판결은 헌법재판소의 해산 결정의 가장 중요한 축을 부정한 것으로 볼 수 있다. 내란음모죄 인정에 필요한 실질적 위험성도 인정되지 않는 마당에 정당해산에 필요한 구체적이고 명백하며 급박한 위험성을 인정할 여지는 더욱 없다. 헌법재판소가 대법원의 판결을 기다리지도 않고 서둘러 해산 결정을 한 것은 대법원의 위와 같은 판결 선고를 예상하고, 그와 같은 경우 해산 결정을 하는 것이 어렵다고 여겼기 때문으로 보인다. 결국, 이러한 사정들에 의해 헌법재판소의 해산 결정은 조만간 시정될 것이라 믿는다.

우리 사회의 민주주의에 관심을 가진 사람, 민주주의를 위해 활동하는 사람, 그리고 이 사건 결정에 대해 연구 및 분석하고자 하는 사람, 특히 헌법을 배우고 법률가가 되기를 희망하는 예비법조인과 학생들에게 조금이라도 도움이 되고 참고할 수 있는 자료가 되기를 희망한다.

대한민국의 민주주의가 회복되는 그 날이 하루라도 빨리 오기를 간절히 기대하면서.

2015년 2월

통합진보당 소송대리인단을 대표하여

변호사 김선수

차 례

헌재 2014. 12. 19. 선고 2013헌다1 결정에 대한 평석

"대한민국 민주주의
사망선고한 매카시즘 판결"

대표 집필 김선수 / 통합진보당 소송대리인단

I. 머리말

"우리 사회의 주류적 입장과 다른 주장을 한다고 해서
정당을 정치공론의 장에서 추방하는 것은
민주주의의 포기이자 전체주의입니다."

머리말

민주주의와 헌재에 대한 사망선고

대한민국 정부가 청구인/신청인이 되어 통합진보당을 피청구인/피신청인으로 해서 2013년 11월 5일 제기한 통합진보당 해산심판 청구[1] 및 정당활동정지 가처분신청[2] 사건에 대해 헌법재판소(이하 '헌재'라 함)가 2014년 12월 19일[3] 결정을 선고했다. 가처분신청 사건에 대해서는 9명 재판관 전원일치로 기각했다. 기각결정의 이유는 이유 없다는 한마디뿐이다.[4] 정당해산 및 국회의원직 상실에 대해서는 8명의 재판관이 해산의견[5], 1명의 재판관이 기각의견[6]으로 6인 이

---

1 헌재 2014. 12. 19. 선고 2013헌다 1 통합진보당 해산심판청구 사건 결정. 이하 '이 사건 결정'이라 한다.
2 헌재 2014. 12. 19. 선고 2013헌사907 정당활동정지 가처분신청 사건 결정.
3 12월 19일은 2년 전 박근혜 대통령이 대통령에 당선된 날이다.
4 "이 사건 가처분신청은 이유 없으므로 주문과 같이 결정한다."
5 재판소장 박한철, 주심 재판관 이정미, 재판관 이진성·김창종·안창호·강일원·서기석·조용호. 위 8인의 의견이 법정 의견이 되었다. 이하에서는 '다수의견'이라 한다.
6 김이수 재판관의 반대의견. 이하에서는 이 의견을 '소수의견'이라 한다.

상이 해산의견이므로 결론적으로 해산 결정이 선고되었다.[7] 해산의
견에 가담한 두 명의 재판관은 추가로 보충의견을 밝혔다.[8] 이로써 대
한민국 역사에서 헌재에 의해 정당이 해산되고, 그 소속 국회의원 전
원이 의원직을 상실하는 세기적 참사가 발생했다.

이 사건 결정에 대해 박근혜 대통령은 "자유민주주의를 확고하게
지켜낸 역사적 결정"이라고 평가했다. 대통령의 이런 평가에 대해서
는 새누리당의 이재오 의원조차 "대통령 자리에서 그런 코멘트는 바
람직하지 않다."고 말했다.[9]

피청구인 소송대리인단은 이 사건 결정 선고 직후 기자회견을 통
해 이 사건 결정은 '대한민국 민주주의에 대한 사망선고이자 헌재에
대한 사망선고'라는 입장을 발표했다.

> "오늘 헌법재판소의 통합진보당 해산 결정은 대한민국 민주주의에
> 대한 사망선고이자 헌법재판소 자신에 대한 사망선고입니다. 민주주
> 의는 정치적 소수에 대한 포용과 관용, 그리고 공개적인 토론과 선거
> 를 통한 의사결정과 선택을 그 생명으로 합니다. 우리 사회의 주류적
> 입장과 다른 주장을 한다고 해서 정당을 정치공론의 장에서 추방하
> 는 것은 민주주의의 포기이자 전체주의입니다. 헌법재판소는 독재정
> 권에 항거한 주권자인 우리 국민들의 민주화 투쟁의 역사적 결실로
> 출범했습니다. 독재정권에 의해 유린당한 우리 헌정사의 비극이 다

---

7 헌법 제113조 ① 헌법재판소에서 법률의 위헌결정, 탄핵의 결정, 정당해산의 결정 또는 헌법
  소원에 관한 인용 결정을 할 때에는 재판관 6인 이상의 찬성이 있어야 한다.
8 재판관 안창호·조용호. 이하에서는 이 의견을 '보충의견'이라 한다.
9 이재오, '박 대통령 헌재결정 언급 부적절', 「한겨레」, 2014. 12. 23. 자.

시 되풀이되지 않도록 감시하고, 모든 국가작용이 헌법의 테두리를 벗어나지 않도록 견제하는 것이 헌법재판소의 역사적 소임입니다. 그런데 오늘 결정은 우리 국민의 민주적 역량에 대한 불신에 근거한 것으로서, 이는 곧 헌법재판소의 존립근거에 대한 부정입니다."[10]

이 사건 결정에 대해서는 비판적인 평가가 줄을 이었다. 김종철 교수는 헌재가 '법치주의 이름으로 헌법을 매장' 하였다고 평가했다.

"민주적 법치주의 원리에도 불구하고 북한 문제와 관련해서는 헌법을 빈껍데기로 만들 수 있는 위험마저도 감수할 수 있다는 '무모'하고도 '비겁'한 결정을 '무책임'하게 내려버렸다."[11]

한홍구 교수는 '민주화로 태어난 헌재, 기득권 수호 첨병으로' 전락했다고 평가했다.

"이번 헌재의 결정은 1987년 6월 항쟁으로 탄생한, 다시 말해 민주화운동의 산물인 헌법재판소가 민주주의를 목 졸라 죽인 것이다. 민주주의를 지키고 발전시키는 데 도움이 될 것 같아 만든 헌법재판소가 민주주의의 본질적 가치를 짓밟아 버렸다. 좀도둑이 들끓어 불안해서 야구방망이 하나 장만했더니 강도가 들어 그 야구방망이로 우리 식구를 쳐 죽인 꼴이다. 게다가 정당을 보호해야 할 경비원이 강도와 합세했으니 참담하기 이를 데 없다."[12]

---

10 '헌법재판소 정당해산심판 선고에 대한 소송대리인단 입장', 「프레스바이플」, 2014. 12. 19. 자.
11 김종철, '법치주의 이름으로 헌법을 매장한 헌재', 「한겨레」, 2014. 12. 22. 자.

홍윤기 교수는 '8명의 헌재 재판관이 발포한 12월 유신'이라고 평가했다.

> "무슨 변명을 하든 대한민국 헌재의 이번 진보당 해산 결정은 42년 전 단 한 명의 독재에 의한 10월 유신과 거의 상응하는 8명의 헌재 재판관이 발포한 12월 유신이다. … 헌재는 최고법인 헌법의 최종 해석권을 휘둘러 '명백하게 현존하는 위험성'이 없는 정당을 강제 해산하고 '비상상황'을 공표했다."[13]

한상희 교수는 '자유당 시절 진보당을 해산시킨 사례를 능가하는 적나라한 국가폭력'이라고 평가했다.

> "자유의 적에 대해서는 자유를 인정할 수 없다는 전투적 민주주의라는 포장하에 새로운 이데올로기 정치의 수단으로 등장한 종북담론을 내세우며 정치적 반대파들을 '이단'으로 규정하고 비국민화시키는, 그리고 이 과정에서 이들을 하나의 호모 사케르(homo sacer, 죽여도 되는 생명)화시켜버리는 정치적 폭력의 극단을 달린다. 통합을 향한 민주주의의 실천이 아니라, 획일화된 신념체제로써 권력의 전횡 공간을 확장하고자 하는 반헌법적 행위인 것이다."[14]

---

12 한홍구, '민주화로 태어난 헌재, 기득권 수호 첨병으로', 「한겨레」 2014. 12. 22. 자.
13 홍윤기, '헌재의 시계는 유신인가', 「한겨레」 2014. 12. 20. 자.
14 한상희, '통합진보당에 대한 해산 결정의 문제점', 민주사회를 위한 변호사모임 · 민주주의 법학연구회 · 민주화를 위한 전국교수협의회 · 법과 사회 이론학회, 「헌법재판소 통합진보당 해산 결정 등에 따른 긴급토론회자료집」, 28면, 2014. 12. 23.

소송대리인단의 이재화 변호사는 '기획된 결정, 의도된 오판'이라고 평가했다.

"법정 의견은 이미 결론을 내려놓고 사실을 짜깁기하고, 억지 논리로 통합진보당이 위헌이라는 논리를 편 '기획된 결정'이다. 이 '의도된 오판'은 역사가 바로잡아 줄 것이다. 1958년 조봉암 진보당 당수에 대한 판결이 2011년에 잘못된 판결로 밝혀졌듯이. 훗날 역사는 이 '역사적 오판'에 가담한 8명 재판관들의 이름을 기억할 것이고, 그들의 '양심 없음'과 '비겁함'에 대해 심판할 것이다."[15]

최장집 교수는 '공안검사들의 고발장에 더 가까운 것'이라 평가했다.

"절차적 측면으로 보나, 그 논거로 보나 이번 헌재 결정은 우리가 지금 1950년대에 살고 있나 하는 착각을 느끼게 한다. 결정의 논리는 민주주의 시대 헌재의 결정문이라기보다는, 권위주의 시기 국가보안법 위반을 심의하는 법정에서 제시되는 공안검사들의 고발장에 더 가까운 것 같다. 그러나 헌재의 역할은 냉전 시기의 통치 담론이던 '자유민주주의'를 수호하는 데 있는 것이 아니라, 오늘날의 민주주의를 작동하게 하는 핵심 기제로서 정당정치가 발전할 수 있는 조건을 다지는 일에 있어야 할 것이다."[16]

---

15 이재화, '헌법재판소 결정의 기본적 오류와 향후 예상되는 문제', 앞의 「헌법재판소 통합진보당 해산 결정 등에 따른 긴급토론회자료집」, 64면.
16 최장집, '한국의 헌법재판소와 민주주의 · 헌재의 정당해산 결정에 대한 하나의 비판'. 최장집 교수는 이런 상황을 분열증적 정신 상태로 규정한다. "한편으로는 선진자본주의 국가의

남재희 전 노동부장관은 '대법원과 헌재의 라이벌 의식에서 강행된 기요틴'으로 평가했다.

"박근혜 대통령의 강한 의지가 작용해서 정부가 정당해산심판을 청구한 건 맞다. 그런데 내 보기엔 법원과 헌재가 라이벌 관계인 것도 결정에 영향을 미친 것 같다. 법원과 헌재는 밤낮 토닥토닥 권력다툼을 해왔다. 이건 내 주장이 아니라, 대법원보다 헌재가 서열이 좀 처진다는 게 언론에도 보도되잖나. 이석기 내란음모 사건에 대해서 … 2심 법원이 RO(혁명조직)의 실체를 인정할 수 없다고 판결했다. 내란음모도 인정하지 않았다. 3심이 남았는데도 헌재가 해산 결정을 해버리고, 지역구건 전국구건 막론하고 전부 의원직을 박탈하고, 어마어마한 조처를 취한다는 게 이상하잖나. 권력의 의지에 충실하게 복종한 것도 있지만, 대법원과 헌재의 라이벌 의식에서 강행된 것이라고 볼 수밖에 없다. 우리도 '기요틴' 한번 해보자고 한 것 아니겠나."[17]

필자는 피청구인 통합진보당의 소송대리인단 단장으로서 이 사건 진행 과정에 처음부터 끝까지 관여했다. 헌정사상 초유의 이 사건 결정에 대한 종합적인 평석을 하는 것이 소송대리인단의 역사적 책무라 생각하고 이 글을 정리했다.

반열에 오른 한국의 눈부신 경제 발전, 북한과는 비교도 할 수 없는 경제력의 격차, 이를 배경으로 북한을 언제나 흡수통일의 대상으로 여기는 엄청난 우월감이 있다. 다른 한편으로는 종북세력의 확산과 그 위험으로 체제가 무너질지도 모른다는 가상적 위험 앞에서 노심초사하는 정신적 나약함과 이념적 폐쇄성이 있고, 그로 인한 엄청난 열등감으로 고통받는다. … 이러한 분열증적 의식은 문화적으로뿐만 아니라, 민주주의의 발전을 위해서도 매우 해악적인 효과를 갖는다."

17 남재희, '헌재, 라이벌 의식에서 기요틴 해보자 한 것', 「한겨레」, 2015. 1. 7. 자.

이 사건 결정의 진행절차와 그에 관련된 쟁점들, 청구의 적법성, 정당해산심판제도의 기본 법리와 피청구인의 구체적인 민주적 기본질서 위배 여부, 정당해산요건인 구체적 위험성과 비례원칙 충족 여부, 국회의원 자격 상실, 그리고 해산 결정에 대한 우려 등을 이 사건 결정 내용을 중심으로 검토했다. 마지막으로 헌재 구성의 다양성 문제를 간단하게 검토했다.

II. 피청구인의 약사 및 정당해산심판 절차의 진행

1. 피청구인의 약사

– 2000년 민노당에서 출발, 2011년 통합진보당으로

일제 강점기에는 민족해방을 위해 다양한 사상과 이념이 수용되었고, 해방 직후에는 각 진영이 독립된 국가의 건설을 위해 왕성한 활동을 전개했다. 그러나 남과 북에 미국과 소련이 진주하고, 각각 독자적인 정부 수립 세력이 권력을 장악해감에 따라 각 지역에서 상대진영을 탄압했다. 남에서는 좌익진영이, 북에서는 우익진영이 존립하기 어려웠다. 한국전쟁 이후에는 남과 북에서 각각 상대진영을 철저하게 금압했다. 남한에서는 1956년에 이르러 비로소 조봉암의 진보당에 의해 진보진영이 활동을 재개했다. 그러나 대통령 선거에서 조봉암의 득표력[18]에 위협을 느낀 이승만이 1958년 2월 25일 진보당을 '군정법령 제55호'에 의거하여 행정처분으로 해산하고,[19] 조봉암을 간첩 혐의를 씌워 사형시킨 후 진보정당운동은 다시 물밑으로 가라앉았다.

긴 군사독재의 암흑기를 거쳐 1979년 10·26으로 민주화의 계기가 마련되었으나, 1980년 5월 광주민주화 항쟁을 무력으로 진압

---

18 1956년 대통령 선거는 "조봉암이 투표에서 이기고 개표에서 졌다."는 유명한 말이 나온 선거였다.

19 미 군정 당시에 제정된 '군정법령 제55호'에는 정당의 등록에 관한 규정만 있을 뿐, 정당의 해산이나 등록취소에 관한 언급은 전혀 없었다. 이승만 정권은 아무런 법적 근거 없이 '행정처분'으로 진보당을 해산한 것이다. 한홍구, 앞의 글.

한 신군부세력에 의한 독재가 다시 이어졌다. 특히 광주민주화운동을 무력으로 진압하는데 미국이 묵인 내지 동의함으로써 미국의 책임 문제가 부각되어 반미 자주가 주요 이슈의 하나로 되었다. 대통령도 국민의 선거로 선출하지 못하는 비정상적인 상황에서 진보진영은 폭력적 국가권력과의 화해 불가능을 전제할 수밖에 없었다. 1987년 국민들의 민주화 항쟁에 의해 제9차 헌법개정이 이루어졌다. 국민의 직접투표로 대통령을 선출하고, 헌법수호기관으로 헌재를 설립했다. 김영삼 대통령 당선 이후 제반 민주화 조치들이 실시되었고, 대통령선거에 의해 김대중 대통령, 노무현 대통령이 당선됨으로써 선거에 의한 정권교체가 현실화되었다. 이에 따라 진보진영도 종전의 혁명노선을 수정하여 선거에 의한 집권을 지향하면서 진보정당운동을 전개하였다.

1990년 11월 10일에 민중당이 창당되었다. 민중당은 1992년 3월 제14대 국회의원 총선거에서 51명의 후보가 출마하여 평균 6.25퍼센트의 득표율을 기록하였으나, 단 한 명도 당선되지 못하여 구 정당법에 의거해 해산되었다. 그 후 1996년 12월 노동관계법과 안기부법 날치기 처리 이후 총파업 투쟁을 거치면서 진보정당 건설 움직임이 다시 가시화되었다. 그 연장 선상에서 피청구인의 전신인 민주노동당이 설립되었고, 발전과 분당 등의 우여곡절을 거쳐 피청구인으로 통합되었다가 다시 탈당의 과정을 통해 해산심판청구 당시의 피청구인의 상태로 되었다. 이 사건 결정에서 피청구인의 해산사유를 판단하기 위해 필요한 범위에서 피청구인의 역사를 기술하면서 언급한 사건들을 정리하면 다음과 같다.

〈피청구인의 약사〉

일 시	내 용
1996. 12. 26.	노동법 및 안기부법 날치기 처리. 총파업 투쟁 전개. 노동운동계를 중심으로 노동자의 독자적 정치세력화의 필요성 제기.
1997.	민주노총[20] 주도로 전국연합,[21] 진보정치연합, 정치연대 등이 참여하여 '국민승리 21'[22] 결성. 민주노총 위원장 권영길을 제15대 대통령 선거 후보자로 결정.
2000. 1. 30.	민주노동당 창당.
2000. 4. 13.	제16대 국회의원 선거. 당선자 배출 실패. 정당 득표율 1.18%로 구 정당법 조항에 따라 등록취소.
2000. 5. 25.	민주노동당 재창당.
2000. 6. 15.	남북정상회담. '6 · 15 남북공동선언' 채택.
2000. 10. 21.	실천연대 결성.
2001. 2.	한국청년단체협의회 설립.
2001. 9.	전국연합, 충북 보람원수련원에서 '민족민주전선 일꾼 전진대회' 개최. 특별결의문 '3년의 계획, 10년의 전망' ['군자산의 약속' 또는 '9월 테제(9월 방침)'] 채택.
2002. 3. 7.	선거법 개정, 정당비례대표를 선출하는 1인 2표제 도입.
2002. 8.	민주노동당, 대안사회(사회주의) 논쟁.
2003. 3.	민주노동당, 사회주의 가치 논쟁.
2003. 9. 26.	강태운 사건 기소.
2003. 10. 23.	제4차 중앙위원회, 사회주의 성격 강화(사회주의 제1 테제)를 포함한 '민주노동당 발전방향'의 임시 당 대회 안건 상정 유보.
2003. 11. 1.	임시 당 대회. '당 발전특별위원회 보고서 심의 · 채택' 안건 상정.
2004. 4.	제17대 국회의원 선거. 정당 투표 13% 지지율, 지역구 국회의원 2인 포함 총 10인 국회의원 당선.
2004.	당체제 개편. 제1기 최고위원회 구성. 최고위원 7인은 1인 7표제(여성명부 4표, 일반명부 3표), 노동 · 농민 부문 최고위원은 찬반투표, 당 대표 · 정책위원회 의장 · 사무

일 시	내 용
	총장은 별도 투표로 각 선출. 당직과 국회의원 등 공직의 겸직 금지.
	당 대표 김혜경, 정책위원회 의장 주대환, 사무총장 김창현. 최고위원 김미희, 김종철, 박인숙, 유선희, 이영희, 이정미, 천영세, 최규엽, 이용식(노동 부문), 하연호(농민 부문).
2005.	제5차 중앙위원회, 최고위원 선거에 관한 1인 7표제를 1인 2표제(여성명부 1표, 일반명부 1표)로 변경.
2005. 9. 19.	6자 회담, 베이징에서 9·19 공동성명(주요 내용 – 한반도 비핵화, 북미 관계 정상화, 6개국 경제협력과 대북 에너지 지원, 평화체제를 위한 협상, 공약 대 공약·행동 대 행동의 원칙) 발표.
2006.	제2기 당직 선거. 당 대표 문성현, 사무총장 김창현, 정책위원회의장 이용대. 최고위원 김은진, 박인숙, 심재옥, 홍승하, 김성진, 이해삼, 김기수, 강병기(농민), 권영길(의원단 대표).
2006. 8.	제2기 집권전략위원회 출범. 위원장 최규엽, 기획단장 김영욱.
2006. 10.	제6차 중앙위원회, 진보진영의 상설연대체 건설준비위원회 참가 의결.
2006. 10. 3.	북한, 핵실험 단행. 북핵이 미국의 압박에 대한 자위적 수단이라는 취지의 이용대 발언으로 인한 논란.
2006. 10. 20.	민주노동당 확대간부회의, '비핵화 원칙에 따라 북한의 추가 핵실험이 있어서는 안 된다, 반전·평화, 제국주의 반대 투쟁을 강력히 전개한다. 북의 핵실험에 대해 민주노동당은 분명한 유감의 뜻을 표한다.' 는 취지로 발표.
2006. 12. 8.	일심회 사건 기소.
2007. 5.	집권전략위원회 활동 과정에서 민주노동당 중앙위원과 대의원을 대상으로 설문조사 실시.
2007. 8.	제4차 중앙위원회, 한국진보연대 가입 의결.
2007. 9.	자주·민주·통일을 지도이념으로 한 한국진보연대 창립.
2007. 10. 4.	남북정상회담, 10·4선언(남북관계 발전과 평화번영을 위한 선언) 발표.

일 시	내 용
2007. 10. 23.	민주노동당 집권전략위원회, '한국 사회의 성격과 변혁 전략 토론회' 개최.
2007. 12. 13.	일심회 사건 유죄판결 확정(대법원 2007도7257 판결).
2007. 12. 19.	제17대 대선. 권영길 후보 71만여 표(3.1%) 득표로 패배.
2008. 2. 3.	임시 당 대회, 일심회 사건 관련자의 제명 등을 내용으로 하는 비상대책위원회 혁신안 부결.
2008. 2. 21.	'진보신당연대회의' 구성.
2008. 3.	진보신당 창당. 1차 분당.
2008. 6. 22.	임시 당 대회, '혁신–재창당 방향과 과제의 건' 채택.
2008. 7.	당직 선거. 당 대표 강기갑, 정책위원회 의장 이정희, 사무총장 오병윤.
2008. 8.	제3기 집권전략위원회 구성. 위원장 최규엽, 기획단장 박경순.
2009. 5.	진보적 민주주의 도입 내용의 집권전략위원회 보고서 작성. 중앙위원회, 정책당대회 결의문 초안에 있던 '새로운 민주주의'를 '진보적 민주주의'로 변경하는 내용의 수정동의안 가결.
2009. 5.	북한, 2차 핵실험.
2009. 6. 21.	제1차 정책당대회, 진보적 민주주의 관련 결의문 채택. 집권전략위원회 보고서 승인. 차후 강령개정위원회 구성하여 강령을 개정하기로 하는 강령검토소위원회 보고서 채택.
2010. 3.	천안함 사건.
2010. 6. 2.	제5회 지방선거, 민주노동당 기초단체장 3석, 광역의원 24석, 기초의원 115석 당선.
2010. 9.	제2기 강령개정위원회가 구성. 위원장 최규엽, 기획단장 박경순, 기획위원 김장민.
2010. 11.	북한, 연평도 포격.
2011. 1. 20.	민주노동당, 진보신당, 사회당, 민주노총 등이 참여한 '진보진영 대표자 연석회의' 구성.
2011. 4.	제2기 강령개정위원회, '사회주의 이상과 원칙 계승·발전' 부분 삭제하고 '진보적 민주주의'를 도입하는 내용

일 시	내 용
	의 개정안 마련.
2011. 5. 31.	진보진영 대표자 연석회의 합의문.
2011. 6. 18.	민주노동당 정책연구소 새세상연구소, 『21세기 진보적 민주주의』 발간.
2011. 6. 18.~19.	제2차 정책당대회, 진보적 민주주의 강령 개정.
2011. 8. 23.	왕재산 사건 기소.
2011. 11. 20.	민주노동당, 국민참여당, 새진보통합연대 통합 선언. 12. 5. 피청구인 창당(합당)결의.
2011. 11. 22.	김선동 의원, 국회 본회의장에서 한미자유무역협정 비준 안 처리에 항의하며 최루가스 살포.
2011. 12. 13.	통합진보당 중앙선거관리위원회 등록. 과도기 강령.
2012. 2. 20.	대표단회의, 강령개정위원회와 당헌·당규제개정위원회 설치 건 심의·의결.
2012. 3. 8.	이석기 지지 결의대회.
2012. 3. 12.	강령개정위원회 구성. 위원장 김민웅이 고사함에 따라 박 경순이 위원장 대리하여 회의 주재.
2012. 3. 14.~18.	제19대 국회의원 선거, 피청구인 비례대표 후보자 순위 결정을 위한 당내 경선 실시.
2012. 3. 17.~18.	제19대 국회의원 선거, 피청구인과 민주통합당 사이에 후 보자 단일화 여론조사 실시. 관악을 여론조작 사건. 이정 희 후보 사퇴. 후에 검찰에서 무혐의 결정.
2012. 4. 11.	제19대 국회의원 선거, 피청구인 6명의 비례대표 국회의 원(윤금순, 이석기, 김재연, 정진후, 김제남, 박원석)과 7명 의 지역구 국회의원(이상규, 노회찬, 심상정, 김미희, 오병 윤, 강동원, 김선동) 배출.
2012. 4. 12.	피청구인 공동대표단 회의, '비례대표 후보 선출선거 진 상조사위원회' 구성.
2012. 5. 2.	(1차) 진상조사위원회(조준호 위원장), 진상보고서 발표. 피청구인의 비례대표 후보자 경선을 '총체적 부실·부 정 선거'로 규정.
2012. 5. 3.	이정희 대표, 공동대표단회의에서 관리부실 책임을 인정 하고 사과.

일 시	내 용
	4·11 총선 승리보고 및 당 사수 결의대회.
2012. 5. 10.	전국운영위원회, 강령개정안 만장일치로 가결.
2012. 5. 12.	이정희, 공동대표직 사퇴. 중앙위원회, 강령개정안 의결. 폭력사태 발생.
2012. 5. 15.	이석기, 기자간담회에서 "애국가는 그냥 나라 사랑을 표현하는 여러 노래 중 하나", "독재정권에 의해서 (애국가가 국가로) 만들어졌다.", "애국가를 부르지 말자는 게 아니며, 충분히 부를 수 있다." 발언.
2012. 6. 21.	이석기, 김재연 의원 제명에 반대하는 입장의 당직 선거 출마자들과 지지자들, '통합진보당 당직 선거 출마자 결의대회' 개최.
2012. 6. 26.	'진상조사보고서 결과에 따른 후속처리 및 대책 특별위원회'(2차 진상조사위원회), 2차 진상조사결과 발표.(이후 검찰 조사 결과 부정 의혹 제기한 계파 후보와 관련자가 구속 기소됐고, 부정의 당사자로 지목됐던 이석기, 김재연 의원은 입건도 안 됨.)
2012. 7.	당직선거. 당 대표 강기갑. 최고위원 이혜선, 유선희, 민병렬, 천호선, 이정미.
2012. 7. 26.	의원총회, 국회의원 이석기, 김재연 제명안건 부결.
2012. 8. 10.	진실승리 선거대책본부 해단식
2012. 9. 3.	이정희, 5월 12일 중앙위원회 폭력사태 사과.
2012. 9. 7.	의원총회. 비례대표 박원석, 서기호, 정진후, 김제남 의원에 대한 제명안 가결(소위 '셀프제명')
2012. 9.	국민참여당계 및 새진보통합연대계 당원들 탈당.
2012. 10. 21.	노회찬, 조준호, 심상정 등 진보정의당(현 정의당) 창당('2차 분당').
2012. 10.	피청구인, 제3차 진상조사 보고서 발표.
2012. 12.	제18대 대통령선거. 이정희 대표 후보로 출마했다가 사퇴.
2013. 2.	당직 선거. 제2기 최고위원회 체제 구축. 당 대표 이정희. 최고위원 유선희, 이정희, 민병렬, 안동섭, 김승교, 최형권(농민 부문), 정희성(노동 부문).
2013. 3. 11.	북한, '정전협정 폐기' 선언.

일 시	내 용
2013. 3. 19.	피청구인, 원세훈 전 국가정보원장 정치개입 혐의로 고발.
2013. 5. 10. 및 5. 12.	경기도당 전현직 간부 대상 정세 강연 모임(이하 각각 '5·10모임', '5·12모임'이라 하고, 둘을 묶어서 '이 사건 모임'이라 함).
2013. 6. 14.	원세훈 전 국정원장과 김용판 전 서울경찰청장 등 5명에 대한 기소.
2013. 6. 21.	피청구인 당원교육위원회, 강령교안 수정안「통합진보당 강령 이야기 20문 20답」 채택.
2013. 6. 30.	정책당대회, "통합진보당이 추구하는 새로운 사회는 진보적 민주주의가 실현된 사회"임을 선언.
2013. 8. 22.	법원, 이른바 '서울시 공무원 간첩 사건' 무죄 선고.
2013. 8. 28.	이석기 의원실 압수 수색.
2013. 9. 4.	이정희 대표, 기자회견에서 이 사건 모임 강연에 대하여 공직자, 당직자로서 부적절한 발언이었음을 밝힘.
2013. 9. 23.	서울고법, 국정원 심리전단장 등에 대한 재정신청 인용.
2013. 9. 26.	이 사건 모임 관련자들에 대해 내란음모 혐의(이하 '소위 내란 관련 사건'이라 함)로 구속기소.
2013. 10. 30.	국회의원 재보궐선거.
2014. 6. 4.	제6회 지방선거. 광역 비례대표 의원 3인(광주, 전북, 전남 각 1인), 기초 지역구 의원 31인(부산 1인, 광주 9인, 울산 9인, 경기 1인, 충북 1인, 전남 4인, 경남 6인), 비례대표 의원 3인(전남 3인) 당선. 광역 비례대표 정당득표율 약 4.3%.
2014. 2. 17.	수원지방법원, 소위 내란 관련 사건 1심 판결 선고. 내란음모죄 유죄, RO의 존재 인정.
2014. 8. 11.	서울고등법원, 소위 내란 관련 사건 2심 판결 선고. 내란음모죄 무죄, RO의 존재 불인정, 이석기와 김홍열의 내란선동죄 유죄.

20 전국민주노동조합총연맹.
21 민주주의민족통일전국연합.
22 민주와 진보를 위한 국민승리 21.

2. 심판절차의 진행 경과

이 사건 심판청구가 제기된 후 크리스마스이브인 2013년 12월 24일 1차 변론 준비절차기일을 가진 이래 준비절차기일 2회, 변론기일 18회를 2주 내지 3주 간격으로 숨 가쁘게 진행했다. 서증으로 청구인은 갑 제2907호증까지, 피청구인은 을 제908호증까지 제출했다. 양쪽 참고인 3명씩 6명,[23] 증인 6명씩 12명[24]을 신문했다. 중앙선거관리위원회 위원장, 통일부 장관, 국가정보원장, 국립중앙도서관장, 민주화운동 관련자 명예회복 및 보상 심의위원장, 새누리당, 새정치민주연합 등으로부터 사실조회 결과를 회신받았다. 그리고 대법원을 비롯한 전국 각급 법원으로부터 확정된 국가보안법 사건 기록, 진행 중인 소위 내란 관련 사건 기록과 국가보안법 사건 기록을 송부받았다. 헌재가 밝힌 바에 따르면 전체 재판기록은 175,000쪽에 이른다.[25]

정부는 심판청구의 준비 및 진행을 위해 법무부에 수명의 검사들로 TF(태스크포스)를 구성했고, 이들이 청구인 대리인으로 활약했

---

23 청구인 추천 참고인 김상겸(동국대학교 교수), 장영수(고려대학교 교수), 유동열(자유민주연구원 원장). 피청구인 추천 참고인 정태호(경희대학교 교수), 송기춘(전북대학교 교수), 정창현(국민대학교 겸임교수).
24 청구인 신청 증인 곽인수, 이종화, 이광백, 이종철, 김영환, 이성윤. 피청구인 신청 증인 노회찬, 박경순, 김장민, 박창식, 김인식, 권영길.
25 이 사건 결정 4~5면.

다.[26] 헌법학자 등에게 연구용역을 발주했으며, 헌법재판소장 및 재판관들과의 관계를 고려하여 추가로 대리인을 선임했다.[27] 피청구인 소송대리인단은 민변을 통해 자원자를 모으고, 소위 내란 관련 사건 변호인 중에서 지원을 받아 구성했다. 결정문에는 변호사 27명의 명단이 기재되어 있으나, 처음부터 같이 한 사람은 12명[28]이고, 뒤에 소위 내란 관련 사건 변호인 5명[29]이 합류했다. 소송대리인단은 법리팀, 목적팀, 활동팀으로 나누어 역할 분담을 했다.

정부가 해산심판을 청구한 초기에는 2013년 12월 15일에 지급 예정이던 보조금에 대해 가처분결정이 내려지지 않을까 우려하는 분위기였다. 그 정도로 절박한 상황이었다. 그런데 헌재로부터 30일 이내에 답변서를 제출하라는 통지를 받고는 그렇게 일찍 결정하지는 않을 것이라는 감을 잡고 안도하기도 했었다. 2014년 6·4 지방선거가 실시될 때 비교적 많은 액수의 보조금이 지급되기 때문에 청구인과 보수언론이 가처분결정을 하라고 아우성쳤다. 다시 한 번 가처분결정이 나지 않을까 우려했다. 그렇지만 가처분 결정은 본안 선고 시까지 내려지지 않았다. 본안 결정을 선고하면서 가처분신청을 기각하는 결정이 함께 선고되었다.

---

26 검사 정점식, 김석우, 변필건, 민기홍, 이희동, 이인걸, 진동균, 최대건, 최재훈, 이태승, 신대경, 이혜은, 이재만.
27 권성, 임성규, 김동윤.
28 김선수, 이재화, 김진, 전영식, 이광철, 이한본, 이재정, 고윤덕, 윤영태, 신윤경, 최용근, 김종보.
29 천낙봉, 심재환, 하주희, 조지훈, 김유정.

〈심판절차의 진행 경과〉

일 시	기 일	진행사항
2013. 11. 5.		정부, 통합진보당 해산심판청구서 및 정당활동정지 가처분 신청서 접수.
2013. 12. 5.		소송대리인단, 기자회견.
2013. 12. 24. 14:00	1차 준비절차기일	수명재판부 재판장 이정미, 재판관 김창종(증거서류), 서기석(쟁점 정리). 갑 1~471 / 을 1~6(8) 제출.
2014. 1. 7.		헌법재판소법 제40조 제1항 등 위헌소원 제기. 소송대리인단, 기자회견
2014. 1. 15. 14:00	2차 준비절차기일	갑 472~974 / 을 7(9)~10 제출. 쌍방 참고인 추천. 청구인 증인 곽인수, 이청호 신청. 가처분 사건, 구두변론으로 진행하기로 결정.
2014. 1. 28. 14:00	1차 변론기일	을 11~18 제출. 청구인, 피청구인 모두 진술. 황교안 장관, 이정희 대표 진술.
2014. 2. 18. 14:00	2차 변론기일	안창호 재판관 불출석. 갑 975~980 / 을 19~38 제출. 참고인 김상겸, 정태호, 장영수, 송기춘 진술. 소송계류 중 형사기록 송부촉탁신청에 대한 이의신청.
2014. 2. 27.		헌법재판소법 제40조 제1항 등 위헌소원에 대한 결정 선고.
2014. 3. 11. 14:00	3차 변론기일	문서송부촉탁 결정에 대한 이의신청에 대한 결정. 갑 981~1765 / 을 39~103 제출. 참고인 유동렬, 정창현 진술.
2014. 4. 1. 14:00	4차 변론기일	갑 1766~1800 / 을 104~126 제출. 서증조사 갑 1~100.
2014. 4. 22. 10:00	5차 변론기일	을 127~575 제출. 서증조사 갑 101~574.

일 시	기 일	진행사항
2014. 5. 8. 10:00	6차 변론기일	갑 1801~1810 / 을 576~579 제출. 서증조사 갑 575~980.
2014. 5. 27. 10:00	7차 변론기일	갑 1811~1849 제출. 서증조사 갑 1157~1809 / 을 1~471. 청구인 신청 증인 곽인수 채택, 이청호 보류. 피청구인 신청 증인 노회찬, 박경순, 김장민, 이의엽 채택, 박창식 보류.
2014. 6. 10. 10:00	8차 변론기일	이진성 재판관 불출석. 청구인 증인 이종화, 이종철 신청. 서증조사 을 472~579 / 갑 1811~1849. 증인 곽인수(비공개), 노회찬 신문.
2014. 6. 24. 14:00	9차 변론기일	갑 1850~2083 제출. 청구인 증인 이성윤, 이종화, 이종철, 이광백 신청. 증인 박경순, 김장민 신문.
2014. 7. 8. 14:00	10차 변론기일	갑 2069~2341 제출. 서증조사 갑 1850~2083. 증인 이종화 신문.
2014. 7. 22. 10:00	11차 변론기일	갑 2342~2810 / 을 580~751 제출. 서증조사 갑 2084~2341. 증인 이광백, 이종철 신문.
2014. 8. 12. 10:00	12차 변론기일	갑 2811~2828 / 을 752~756 제출. 청구인 증인 김영환 신청. 피청구인 증인 권영길, 김인식 신청. 서증조사 갑 2342~2810. 증인 박창식 신문.
2014. 8. 26. 10:00	13차 변론기일	청구인 정영태에 대한 사실조회 신청. 을 757~772 제출. 서증조사 을 580~756 / 갑 981 · 2811~2828(내란음모 사건 기록).
2014. 9. 16. 10:00	14차 변론기일	김창종 재판관 불출석. 정영태 사실조회 회보 도착. 갑 2829~2936.

일 시	기 일	진행사항
2014. 10. 7. 10:00	15차 변론기일	을 773~843 제출. 서증조사 갑 2828-2 · 2830~2836 · 982~1025 / 을 757~772. 갑 2837~2907 / 을 844~908 제출. 서증조사 을 773~908 / 갑 1026~1155 · 2829 · 2837~2907.
2014. 10. 21. 10:00	16차 변론기일	증인 김영환, 이성윤 신문.
2014. 11. 4. 10:00	17차 변론기일	증인 김인식, 권영길 신문.
2014. 11. 25. 10:00	18차 변론기일	최종 변론. 황교안 장관 및 이정희 대표 진술
2014. 12. 17.		선고기일 통지.
2014. 12. 19. 10:00	선고기일	정당해산 및 국회의원직 상실 결정. 가처분신청 기각 결정.
2015. 1. 29.		경정 결정

　이 사건 심판이 청구되고 선고되기까지는 13개월이 조금 더 걸렸다. 반면에 1951년 11월에 청구된 독일 공산당 해산사건은 1956년 8월에 해산 결정이 선고됨으로써 약 57개월의 기간이 걸렸다. 또한 선고기일의 통지가 2일 전에 이루어졌다는 점도 일반적인 사건 처리와 비교하여 이례적이다. 당선 기념일에 맞추기 위해 급하게 선고기일을 잡은 것이 아닌가 하는 의혹을 사기에 충분하다. 선고된 후 1개월 이상이 지난 시점까지도 증거목록이 작성되지 않아서 피청구인 소송대리인이 그 증거목록을 복사할 수도 없는 상태이다.

　한편, 헌재는 2015년 1월 29일 직권으로 다음과 같이 경정 결정을 하였다.

> 「위 사건에 관하여 2014. 12. 19. 선고한 결정의 이유 중 결정서 제
> 48면 제18, 19행의 "윤OO(「민중의 소리」 대표, 제19대 총선 성남 중원
> 구 피청구인 예비후보)", 제57면 제4, 5행의 "인천시당 위원장 신창
> 현"을 각 삭제하고, 제47면 제4행의 "한청연단체협의회"를 "한국청
> 년단체협의회"로, 제56면 제16행의 "이의엽"을 "강사 이의엽"으로,
> 같은 면 제17행의 "위원 안동섭"을 "강사 안동섭"으로, 제121면 제
> 20행의 "2017."을 "2014."로, 제134면 제14, 15행의 "(1천인 이
> 상)"을 "(시·도당별 1천인 이상)"으로, 제140면 제12행의 "의원, 비
> 례대표"를 "의원 31인, 기초 비례대표"로, 제259면 제7행의 "위원"을
> "강사"로 각 정정하는 것으로 경정한다.」

헌재 스스로 다수의견이 엉터리로 작성되었음을 인정한 것으로 볼
수 있다. 명백하게 사실관계 자체를 잘못 적은 부분도 있고, 단순한 오
기로 보이는 실수도 있다. 졸속 결정 과정에서 빚어진 참사이다. 과연
최고 사법기관의 결정이 갖추어야 할 최소한의 요건조차 갖추었다고
할 수 있는지조차 의문이다.

이 사건 결정의 큰 특징 가운데 하나로 결정에 이르는 과정에서 나
타난 '조급함'을 꼽는 견해도 있다. 정당을 대상으로 한 판단과 정당
해산 결정은 극도의 신중함과 정치적 사려 깊음이 요구되고, 비밀리
에 심의되고 급작스럽게 발표되어야 할 사안이 아니다. 결정의 근거
가 된 피청구인의 혁명적 이념과 전략을 둘러싼 공방은 아직 대법원
의 최종판단을 기다리고 있었다. 일반 법원에서 판결이 종결된 다음,

다양한 사회적 논의를 지켜보면서 헌재가 결정하는 것이 자연스러웠다는 것이다.[30] 이러한 조급한 결정에 대해 현대 민주주의의 특징인 '심의민주주의(deliberate democracy)'와는 거리가 먼 '국민투표제적 결정(plebiscitary decision)'에 가까운 것이라는 비판도 있다.[31]

독일 공산당 해산 판결과는 그 시기를 비교해 봐도 이 사건 결정에는 문제가 있다는 지적이 설득력 있다. 독일 공산당에 대해 해산 청구된 시기는 냉전의 최고조기로 소련 영향권하 동독의 공산당정권을 마주하는 서독에서 정부가 수립된 지 불과 2년밖에 안 됐을 때였다. 그런데 이 사건 결정은 민주화 이후 4반세기가 지난 뒤, 북한과의 체제 경쟁에서 누구나가 완벽한 승리를 자신하는 상황에서 일어났다. 독일 연방헌법재판소는 1950년대 이후에는 그와 유사한 결정을 내린 바 없다. 이 사건 결정이 1940년대 말에서 1950년대 초까지 정부 수립 직후 내지 한국전쟁 직후였다면 그나마 이해될 수 있을지 모르겠지만, 그로부터 무려 60여 년이 지난 탈냉전 세계화의 시점에서 이루어졌기 때문에 놀랍다는 것이다.[32]

---

30 최장집, 앞의 글.
31 최장집, 앞의 글. "제한된 시간 내에 결정의 내용이 사전에 정해졌고, 단지 그것을 위한 논리를 사후에 짜 맞추는 것으로 결정되었다고 보는 것이 더 사실에 가까울지도 모른다."
32 최장집, 앞의 글.

3. 준용절차에 대한 헌법소원

가. 헌재법 규정 및 준용절차의 중요성
- 민사소송이냐 형사소송이냐

사상 초유로 진행되는 정당해산심판은 절차 진행 하나하나가 새로운 문제였고, 그 기준을 구체적으로 세우면서 진행해야 했다. 당장 형사절차를 준용할 것인지 민사절차를 준용할 것인지가 문제였다. 어느 절차를 준용하는가에 따라 중요한 차이가 발생한다. 서증의 증거능력(불리한 사실을 인정하는 증거로 사용할 수 있는지 여부), 증거조사(개별적 요지 낭독 및 의견 진술 기회를 부여할 것인지 여부), 입증정도(불리한 결정을 하려면 합리적 의심의 여지없는 엄격한 증명을 하여야 하는지 아니면 고도의 개연성 또는 우월한 입증으로 충분한 것인지 여부) 등에서 차이가 있다.

헌재법은 다른 특별한 규정이 없는 한 민사소송 절차를 준용한다고 규정하면서 탄핵심판의 경우 형사소송 절차를 준용한다고 명시하였다(헌재법 제40조 제1항[33]). 정당해산심판의 경우에는 형사소송 절차를 준용한다고 명시하지 않음으로써 조문상으로는 민사소송 절차

---

[33] 헌재법 제40조(준용규정) ① 헌법재판소의 심판절차에 관하여는 이 법에 특별한 규정이 있는 경우를 제외하고는 헌법재판의 성질에 반하지 아니하는 한도에서 민사소송에 관한 법령을 준용한다. 이 경우 탄핵심판의 경우에는 형사소송에 관한 법령을 준용하고, 권한쟁의심판 및 헌법소원심판의 경우에는 「행정소송법」을 함께 준용한다. ② 제1항 후단의 경우에 형사소송에 관한 법령 또는 「행정소송법」이 민사소송에 관한 법령에 저촉될 때에는 민사소송에 관한 법령은 준용하지 아니한다.

가 준용되는 것으로 규정되어 있었다. 헌재법 제40조가 형사소송 관련 법령이 아닌 민사소송 관련 법령을 정당해산심판절차에 준용하도록 한 것에 대해 헌재가 발행한 책자에는 입법상의 오류라고 설명하고 있다.[34] 또한 헌재는 2013년 6월 14일 자체 연구 성과를 근거로 해서 국회에 헌재법 개정안을 제출하였는데, 여기에서 정당해산심판의 경우 형사소송 절차를 준용하는 것으로 명시하는 내용이 포함되어 있다.[35]

청구인 측에서는 민사소송 절차가 준용되어야 한다고 주장했고, 피청구인 측은 형사소송 절차가 준용되어야 한다고 주장했다. 헌재는 제2차 준비절차기일에 민사소송 절차가 준용되는 것으로 전제하고 절차를 진행하겠다는 입장을 밝혔다. 이에 피청구인 측은 2014년 1월 7일 당해 헌재법 조항에 대해 정당해산심판절차에 민사소송 절차를 준용하는 것으로 해석한다면 위헌이라고 주장하면서 헌법소원을 제기했다. 정당해산심판에서 가처분을 허용하는 헌재법 조항[36]에 대해서도 함께 헌법소원을 제기했다. 이에 대한 헌재의 입장을 명확히 할 필요가 있었기 때문이다.

나. 헌법소원에 대한 헌재 결정

이에 대해 헌재는 2014년 2월 27일 결정을 선고했다.[37] 가처분 조

---

34 이성환 등, '정당해산심판제도에 관한 연구', 헌재, 『헌법재판자료』 제15권, 2004, 159면.
35 의안 번호 ZZ19076.
36 헌재법 제57조(가처분) 헌법재판소는 정당해산심판의 청구를 받은 때에는 직권 또는 청구인의 신청에 의하여 종국 결정의 선고 시까지 피청구인의 활동을 정지하는 결정을 할 수 있다.

항에 대해서는 전원일치 기각, 민사소송 준용 조항에 대해서는 전원 기각 결정 의견이되, 김이수 재판관만은 별개의견으로 민사소송 절차의 준용이 제한되어야 한다는 견해를 제시했다.

"정당해산심판은 정당의 강제해산을 통해 헌법상 기본권인 정당의 자유, 결사의 자유와 정치적 표현의 자유 등 기본권을 제한하는 성격을 갖고, 당사자 사이의 절차적 지위의 대등성을 기대하기 어려우며, 위헌정당의 강제해산과 정당재산의 국고귀속이 이루어진다는 특수성을 가지므로, 민사소송에 관한 법령의 준용범위는 제한적으로 해석되어야 한다."

"구체적으로 형사소송에 관한 법령과 민사소송에 관한 법령이 상충되는 경우로서, 민사소송에 관한 법령의 준용이 절차 진행상 필수불가결하게 요청되는 경우가 아님에도, 그것을 준용함으로써 현저히 피청구인 정당의 방어권 행사에 지장을 초래하는 범위 내에서는 민사소송에 관한 법령을 준용할 수 없는 것으로 해석해야 한다. 특히, 정당해산심판의 청구인인 정부가 증거로 제출하는 수사서류는 대부분 공문서이고, 이에 대해 진정성립[38] 추정 시 사실상의 입증책임을 정당에 부담시켜 정당의 방어권 행사에 지장을 초래할 수 있는 점에 비추어 볼 때, 민사소송법 제356조[39]의 공문서의 진정성립 추정에 관

---

37 헌재 2014. 2. 27. 선고 2014헌마7 결정.
38 그 문서의 작성명의자가 진정하게 작성한 것임을 인정하는 것.
39 민사소송법 제356조(공문서의 진정의 추정) ① 문서의 작성방식과 취지에 의하여 공무원이 직무상 작성한 것으로 인정한 때에는 이를 진정한 공문서로 추정한다. ② 공문서가 진정한지 의심스러운 때에는 법원은 직권으로 해당 공공기관에 조회할 수 있다. ③ 외국의 공공기관이 작성한 것으로 인정한 문서에는 제1항 및 제2항의 규정을 준용한다.

한 규정 대신, 형사소송법 제310조의2 이하에 규정된 전문증거의 증거능력 제한에 관한 규정을 준용함으로써 증거능력의 인정 범위를 제한해야 한다. 또한 위법수집증거와 임의성이 의심되는 자백의 증거능력을 배제한 형사소송법 제308조의2,[40] 제309조[41] 및 범죄사실의 인정은 합리적인 의심이 없는 정도의 증명에 이르러야 한다는 형사소송법 제307조 제2항[42]의 규정을 준용하는 것이 정당존립의 특권을 보장하는 헌법 정신에도 부합하는 해석이다."

다. 검토

- '쓰레기' 증거로 오염된 이유

정당해산심판 사건에서 사인(私人) 간의 분쟁절차 해결을 목적으로 하는 민사소송 절차를 준용하는 것은 소송의 목적이나 구조 그리고 소송의 효과와 그로 인한 불이익 등 제반 측면에 비추어 보아 부당하다. 헌재 자신도 정당해산심판 절차에 민사소송 절차를 준용하는 것은 문제가 있다고 보고, 형사소송 절차를 준용하는 것으로 명시하는 내용의 법률개정안까지 국회에 제출한 상태였다. 헌재가 해석론으로 얼마든지 적정한 해결을 도모할 수 있음에도 불구하고 그러한 노력을 포기한 것은 이미 당시 해산 결정을 염두에 두고 있었던 것이

---

40 형사소송법 제308조의2(위법수집증거의 배제) 적법한 절차에 따르지 아니하고 수집한 증거는 증거로 할 수 없다.

41 형사소송법 제309조(강제 등 자백의 증거능력) 피고인의 자백이 고문, 폭행, 협박, 신체구속의 부당한 장기화 또는 기망 기타의 방법으로 임의로 진술한 것이 아니라고 의심할 만한 이유가 있는 때에는 이를 유죄의 증거로 하지 못한다.

42 형사소송법 제307조(증거재판주의) ① 사실의 인정은 증거에 의하여야 한다. ② 범죄사실의 인정은 합리적인 의심이 없는 정도의 증명에 이르러야 한다.

아닌가 하는 의혹을 떨칠 수 없다.

위 결정 직후에는 다수의견에 의하더라도 "증거조사와 사실인정에 민사소송법의 규정을 적용함으로써 실체적 진실과 다른 사실관계가 인정될 수 있는 규정은 정당해산심판의 성질에 반하는 것으로 준용될 수 없고, 이에 따라 법률의 공백이 생기는 부분에 대하여는 헌재가 정당해산심판의 성질에 맞는 절차를 창설하여 이를 메우는 것이 헌재의 권한이자 의무" 라고 했으므로, 그러한 헌재의 권한과 의무에 기대를 걸어보기로 했다.

그러나 그러한 기대는 여지없이 깨졌다. 정당해산심판 절차가 민사소송 절차로 진행되는 바람에 김이수 재판관이 우려한 대로 형사재판에서는 증거능력이 인정되지 못하여 법정에 나올 수조차 없었던 증거들이 모두 증거능력을 인정받고 심판정에 나왔으며, 불리한 자료로 사용되었다. 임의성이 인정되지 않거나 반대신문의 기회가 보장되지 않아 증거로 사용될 수 없었던 수사기관 작성의 조서들이나 수사보고서 등이 모두 공문서라는 이유로 증거능력이 인정되었다. 사문서의 경우에도 그 진정성립에 부동의했음에도 민주노동당이나 통합진보당 기관지에 게재되었다는 이유로, 언론에 보도되거나 게재되었다는 이유로, 인터넷 사이트에서 확인되었다는 이유 등으로 모두 증거능력이 인정되었다. 전문증거[43] 또는 일방적 의견으로서의 가치밖에 없는 수구언론의 기사나 극우 논객들의 논설 그리고 인터넷 게시물의 증거능력이 모두 인정되었다. 그로 인해 피청구인은 방어권 행사에

---

43 자신이 직접 보고 들은 것이 아니고 다른 사람으로부터 전하여 들은 것을 내용으로 하는 증거.

중대한 제약을 받을 수밖에 없었고, 헌법재판이 넘쳐나는 '쓰레기'들로 오염되었다는 비판을 받아도 어쩔 수 없게 되었다.[44]

이 사건의 결정에서 보인 헌법재판관들의 의견 분포(8:1)는 정당해산심판 본안 결정 때도 동일하게 유지되었다. 그만큼 정당해산심판절차에서 증거능력과 입증 정도에 대한 엄격한 기준의 적용이 중요했다는 의미다. 아니면 해산 결정에 찬성한 재판관들은 준용절차를 결정할 때 이미 마음을 굳혔고, 그 이후의 절차는 요식행위에 불과했다는 것인가? 청구인 측의 '숨은 목적' 주장을 받아들이기 위한 사전포석이었나?

4. 재판 진행 중인 기록의 송부촉탁

가. 헌재법 규정 및 이의신청
– 재판 중이던 내란 관련 사건 기록을 증거물로

헌재법 제32조는 '자료제출 요구 등'이라는 제목으로 "재판부는 결정으로 다른 국가기관 또는 공공단체의 기관에 심판에 필요한 사실을 조회하거나, 기록의 송부나 자료의 제출을 요구할 수 있다. 다만, 재판·소추 또는 범죄수사가 진행 중인 사건의 기록에 대하여는

---

44 제4차 변론조서. 피청구인 대리인 변호사 이재화. "그 부분은 청구인들이 알아서 불필요한 것을 철회해 주시면 이런 문제가 없는데 쓰레기 같은 증거까지 트럭으로 제출하여서 이런 문제가 생기는 것입니다. 그 부분에 대해서 청구인들의 잘못 때문에 피청구인이 손해를 볼 수는 없는 것이라고 생각합니다."

송부를 요구할 수 없다."라고 규정하고 있다. 이 사건 심판 진행 당시 소위 내란 관련 사건은 재판 진행 중이었기 때문에 소위 내란 관련 사건 형사기록을 검찰 또는 법원으로부터 송부받아 이를 정당해산 사건의 증거로 사용할 수 있는지가 핵심적인 문제가 되었다.

청구인은 각 법원과 검찰청에 대해 재판 중인 기록의 인증등본송부촉탁을 신청하였고, 준비절차를 진행하는 수명재판부가 이를 받아들이고 각 법원과 검찰청에 송부촉탁 공문을 발송하였다. 이에 대해 피청구인 측은 2014년 1월 6일 수명재판관의 문서인증등본 송부촉탁 결정에 대해 헌재법 제32조 단서를 위반했다고 이의신청을 했다. 송부촉탁 결정을 한 것은 이를 취소하고, 아직 송부촉탁 결정을 하지 않은 신청은 이를 기각해 달라고 요구했다. 정당해산심판 사건은 엄격한 절차에 따라 진행되어야 하며, 헌재법 제32조 단서의 명문 규정을 위반하는 형태로 진행되어서는 아니 된다는 점을 강조했다.

나. 헌재의 결정 및 문제점
– 내란 관련 사건의 확정 기다릴 수 없는 급박한 사정?

헌재 전원재판부는 제3차 변론기일에 위 이의신청을 기각했다.

"수명재판관이 2013. 12. 30. 결정한 문서인증등본송부촉탁은 헌법 제113조 제2항,[45] 헌재법 제10조 제1항,[46] 헌재심판규칙 제39조 및

---

45 헌법 제113조 ② 헌법재판소는 법률에 저촉되지 아니하는 범위 안에서 심판에 관한 절차, 내부 규율과 사무 처리에 관한 규칙을 제정할 수 있다.

제40조[47]에 의한 문서송부촉탁이라고 할 것이다. 따라서 피청구인이 주장하는 바와 같은 헌재법 제32조 단서 위반의 문제는 발생하지 않는다. 결국, 피청구인의 이의신청은 이유가 없으므로 재판관 전원의 일치된 의견으로 이의신청을 기각한다."[48]

그러나 위 결정에 이의신청 기각의 근거로 제시된 관련 규정들은 헌재가 심판규칙을 제정할 수 있고, 그에 따라 심판규칙을 제정하였다는 것을 의미할 뿐이다. 헌재가 자율적으로 심판규칙을 제정할 수 있다고 하더라도 그보다 상위의 효력이 있는 헌재법을 위반할 수 없음은 물론이다. 그런데 헌재법 제32조 단서는 헌법상 권력분립의 원리에 따라 입법부가 사생활의 보호, 무죄추정의 원칙 등을 고려하여 헌재가 구체적인 형사재판과 수사절차 등에 관여하는 것을 제한하기 위하여 규정한 것이다. 헌법재판의 원활한 진행을 위하여 현재 진행 중인 형사사건과 수사 등의 기록이 필요한 경우가 있다. 하지만 위 규정은 입법부가 그와 같은 필요성과 기본권 보장을 적정하게 고려하

---

46 헌재법 제10조(규칙 제정권) ① 헌법재판소는 이 법과 다른 법률에 저촉되지 아니하는 범위에서 심판에 관한 절차, 내부 규율과 사무 처리에 관한 규칙을 제정할 수 있다.

47 헌재심판규칙 제39조(문서송부의 촉탁) 서증의 신청은 제34조의 규정에 불구하고 문서를 가지고 있는 사람에게 그 문서를 보내도록 촉탁할 것을 신청하는 방법으로 할 수도 있다. 다만, 당사자가 법령에 따라 문서의 정본이나 등본을 청구할 수 있는 경우에는 그러하지 아니하다.
제40조(기록 가운데 일부 문서에 대한 송부촉탁) ① 법원, 검찰청, 그 밖의 공공기관(다음부터 이 조문에서 이 모두를 "법원 등"이라 한다)이 보관하고 있는 기록 가운데 불특정한 일부에 대하여도 문서송부의 촉탁을 신청할 수 있다. ② 헌재가 제1항의 신청을 채택한 경우에는 기록을 보관하고 있는 법원 등에 대하여 그 기록 가운데 신청인이 지정하는 부분의 인증등본을 보내 줄 것을 촉탁하여야 한다. ③ 제2항에 따른 촉탁을 받은 법원 등은 그 문서를 보관하고 있지 아니하거나 그 밖에 송부촉탁에 따를 수 없는 특별한 사정이 없으면 문서송부촉탁 신청인에게 그 기록을 열람하게 하여 필요한 부분을 지정할 수 있도록 하여야 한다.

48 제3차 변론조서.

여 헌법재판의 예외성과 최후수단성 등을 판단해서 규정한 것이기에 원본은 물론 정본과 인증등본의 송부촉탁까지도 제한되는 것으로 보아야 한다.

청구인은 헌재심판규칙 제42조[49]에서 송부촉탁을 받은 기관의 협력 의무를 규정하면서 제2항으로 송부촉탁에 따를 수 없는 경우 그 사유를 헌재에 통지하도록 하고 있는데, 그 취지는 원칙적으로 수사 또는 재판 중인 기록이라도 송부촉탁에 응하여야 하나 각 검찰청이나 재판부가 판단하기에 송부하는 것이 수사 또는 재판에 부적절하다고 판단되면 그 사유를 통지하라는 취지로 이해하여야 한다고 주장했다. 헌재는 위 주장을 받아들인 것으로 보인다. 그러나 헌재법 제32조 단서는 헌재가 재판 및 수사 중인 사건에 대하여 송부를 요구할 수 없다고 명시적으로 규정하고 있어서 위와 같은 사건의 기록과 관련하여 헌재에게 송부촉탁을 할 수 있는 권한이 있음을 전제로 하는 것은 부당하다.

헌재의 위 결정으로 인해 형사사건 절차가 끝나지도 않은 소위 내란 관련 사건의 모든 수사기록과 재판기록, 특히 형사사건에서는 증거능력이 인정되지 않은 조서나 수사보고서 등까지도 정당해산심판 사건에 증거로 제출되었다. 그리고 소위 내란 관련 사건의 형사판결이 확정되기도 전에 정당해산 결정이 먼저 선고되는 결과가 생겼다.

---

49 헌재심판규칙 제42조(협력 의무) ① 헌법재판소로부터 문서의 전부 또는 일부의 송부를 촉탁 받은 사람 또는 문서가 있는 장소에서의 서증조사 대상인 문서를 가지고 있는 사람은 정당한 이유 없이 문서의 송부나 서증조사에 대한 협력을 거절하지 못한다. ② 문서의 송부촉탁을 받은 사람이 그 문서를 보관하고 있지 아니하거나 그 밖에 송부촉탁에 따를 수 없는 사정이 있으면 그 사유를 헌법재판소에 통지하여야 한다.

소위 내란 관련 사건의 형사사건이 확정되기를 기다릴 수 없는 급박한 사정이 있었다면 그러한 급박성을 해소할 수 있는 최소한의 가처분 결정을 한 후에 형사사건이 확정되기를 기다리는 방법도 있었을 것이다. 그러나 그러한 급박한 사정 자체가 전혀 없었으므로 헌재법 규정까지 위반하면서 재판 중인 기록을 송부받고, 형사판결이 확정되기도 전에 해산 결정을 선고해야 할 이유는 전혀 없었다.

5. 증인 채택 및 신문의 문제
– 사상 검증과 십자가 밟기

이 사건은 통합진보당의 해산 여부를 심사하는 심판이다. 그런데 청구인 측이 신청하여 채택된 증인 중에는 민주노동당 또는 피청구인과는 무관한 사람들이 많았다. 곽인수, 이종철, 이광백, 김영환 등의 경우 민주노동당이나 피청구인과 직접적인 관련이 전혀 없는 사람들이다. 곽인수는 북한의 대남혁명전략에 대해 신문하기 위해 채택되었다. 그는 1995년 10월경 충남 부여에서 남파공작활동 중 체포되었고, 검찰로부터 공소보류 처분을 받아 형사재판을 받지 않았다.[50] 김영환, 이종철, 이광백은 민혁당, 한총련 등의 활동을 하다가 1997년경 전향한 후 민주노동당이나 피청구인 관련 활동을 전혀 하지 않았다.[51] 이들은 자신들이 활동하던 시절의 주사파, NL 계열 또는 민혁

---

50 제8차 변론조서 중 증인 곽인수에 대한 증인신문조서.

당 관련자들의 행적에 대해 진술하고 나아가 주관적 추측을 근거로 해 그들의 생각이나 태도가 변하지 않았다고 증언하였다.

청구인 대리인과 재판관의 증인신문이 피청구인 당직자들이나 민혁당 관련자들의 사상이나 이념 그리고 그들의 생각이 바뀌었는지 묻는 방식으로, 사상검증의 수단으로 활용되었다. 진보정책연구원 부원장 박경순이 스스로 민주노동당에 입당하고 대중정당활동을 한 이후에 생각이 바뀌었다고 증언했음에도,[52] 박경순과는 직접 아는 사이가 아닌 다른 증인(이종화, 이광백)에게 박경순이 생각이 바뀌었다고 증언한 것에 대해 어떻게 생각하느냐고 묻기까지 했다.[53] 소위 내란 관련 사건에서 국정원 협력자 역할을 한 이성윤에 대한 증인신문

---

51 제11차 변론조서 중 증인 이종철에 대한 증인신문조서 및 증인 이광백에 대한 증인신문조서, 제16차 변론조서 중 증인 김영환에 대한 증인신문조서.
52 제9차 변론조서 중 증인 박경순에 대한 증인신문조서.
53 제10차 변론조서 중 증인 이종화에 대한 증인신문조서(문 재판관 안창호 / 답 증인 이종화)
　문: 증인은 박경순이라는 사람 알아요?
　답: 잘 모릅니다. 한두 번 봤는지는 모르겠지만 정확하게 잘 모릅니다.
　문: 박경순이 증인으로 나와서 본인은 2007년까지는 혁명론을 주장지만 지금은 생각이 바뀌었다는 얘기를 했습니다. 증인은 이에 대해 어떻게 생각합니까?
　답: 만약 바뀌었다면 통진당에서는 활동을 하지 말아야 맞는 것이라고 생각합니다.
　문: 지금 박경순이 대한민국의 자유민주체제를 인정하고 그에 대한 변력을 주장하지 않는다면 통진당 분위기로는 활동을 할 수 없다고 정리하면 됩니까?
　제11차 변론조서 중 증인 이광백에 대한 증인신문조서(문 재판관 안창호 / 답 증인 이광백)
　문: 박경순 증인은 자기가 2000년대 중반에 사상적 전환을 가져왔다고 주장하고 있습니다. 그 말에 비춰보면 이것을 달리 해석할 수 있는 것이 아닙니까?
　답: 그러나 제가 볼 때에는 이 강령해설서에는 그런 모습이 잘 드러나지 않습니다. 전 그걸 개인적으로 이렇게 생각합니다, 사상이 바뀌었다면 어떻게 바뀌었는지를 정확히 얘기를 해줘야 된다. 다만, 개인적으로 그냥 평범한 생활인으로 사는 사람들에게까지 제가 '너 과거에 주사파 혁명가였는데 지금은 어떻게 달라졌어?' 이렇게 사상의 변화과정을 강요하는 것은 저 개인적으로는 바람직하다고 보지 않습니다. 그러나 대한민국의 자유민주주의 체제를 지키는 공인으로서의 국회의원이 된 사람들 또는 주요 정당의 핵심 당직자들이라면 최소한 그들은 적어도 과거의 주사파 혁명운동가들이라면 그들은 공개적 전향과정이 반드시 필요하다고 봅니다.

과정에서 청구인 대리인은 증인에게 피청구인의 당 3역, 최고위원, 시도당 위원장 그리고 90명이 넘는 피청구인 중앙위원 개개인의 명단을 제시하거나 개별적으로 이름을 불러주고 그들이 NL 계열인지 여부에 대해 물음으로써 사상검증을 하였고, 이에 대해 피청구인 대리인이 이의를 제기했지만 재판부는 이를 용인했다.[54] 이로 인해 이 사건 심판이 헌법재판이었음에도 전향자나 수사협력자의 주관적인 사상검증에 의해 그 결과가 좌우되기에 이른 것이다.

6. 피청구인 주장에 대한 판단 흠결로 인한 실체적 방어권 침해

– 피청구인 주장 배척하는 이유 설명 안 해

청구인 주장과 피청구인 주장이 대립하는 쟁점에 대해서는 각각의 주장 요지를 설시(설명)하고 그에 대한 헌재의 견해를 설명하는 것이

---

54 제16차 변론조서 중 증인 이성윤에 대한 증인신문조서.
　피청구인 대리인 변호사 이재화 : 증인 신문사항 28항을 봐주시기 바랍니다. 1기 지도부의 명단을 보여주면서 성향을 묻는 것입니다. 30항도 마찬가지이고, 33항, 36항, 44항, 45항도 마찬가지로 최고위원, 대의원, 중앙위원들의 명단을 청구인 대리인들이 증인에게 보여주면서 성향을 묻는 질문입니다. 이것은 사상검증을 하는 것이고, 또 하나의 십자가 밟기라고 생각합니다. 그래서 헌법재판에 부적법하다고 할 것입니다. 더군다나 증인은 사상검증이나 감정할 자격이 없는 자이기 때문에 이러한 신문 자체는 헌법재판에 부적합하다고 할 것이기 때문에 이 부분에 대해서 이대로 신문을 해서는 안 된다고 생각합니다. 이 부분은 바로잡아 주시기 바랍니다.
　피청구인 대리인 변호사 이재화 : 중앙위원들을 명단을 딱 펴놓고 이 사람은 NL이다, PD다, 이렇게 이야기하는 것이 증인의 경험에 비추어서 진술하는 것인지, 여기 와서 전형적인 십자가 밟기이고 이 부분에서 딱지 붙이기인데 이 부분을 방치하고 있는 것은 부적절하다고 봅니다.

일반적이고 상식적인 판결 작성 요령이다. 그런데 이 사건 결정에서 다수의견은 헌재의 견해를 일방적으로 정리했을 뿐이어서 어느 쪽 주장을 받아들이고 어느 쪽 주장을 배척했는지 알 수 없다. 소수의견은 다수의견의 이런 태도의 문제점을 지적했다.

> "피청구인의 목적이 무엇인지를 판단하는 과정에서 예기치 않게 피청구인 구성원들의 사상, 이념을 추단해내는 과정을 거칠 수밖에 없었다고 하더라도, 법정의견의 사실인정 및 논증의 정확성과 엄격성을 담보하기 위해서는 그에 관한 피청구인의 주장을 배척하는 이유에 관한 충분한 설명이 필요할 것이다."[55]

헌재가 인정한 사실관계와 설시한 논증 자체에 그와 배치되는 주장을 배척하는 내용이 포함되어 있다고 할 수는 있겠다. 그러나 사법적 판단이란 당사자의 주장에 대한 판단이 증거를 통하여 배척되고 인용되는 논리적 과정이 설명되어야 설득력이 있는 것이다. 당사자들의 주장에 대해 판단하지 않고, 헌재 재판관은 이렇게 본다는 식으로 일방적으로 설명하는 것은 사법적 판단이 아니라 권력적 지배의 형식일 뿐이다. 정당해산이 헌법재판을 통하여 이루어지도록 한 헌법적 결단은 정당해산이 절차적, 실체적 방어권이 보장되는 사법적 절차와 판단에 따라 이루어져야 한다는 것을 의미하는 것이지 권력행사의 담당자만을 정부와 헌재로 구분하는 권력행사의 형식에만 있는 것은 아니다. 이런 측면에서 당사자의 주장을 정리하고 이에 대해

---

55 이 사건 결정 323면.

판단하는 형식을 취하지 않고, 헌재의 견해를 일방적으로 설시하는 형태로 작성된 다수의견은 사실상 피청구인의 실체적 방어권을 침해한 것이고, 이러한 흠결은 치명적이다.

Ⅲ. 청구의 적법성

1. 피청구인 측 주장
가. 국무회의 심의절차 위배
– 대통령도 불참한 국무회의에서 즉석 안건으로 상정
나. 최후수단성 원칙 위배
– 해당 형사사건의 재판 결과를 기다렸어야
다. 소수 진보정당 탄압 차원의 심판청구권 남용
– 반대세력에 대한 모든 권력과 수단을 통한 배제
라. 형평원칙 위배
– 새누리당 전신 민정당은 내란 목적으로 세운 당

2. 이 사건 결정의 판단

3. 검토
– 피청구인 주장 무시한 헌재의 판단유탈

1. 피청구인 측 주장

피청구인 측은 이 사건 심판청구가 국무회의 심의상의 절차상 하자가 있고, 심판청구권을 남용하였으며, 형평에 반하여 부적법하다고 주장했다.

가. 국무회의 심의절차 위배
– 대통령도 불참한 국무회의에서 즉석 안건으로 상정

국가 긴급 상황이 아닌데도 대통령의 외유 중에 국무총리가 주재한 국무회의에서 차관회의를 생략한 채 긴급안건으로 심의함으로써 국무회의 심의 요건을 위배하였다.

헌법은 국민의 직접선거로 선출된 대통령이 수반으로 있는 '정부'만이 정당해산심판의 청구권자가 될 수 있게 하고, 국무회의의 필요적 심의사항의 하나로 정당해산의 제소를 규정했다(헌법 제89조 제14호, 헌재법 제55조[56]). 그 이유는 국정최고심의기관인 국무회의에 정부수반인 대통령이 참여하여 보좌기관인 국무위원들의 다양한 의견을 경청하고, 이 권한의 발동이 가지는 헌법적 엄중함을 고려하여 신중하게 처리하라는 취지이다. 그런데 청구인은 2013년 11월 5일 불

---

[56] 헌재법 제55조(정당해산심판의 청구) 정당의 목적이나 활동이 민주적 기본질서에 위배될 때에는 정부는 국무회의의 심의를 거쳐 헌재에 정당해산심판을 청구할 수 있다.

과 6일의 일정으로 대통령이 해외방문 중에 있을 때 대통령도 참석하지 않은 국무회의에서 즉석 안건으로 상정하여 의결하고, 해외에 있는 대통령의 전자결재를 얻어 이 사건 청구서를 접수하였다. 이는 국무회의에서 심의할 안건은 원칙적으로 차관회의 개회 3일 전까지 안전행정부를 거쳐 각 국무위원에게 배부되어 미리 검토된 후 차관회의 심의를 거쳐야 한다는 정부조직법 제12조 제4항, 국무회의규정 제3조, 제5조[57]를 위반한 것이다.

한편, 대통령이 '사고'로 직무를 수행할 수 없는 경우 그 직무대행자는 국민의 직선에 의하여 선출되는 정당성이 없기 때문에 현상유지적인 권한의 범위에서만 그 권한을 행사할 수 있는 것이 원칙이다. 헌재는 대통령 탄핵심판 결정에서 "대통령은 헌법을 수호하고 실현하기 위한 모든 노력을 기울여야 할 뿐만 아니라, 법을 준수하여 현행법에 반하는 행위를 해서는 안 된다."고 대통령의 의무를 확인했다.[58] 별다른 급박한 사정이 없음에도 헌정사상 처음 있는 정당해산심판청구를 대통령이 참석하지 않은 국무회의에서 의결한 것은 직무대행의 범위를 벗어난 것으로서 중대한 하자가 있다.

---

57 정부조직법 제12조(국무회의) ④ 국무회의의 운영에 관하여 필요한 사항은 대통령령으로 정한다.
   국무회의규정 제3조(의안 제출) ④ 의안은 의결사항과 보고사항으로 구분하여 늦어도 그 의안을 상정할 차관회의의 개회일 3일 전까지 행정자치부에 제출하여야 한다. 다만, 법률 공포안, 「대한민국헌법」 제89조제16호에 규정된 사항에 관한 의안과 긴급한 의안은 그러하지 아니하다.
   제5조(의안의 심의) ① 국무회의에 제출된 의안은 먼저 차관회의의 심의를 거쳐야 한다. 다만, 긴급한 의안은 그러하지 아니하다.
58 헌재 2004. 5. 14. 선고 2004헌나1 결정.

나. 최후수단성 원칙 위배

– 해당 형사사건의 재판 결과를 기다렸어야

이 사건 심판청구는 청구인이 다른 대체조치들을 취하려는 노력을 전혀 하지 않은 채, 즉 형사사건 결과도 기다리지 않고 또 국회의 제명절차가 진행되지도 않은 상태에서 이루어진 것으로서 최후수단성 원칙을 위배하였다.

정당해산제도는 가치의 개방성과 다원성을 보장하기 위하여 헌법에서 특별히 보장하고 있는 정당에 대하여 예외적으로 최후수단으로서만 발동되도록 고안된 제도이다. 베니스위원회[59] 2000년 지침[60] 제5항,[61] 2000년 지침 해설보고서[62]도 이러한 최후수단성을 명시하

---

[59] 동유럽의 구 사회주의 국가를 비롯한 체제전환 국가들이 입헌민주주의와 헌법재판제도를 도입하여 운영하는데 도움을 주기 위해 1990. 5. 유럽평의회(Council of Europe)에 의해 산하 기구로 「법을 통한 민주주의 유럽위원회(European Commission for Democracy through Law: 이하 '베니스위원회'라 함)」가 창설되었다. 베니스위원회는 헌법, 헌법재판, 그리고 선거, 국민투표 및 정당과 관련되어 유럽 차원의 기준을 제시하고 자문하는 역할을 하고 있다. 종전에는 유럽 국가만 정식 회원국으로 가입할 수 있었는데, 2002년 가입 자격을 확대하였다. 우리나라는 2006. 6.에 정회원국이 되었으며, 우리나라 헌재를 대표하여 헌법재판관이 회원으로 참여하고 있다. 송석윤, '정당해산심판의 실체적 요건-정당해산제도의 좌표와 관련하여-', 『서울대학교 법학』 제51권 제1호, 서울대학교법학연구소, 2010년 3월, 38~39면.

[60] 정당의 금지와 해산 및 유사조치['Guideline on Prohibition and Dissolution of Political Parties and Analogous Measures' adopted by the Venice Commission at its 41st plenary session(Venice, 10~11 December, 1999.)] 2000년에 공포되었으므로 이하에서는 '2000년 지침'이라 한다.

[61] "…특히 광범위한 효력을 가지는 조치로서 정당의 금지 또는 해산의 사용은 극도로 자제되어야 한다. 정부 기타 국가기관들은 권한 있는 사법기관에 정당을 금지하거나 해산해달라고 청구하기 전에, 국가의 관련된 상황을 고려하여 그 정당이 진정으로 자유롭고 민주적인 정치질서에 대하여 또는 개인의 권리에 대하여 위험을 제기하는지 여부와 보다 덜 과격한 다른 조치로 그러한 위험을 예방할 수 있는지 여부를 평가해야 한다.…"

고 있다.[63] 그리고 '최후수단성' 원칙은 정당해산심판의 판단 시뿐만 아니라 청구 시에도 준수되어야 한다.

그런데 청구인은 이 사건 심판청구를 함에 있어 그와 같은 노력을 전혀 하지 않았다. 청구인은 'RO'에 의한 소위 내란 관련 사건이 발각되었다면서 관련자들에 대해 기소를 하자마자 이 사건 심판청구를 하였다. 소위 내란 관련 사건 관련자들이 구체적인 계획을 세우거나 실질적인 준비를 하거나 나아가 실행에 옮긴 바는 전혀 없었다. 관련자들은 회합의 분반토론 과정에서 일부 과격한 발언이 나온 것에 불과하였다면서 무죄를 주장하고 있었다. 그렇다면 당해 형사사건의 재판 결과를 기다려도 문제될 것이 전혀 없었고, 또한 그러한 형사재판에 의한 처벌로 충분하였다. 당시 구체적인 위험성이 표출된 바도 없고, 또한 형사재판을 통해서도 충분히 민주적 정치질서 방위라는 목적을 달성하는데 아무런 지장이 없다.

또한 독일과 달리 우리나라는 국회의원 자격심사제도가 있어 국회의원 자격을 인정하는 것이 실질적 위험이 있다면 국회 의결로 제명하는 등 적절한 대응수단을 갖고 있다. 그럼에도 국회는 헌법상의

---

62 III. Explanatory report to guidelines on the prohibition of political parties and analogous measures.

63 14. 정당의 금지 또는 해산은 민주주의 사회에서는 예외적인 조치이다. 만약 관련 국가기관이 정당의 금지 문제를 사법기관에 제기하기로 결정하면 헌법질서나 국민의 기본적 권리와 자유에 대한 실질적 위협이 존재한다는 충분한 증거를 가지고 있어야 한다.

15. … 유관기관들은 문제의 정당이 폭력(인종주의, 외국인 혐오와 불관용과 같은 폭력의 구체적인 표출을 포함)을 옹호하고 있거나 테러리스트 활동이나 기타 체제 전복적인 활동에 명백히 관여하고 있다는 충분한 증거를 가지고 있어야 한다. 또한 국가당국(State authorities)은 그 나라의 민주적 질서에 대한 위협이 되는 정도를 평가하여야 하고, 벌금이나 다른 행정조치 또는 그러한 활동에 연루된 정당의 개별 당원을 재판에 회부하는 것과 같은 다른 조치들이 그 상황을 개선할 수 있는지를 평가해야 한다.

무죄추정원칙과 실질적 위험성의 부존재 등을 이유로 제명절차를 진행하지 않고 있었다. 국회의원 제명 절차를 진행할 정도의 위험성도 인정되지 않는 상황에서 이루어진 이 사건 심판청구는 최후수단으로 청구된 것으로 인정될 여지가 없다. 나아가 필수절차인 국무회의 심의 또한 의장인 대통령이 국내를 비운 틈을 타서 전자결재를 통해 형식적으로 거쳤는바, 그와 같이 절박성이 전혀 없었던 점에 비추어 볼 때 역시 최후수단으로서의 기본적인 요건을 갖추지 못했다.

다. 소수 진보정당 탄압 차원의 심판청구권 남용
– 반대세력에 대한 모든 권력과 수단을 통한 배제

이 사건 심판청구는 국가정보원 대선개입 사건 등에 따른 국면전환을 위해 종북담론을 이용하여 소수진보정당 탄압 차원에서 심판청구권을 남용한 것이다. 이 점에 대해서는 국내 헌법 교수들[64]과 시민

---

64 헌법 교수들은 이 사건 심판청구에 대해 △ 극단의 반공주의를 헌법보다 상위에 놓으려는 시도이다(송기춘), △전체 진보정치세력에 대해 이념전쟁을 선포하는 것이고, 우리 사회에서 헌법수호의 과제와 민주주의적 관용을 둘러싼 소모적인 정치적 분열만 일으킬 것이다(전광석), △지난 정부부터 급속도로 배양되어 진보진영을 억압하는 수단이 되었던 종북담론을 악용하여 한 국회의원과 정당인을 구속·기소하는 이른바 '내란음모 사건'을 거쳐, 이제는 그 정당을 위헌이라고 규정하고 이를 해산할 것을 청구하기에 이른 것으로, 다수의 권력으로부터 소수정당을 보호하고 이를 통해 정치의 다원성을 확보하고자 하는 민주주의적 요청을 묵살한 채 대선 승리로 정치권력을 장악한 전리품 격으로 한 진보정당의 생명줄을 끊어버리고, 이를 빌미로 진보진영을 비롯한 모든 반대 정파들의 입을 막고 몸을 묶어두기를 기도하는 것이다(한상희), △'사법의 정치화' 현상이 가장 극단화된 모습이어서 한편으로는 매우 유감이고 또한 우려스럽기만 하다(이종수), △보수 정치세력이 진보정치 세력 전반을 공격하는 담론무기인 종북 매카시즘이 정점으로 치닫게 만드는 일종의 변절점에 해당한다(이호중), △단순히 반민주적이라는 표현만으로는 설명될 수 없는, 반대세력에 대한 모든 권력과 수단을 통한 배제라는 엄청난 폭력성이 있다(김종서) 등 비판적인 견해를 밝혔다.

사회단체, 야당지도자들 그리고 해외언론도 지적하였다.

우리나라에 정당해산제도가 처음 도입된 제2공화국은 의원내각제였기 때문에 중립적 지위에 있는 대통령의 승인을 얻은 정부의 제소라는 요건은 어느 정도 심판청구권의 남용을 통제할 수 있었다. 그러나 현행 헌법은 대통령제 정부형태를 취하고 있음에도 대통령이 수반으로 있는 정부가 심판청구권을 가짐으로써 심판청구권의 남용을 통제할 수 있는 장치가 없다. 정당해산심판청구권이 정부에게만 인정되고 있어 여당(내지 여당과 결탁한 기성정당)은 절대 심판대상이 될 수 없으며, 오히려 소수정당에 대한 탄압수단으로 악용될 소지가 다분하다. 그렇기 때문에 이런 구조하에서는 헌재가 정부의 정당해산심판청구권 남용 여부를 철저하게 견제해야 할 필요성이 더욱 절실하다.

정당해산심판제도를 도입한 이유는 형식적 다수결에 의한 민주주의를 통해 실질적 민주주의를 파괴하는 세력으로부터 민주주의를 보호하기 위해서다. 소수 정당은 굳이 정부가 나서서 강제적으로 해산하지 않더라도 민주주의를 파괴하는 세력이 되기 어렵고, 소수 정당의 민주주의 위해(危害) 행위에 대해서는 형사 및 행정적 대처로 충분히 대응할 수 있으므로 정당해산심판제도가 활용될 여지가 없다. 피청구인의 경우 형식적 다수결에 의하더라도 300명의 국회의원 중 5명밖에 안 되는 소수 정당에 머물러 있었다. 유럽인권재판소는 터키 복지당 사건 등에서 당해 정당의 집권 가능성 여부를 중요하게 고려하였다. 그런데 이 사건에서 극소수 정당에 불과한 피청구인이 선거제도를 부정하거나 폭력을 행사하는 등의 직접적인 민주적 기본질서 위배행위가 없음에도 불구하고 정당해산심판을 청구한 것은 심판청구권의 남용이다.

한편, 이 사건 심판청구는 2013년 8월 28일 이석기 의원실에 대한 전격적인 압수수색으로부터 시작되었다. 당시 정국은 국가정보원(이하 '국정원')에 의한 제18대 대통령 선거 개입 문제로 국정원에 대한 전 국민적 분노와 정부에 대한 불신이 고조되고 있던 시점이었다. 이석기 의원실에 대한 압수수색은 국민들의 관심을 국정원 선거 개입 문제에서 전환시키려는 소위 물타기의 정치적 목적 아래 이루어진 것이라는 것이 일반적인 평가였다.[65] 결국, 이 사건 심판청구는 시기상으로도 현 정부 출범 이후 의혹이 제기되어 왔던 국정원 대선 개입 사건에 대한 공소가 제기되고, 그 수사방해 의혹이 전면화된 시점에 졸속으로 국면전환용으로 이루어져 심판청구권을 남용한 것이

---

65 야당이나 진보진영은 이석기 의원실에 대한 전격적인 압수수색에 대해 국면전환용으로 인식했다. 민주당 배재정 대변인은 "국정원이 국회까지 들어와 현역 의원을 상대로 압수수색을 벌이는 현 사태를 매우 엄중하게 지켜보고 있다."라고 했다. 정의당은 이정미 대변인의 논평을 통해 "국정원의 존재 이유와 정당성을 확보하기 위한 국면전환용, 물타기용 압수수색은 아닌지 매우 의심스럽다."고 했고, 노동당도 '난해한 정국을 돌파하려는 박근혜 정권의 공안몰이'라고 했다. 진보단체와 각계 인사들도, 이석기 의원의 강연에 대해 비판적 입장을 견지하면서도 국정원의 내란음모 수사에 대해서는 정치적 의도가 담긴 '국면전환용'이라 지적했다. 서울대 조국 교수는 "국정원 개혁과 선거개입 문제가 정국의 핵심인데 그걸 뒤집는 사건"이라 지적했고, 차병직 변호사는 "국정원이 갑자기 내란음모라며 공개수사를 벌이는 것은 이례적"이라고 밝혔다. 당시 한겨레 보도에 따르면 이들은 "국정원 규탄 촛불집회를 조기에 누그러뜨리려는 의도도 엿보인다고 입을 모았다."(http://www.hani.co.kr/arti/politics/politics_general/601687.html). 이상과 같은 광범위한 인식에 따라 '공안탄압대책위원회'('국정원 내란음모 조작과 공안탄압 규탄 대책위원회')가 민주노총, 전국농민회총연맹 등 다수 시민단체의 참여 아래 조직되었고, 이창복 6·15 남측위원회 상임대표, 천주교정의구현사제단 함세웅 신부, 6·15 남측위원회 명예대표 김상근 목사, 최병모 전 민주사회를 위한 변호사 모임 회장, 고 성유보 전 동아투위 위원장 등 다수의 저명인사들이 참여하였다. 이는 내란음모 사건이 국정원과 박근혜 정부가 수세적인 정국을 전환하기 위해 터트린 것이라는 인식의 공감대가 확산되고 일반화되었음을 보여준다.

다. 또한 제18대 대통령선거의 후보자 TV토론에서 피청구인 소속 이정희 후보가 당시 새누리당 박근혜 후보에 대해 '다카키 마사오 (박정희)'를 언급하며, 박근혜 후보를 떨어뜨리기 위해 출마하였다고 발언한 것에 대한 보복조치로 이 사건 심판이 청구되었다는 지적도 설득력 있게 제기되었다.[66]

라. 형평원칙 위배

— 새누리당 전신 민정당은 내란 목적으로 세운 당

청구인이 피청구인의 해산사유로 주장하는 내용 중 선거 부정행위, 의회활동에서의 폭력 사용, 당 운영에서의 폭력과 패권주의 등은 피청구인뿐만 아니라 여당을 비롯한 야당 등 모든 정당에 공통된 것으로서 이를 피청구인에 대한 해산사유로 주장하는 것은 형평에 어긋난다.

특히 새누리당은 1980년 전두환을 수괴로 하는 신군부세력이 내란 수행 과정에서[67] 설립한 민주정의당을 계승한 정당이다. 민주정의당은 창당 과정에서부터 내란 목적이 있었고, 관제야당을 설립하는 등 복수정당제를 무시하기도 했다. 선거 과정에서 불법적인 정치자

---

66 한홍구, 앞의 글. "2012년 12월 4일 대통령 후보 텔레비전(TV) 토론회에서 통합진보당의 이정희 후보가 충성 혈서를 써가며 일본군 장교가 된 다카키 마사오를 들먹이며 친일과 독재의 후예인 박근혜 후보를 떨어뜨리려 나왔다고 했을 때 통합진보당의 해산은 이미 결정된 것인지도 모른다."

67 전두환 등이 내란범죄를 저질렀다는 점은 대법원 1997. 4. 17. 선고 96도3376 전원합의체 판결에 의해 인정되었다.

금 수수와 뇌물 공천이 광범위하게 이루어졌고, 북측 인사에게 무력 도발을 요청한 소위 '총풍' 사건과 안기부를 동원한 북풍 공작 등을 자행했다. 심지어는 선관위에 대한 디도스 공격과 국정원의 대선 개입 등 국가기관에 의한 민주적 선거제도를 형해화하는 사건이 발생하기도 했다. 다수당의 힘으로 날치기처리를 자행함으로써 헌재로부터 야당 국회의원의 심의의결권을 침해했다는 결정을 받은 바 있을 정도로 의회민주주의를 노골적으로 침해했다. 내란과 군사반란 가담자가 당의 후보와 주요직책을 차지하도록 했고, 쿠데타 옹호 발언을 통해 헌정질서 유린을 옹호하기도 했다. 이런 새누리당의 행태 가운데 상당 부분은, 이 사건에서 청구인이 피청구인에 대해 주장한 내용보다도 그 정도가 훨씬 심하다.[68] 정당해산심판 청구권을 가진 청구인으로서 동일한 사안 또는 비슷한 사안에 대해서는 공정하고 균형잡힌 기준을 적용해야 함에도 불구하고, 유독 피청구인에게만 위헌의 잣대를 들이대는 건 평등권을 침해하고, 정당해산심판 청구라는 헌법이 부여한 권한을 남용하는 것이다.

결론적으로 통합진보당에 대한 해산심판청구는 절차상의 중대한 하자와 심판청구권 남용으로 각하 내지 기각되어야 했다.

2. 이 사건 결정의 판단

헌재는 전원일치 의견으로 대통령이 직무상 해외 순방 중이던 "2013. 11. 5. 국무총리가 주재한 국무회의에서 피청구인에 대한 정당해산심판청구서 제출안이 의결되었고, 위 의안에 대하여는 차관회의의 사전 심의를 거치지 않은 사실"을 인정하면서도 피청구인의 주장을 배척했다.

"정부조직법 제12조에 의하면, 대통령은 국무회의의 의장으로서 회의를 소집하고 이를 주재하지만 대통령이 사고로 직무를 수행할 수 없는 경우에는 국무총리가 그 직무를 대행한다. 대통령이 해외 순방 중인 경우는 일시적으로 직무를 수행할 수 없는 경우로서 '사고'에 해당된다고 할 것이므로(직무대리규정 제2조 제4호 참조), 위 국무회의의 의결이 위법하다고 볼 수 없다. 또한 국무회의규정 제5조 제1항에 의하면 국무회의에 제출되는 의안은 긴급한 의안이 아닌 한 차관회의의 심의를 거쳐야 한다고 규정하고 있으나, 의안의 긴급성에 관한 판단에는 원칙적으로 정부의 재량이 있다고 할 것이고, 피청구인 소속 국회의원 등이 연루된 소위 내란 관련 사건이 발생한 상황에서 제출된 피청구인 해산심판청구에 대한 의안이 긴급한 의안에 해당한다고 본 정부의 판단에 재량의 일탈이나 남용의 위법이 있다고 단정하기 어렵다. 마찬가지 이유로, 위와 같은 상황에서 제기된 이 사건 정당해산심판 청구가 형평에 반하는 것으로서 청구권 남용에 해당한다고 보기도 어렵다. 결국, 이 사건 정당해산심판청구는 관련 법령에 따라 적법하게 이루어진 것으로 그 절차에 하자가 없고, 이를 다투는 피청구인의 주장은 모두 이유 없다."[69]

---

68 피청구인 측은 2014. 6. 5. 자 '청구인의 기준에 비추어 본 새누리당의 위헌성' 제목의 변론준비서면에서 새누리당의 위헌성을 구체적으로 설명했고, 이를 입증하기 위하여 '을 제607~658호증'을 제출했다. 제8차 변론조서.

69 이 사건 결정 3~4면.

3. 검토

– 피청구인 주장 무시한 헌재의 판단유탈

이 사건 결정은 피청구인의 주장 중 이 사건 심판청구가 최후수단성 원칙을 위배하였다는 점, 형평에 반한다는 점 등에 대해서는 실질적인 판단을 하지 않았다. "형평에 반하는 것으로서 청구권 남용에 해당한다고 보기도 어렵다.", "이를 다투는 피청구인의 주장은 모두 이유 없다."라는 한 마디로 끝나고 말았다. 그냥 무시한 것으로서 판단유탈(遺脫)이라고 할 수 있다. 민사소송법 제451조 제1항 제9호는 "판결에 영향을 미칠 중요한 사항에 관하여 판단을 누락한 때"를 재심사유로 규정하고 있는바, 정당해산심판 사건을 민사소송 절차를 준용한 것에 비추어 보면 위와 같은 판단누락은 재심사유에 해당하는 것으로 볼 여지도 있다.

헌법 제8조 제4항이 정당해산심판 절차와 관련하여 '제소권'과 '심판권'을 각각 정부와 헌재에 나누어 규정한 취지는 각 헌법기관의 신중한 권한 행사를 도모하기 위함이고, 헌법 제89조가 명시적으로 제소를 하기 위해서는 국무회의의 심의를 거치도록 한 취지도 마찬가지다.[70] 차관회의를 포함한 국무회의 제도의 존재 이유는 첫째, 정부가 어떠한 정책을 결정하기 전에 국무위원 또는 차관들의 심의를

---

70 전영식, '헌재의 2013헌다1 사건 결정문에 나타난 법리의 문제점', 앞의 「헌법재판소 통합진보당 해산 결정 등에 따른 긴급토론회 자료집」, 2014. 12. 23, 5면.

거치게 함으로써 보다 숙려된 정책을 이끌어내고자 함이며, 둘째, 이 과정을 통해 그 현안이 가지는 제반의 내용을 국민에게 알리고자 함이다. 헌법상 국무회의는 심의기관에 불과하여 그 의결이 대통령을 구속하지는 못한다. 하지만 의원내각제와 혼합된 정부형태를 취하는 헌법체제에 비추어볼 때 우리 헌법상 국무회의는 일종의 수직적 권력분립의 한 수단으로 이해할 수 있다. 대통령이 국가정책의 결정을 함에 있어서는 국무위원들과의 토론에 참여하면서 그 정책의 장단점 등에 대한 자신의 판단을 정리하고, 국무위원들은 이러한 토론을 통해 대통령의 권력을 견제할 수 있는 기회를 확보하게 하는 것이 이 제도의 헌법적 취지라 할 수 있다. 둘째 기능은 그 부수적 효과이기도 하다. 이 점에서 헌법이 국무회의의 필요적 심의사항으로 하고 있는 위헌정당해산심판청구를 긴급안건의 형식을 빌려 차관회의를 우회하였고, 대통령으로 하여금 굳이 이 절차를 회피할 수 있도록 한 것은 재량의 한계를 넘은 헌법 정신의 위반행위라 할 수 있다. 대통령은 그 동등자(peers)의 의견을 수렴하여 자신의 책임으로 어떠한 정책 결정을 내려야 할 직무상 의무가 있음에도 별다른 이유도 없이 이런 의무를 해태한 것이다.[71]

이 사건 결정은 대통령의 해외순방으로 대통령이 직무를 수행할 수 없는 경우, 즉 정부조직법 제12조 제2항의 '사고'로 인하여 직무를 수행하지 못할 때에 해당하여 국무총리가 대행한 것이 적법하다고 인정했다. 그러나 대통령이 '사고'로 인하여 직무를 수행할 수 없는 경우 그 직무를 대행하는 국무총리는 국민의 직선으로 선출되지

---

71 한상희, 앞의 글, 29면.

않아 국민적 정당성이 없으므로 현상유지적인 범위에서만 그 권한을 행사할 수 있다고 보아야 한다. 권한대행의 법리로 이 사건 청구를 적법한 것으로 인정한 이 사건 결정은 이 사건 정당해산심판 청구권 행사가 심각하게 그 권한을 남용하여 졸속으로 이루어진 것을 정당화하고 말았다.

이 사건 결정은 차관회의 생략에 대해 피청구인 소속 국회의원 등이 연루된 소위 내란 관련 사건이 발생한 상황에서 긴급한 의안에 해당하는 것으로 본 것에 재량 일탈 내지 남용이 없다고 판단했다. 그러나 소위 내란 관련 사건의 발생을 위와 같은 긴급성 내지 위험성을 인정하는 사유로 본 것은 부당하다. 청구인이 보도자료 등에서 밝힌 바와 같이 두 달 가까이 법무부 차관 직속으로 TF를 구성하여 심판청구를 준비하였다는 점을 고려한다면, 안건의 배포 및 차관회의 심의를 생략해야 할 정도의 '긴급성'을 인정할 여지는 없었다.

사건 모임은 2013년 5월 10일 및 12일에 있었고, 내란음모 혐의로 2013년 9월 26일 기소되었다. 소위 내란 관련 사건 당사자들이 내란을 실행하기 위해 구체적인 준비를 하거나 실제적인 행동으로 나아간 바는 전혀 없었다. 위 사건으로 인하여 국가안위 등에 실질적인 위험이 초래된 바는 전혀 없었다. 이 사건 심판 청구 시점에서는 그 사건의 실체가 인정되기는커녕 증거능력과 판단 범위를 확정 짓는 단계에 불과하였다. 따라서 최후수단으로서의 정당해산심판의 성질에 비추어 보면, 정당해산심판청구는 위 사건 판결 확정 시까지 기다리는 것이 이치에 맞았다. 차관회의를 생략할 만한 긴급성이 인정될 여지는 전혀 없었다.

IV. 정당해산심판제도에 관한 기본 법리

1. 기본 법리에서 피청구인 측 주장 수용 부분
   가. 정당해산심판제도의 의의
   – 방어적 민주주의 관점보다는 정당보호가 주된 취지
   나. 정당해산 요건으로서의 민주적 기본질서
   – 민주주의와 법치주의에 근거한 입헌 민주주의
   다. 비례원칙의 적용
   – 긍정설과 부정설
   라. 정당의 시적 범위
   – 민노당 활동은 판단 대상에서 제외

2. 국제기준에 미흡한 견해 채택
   가. 정당의 목적과 활동 평가에서의 느슨한 태도
   – 공식 강령과 숨겨진 목적
   나. 실질적 해악을 초래할 구체적 위험성
   – 위험성이 아닌 '개연성'의 문제로 전환

3. 한국적 특수성을 이유로 입헌주의의 보편적 원리 무시
   – 유신 합리화하는 한국적 민주주의의 부활

1. 기본 법리에서 피청구인 측 주장 수용 부분

정당해산에 대한 기본 법리는 다수의견과 소수의견이 동의하는 내용으로 정리되었다. 이 사건 결정은 적어도 기본 법리에 있어서는 많은 쟁점에서 청구인 측 주장을 배척하고 피청구인 측 주장을 받아들여 법리를 구성했다.[72] 선고기일에 박한철 소장이 결정을 선고하면서 기본 법리 부분을 설명할 때는 심판정에 일순간 기각결정을 선고할 수도 있겠다는 기대감이 돌기도 했다. 그러나 그 기대는 여지없이 깨졌고, 기본 법리를 제법 그럴듯하게 정리한 것은 기각결정을 정당화하기 위한 노림이 아니었나 하는 의구심이 든다.

가. 정당해산심판제도의 의의
– 방어적 민주주의 관점보다는 정당보호가 주된 취지

정당해산심판제도의 의의에 대해 청구인 측은 방어적 민주주의 관점에서 주로 설명했고, 피청구인 측은 정당보호 관점을 강조하여 설명했다. 그런데 이 사건 결정은 우리나라 정당해산제도가 방어적 민주주의 관점보다는 정당보호, 특히 소수 야당 보호를 주된 취지로 하

---

72 이 사건 결정의 정당해산제도 일반에 대한 법리전개에 대해서는 긍정적 평가가 일반적이다. 한상희, 앞의 글, 31면. "이러한 이해와 논리는 그 자체 완벽하다고 할 만큼, 베니스위원회의 가이드라인이 제시하는 원론적 틀에서 크게 갈라져 있지 않다."

고 있음을 인정하였다. 청구인 측 주장보다는 피청구인 측 주장을 수용한 것으로 평가할 수 있다.

"우리의 경우 이 제도는 발생사적 측면에서 정당을 보호하기 위한 수단으로서의 성격이 부각된다. 정당해산심판의 제소권자가 정부인 점을 고려하면 피소되는 정당은 사실상 야당이 될 것이므로, 이 제도는 정당 중에서도 특히 정부를 비판하는 역할을 하는 야당을 보호하는 데에 실질적인 의미가 있다. 비록 오늘날 우리 사회의 민주주의가 예전에 비해 성숙한 수준에 이른 것은 사실이라 하더라도, 정치적 입지가 불안한 소수파나 반대파의 우려를 해소해 주는 것이 민주주의 발전에 기초가 된다는 헌법 개정 당시의 판단은 지금도 마찬가지로 존중되어야 한다. 정당해산심판제도가 비록 정당을 보호하기 위한 취지에서 도입된 것이라 하더라도 다른 한편 이는 정당의 강제적 해산 가능성을 헌법상 인정하는 것이다. 그러므로 그 자체가 민주주의에 대한 제약이자 위협이 될 수 있음을 또한 깊이 주의해야 한다. 정당해산심판제도는 운영 여하에 따라 그 자체가 민주주의에 대한 해악이 될 수 있으므로 일종의 극약 처방인 셈이다. 따라서 정치적 비판자들을 탄압하기 위한 용도로 남용되는 일이 생기지 않도록 정당해산심판제도는 매우 엄격하고 제한적으로 운용되어야 한다. '의심스러울 때에는 자유를 우선시하는(in dubio pro libertate)' 근대 입헌주의의 원칙은 정당해산심판제도에서도 여전히 적용되어야 할 것이다."[73]

정당해산제도는 시민사회와 국가권력을 매개하는 정당이 국가권력을 장악하여 국가의 다원적 민주주의의 보장자라는 근본적인

---

73 이 사건 결정 10면.

통치질서를 폐지하려는 경우에 예외적으로 이를 예방하려는 성격의 제도라고 할 수 있다. 이런 점에서 정당해산제도가 '방어적 민주주의' 제도라는 측면이 있으나, 입헌민주주의의 관점을 수용함으로써 '자유의 적'을 입헌주의적 방식으로 분별하고, 헌법의 근본가치에 대한 침해행위를 방지한다는 헌법보호의 기능을 위한 입헌주의적 수단으로 이해되어야 한다. 정당의 정강과 정책이 선거를 통하여 다수의 지지를 얻게 되는 경우 국가의사를 형성하게 되기에, 국가의사로 형성된 정당의 정강과 정책이 민주주의와 법치주의를 폐지하게 되는 경우 선거는 민주주의의 폐지의 기회로 이용되는 결과가 된다. 이런 예외적인 결과가 예상되는 경우를 규제하는 것이 정당해산제도이다. 정당해산제도의 헌법보호적 의미는 정당에 대한 특별한 보호라는 원칙이 적용된 결과이고, 복수의 정당들 사이의 경쟁체제를 의미하는 복수정당제도를 보호하는 목적에서 적용되어야 한다. 즉, 헌법보호보다는 정당보호에 중점이 있고, 이를 통해 입헌주의적 헌법의 보호를 도모한다.

우리나라는 나치에 의한 민주주의 파괴를 경험한 독일과 달리 1958년 이승만 독재 시대에 행정명령에 의하여 진보당이 해산되는 역사적 사건을 경험한 후 제2공화국 헌법에서 처음으로 정당해산제도를 도입하였다. 제2공화국 헌법 제13조 제2항은 "정당은 법률이 정하는 바에 의하여 국가의 보호를 받는다. 단, 정당의 목적이나 활동이 민주적 기본질서에 위배될 때에는 정부가 대통령의 승인을 얻어 소추하고 헌법재판소가 판결로써 그 정당의 해산을 명한다."라고 규정하였다. 당시 헌법개정안 기초위원장 정헌주는 국회에서 개헌

안 표결을 앞두고 "우리가 경험한 바와 같이 진보당 사건에서와 같이 정부의 일방적인 해산 처분에 의해 가지고 이것을 해산"할 수 있는 사태를 예방하기 위한 것이라고 설명했다.[74]

나. 정당해산 요건으로서의 민주적 기본질서
– 민주주의와 법치주의에 근거한 입헌 민주주의

1) 정당해산 요건으로서의 '민주적 기본질서'에 대해 피청구인 측은 민주주의적 측면과 법치주의적 측면에 근거한 입헌민주주의로 개념화해서 주장했다. 청구인 측은 이에 대해 별다른 의견을 제시하지 않았다. 피청구인 측은 정당해산제도의 입헌주의적 한계를 설명하면서 "정당이 가지는 다원적 민주주의 사회에서의 기능과 민주주의 개념, 법치국가적 원칙 등에 비추어 정당해산의 사유에 대한 사법적 판단은 엄격한 기준이 적용되어야 할 것"이라고 주장하였다.[75]

이 사건 결정은 입헌적 민주주의 체제는 공화주의 이념과 자유주의 이념으로부터 큰 영향을 받았으며, 공화주의 이념(특정인이나 특정세력에 의한 전제적 지배를 배제하고 공동체 전체의 동등한 구성원들에 의한 통치를 이상으로 하는 이념)은 우리 헌법상 '민주주의 원리'로 표현되었고, 자유주의 이념(개인의 자유와 권리를 강조하는 이념)은 우리 헌법상 '법치주의 원리'로 반영되었다고 함으로써,[76] 피청구인 측의 위와 같은 주장을 받아들인 것으로 볼 수 있다.

---

74 송석윤, 앞의 글, 35면.
75 이는 피청구인 소송대리인단에서 법리팀을 담당했던 전영식 변호사가 입론했다.

"정당해산심판제도가 수호하고자 하는 민주적 기본질서는 우리가 오늘날의 입헌적 민주주의 체제를 구성하고 운영하는 데에 필요한 가장 핵심적인 내용이나 요소를 의미하는 것으로서, 민주적이고 자율적인 정치적 절차를 통해 국민적 의사를 형성·실현하기 위한 요소, 즉 민주주의 원리에 입각한 요소들과, 이러한 정치적 절차를 운영하고 보호하는 데에 필요한 기본적인 요소, 즉 법치주의 원리에 입각한 요소들 중에서 필요불가결한 부분이 중심이 되어야 한다.[77] 이는 이것이 보장되지 않으면 우리의 입헌적 민주주의 체제가 유지될 수 없다고 평가되는 최소한의 내용이라 하겠다."[78]

2) 헌법 제8조 제4항이 규정하고 있는 '민주적 기본질서'는 우리나라 헌법질서의 핵심적이며 근본적인 질서를 의미한다. 정당해산의 요건인 '민주적 기본질서'는 정치과정의 개방성과 다원성을 제한하는 법적 요건이기에 그 요건은 가장 엄격한 기준에 입각하여 해석되어야 한다. 이러한 관점에서 정당해산 요건으로서의 '민주적 기본질서'에 사유재산제도와 시장경제 등 경제질서가 포함되는지 여부에 대해 청구인 측은 긍정설을 주장했고, 피청구인은 부정설을 주장했다. 학계에서도 부정설을 주장하는 견해가 다수였다.[79] 이 사건 결정은 부정설을 채택한 것으로 평가할 수 있다.

---

[76] 이 부분을 높게 평가하는 견해로는 한상희, 앞의 글, 31면. "민주주의를 시민적 공화주의의 관점에서 재조정함으로써 다수자의 지배라는 종래의 해석에서 민주적 입헌주의의 개념을 도입하여 법치주의와 민주주의의 조화를 도모하고자 한 점은 아주 뛰어난 구성이라 하지 않을 수 없다."

[77] 이 사건 결정 6~7면.

[78] 이 사건 결정 14~15면.

[79] 이성환 등, 앞의 글, 154면; 송석윤, 앞의 글, 57~59면; 정태호, 참고인 의견서, 45~38면.

"우리 헌법 제8조 제4항이 의미하는 민주적 기본질서는, 개인의 자율적 이성을 신뢰하고 모든 정치적 견해들이 각각 상대적 진리성과 합리성을 지닌다고 전제하는 다원적 세계관에 입각한 것으로서, 모든 폭력적·자의적 지배를 배제하고, 다수를 존중하면서도 소수를 배려하는 민주적 의사결정과 자유·평등을 기본원리로 하여 구성되고 운영되는 정치적 질서를 말하며, 구체적으로는 국민주권의 원리, 기본적 인권의 존중, 권력분립제도, 복수정당제도 등이 현행 헌법상 주요한 요소라고 볼 수 있다."

"민주 사회에서 정당의 자유가 지니는 중대한 함의나 정당해산심판제도의 남용 가능성 등을 감안한다면, 헌법 제8조 제4항의 민주적 기본질서는 최대한 엄격하고 협소한 의미로 이해해야 한다."[80]

이 사건 결정은 민주적 기본질서의 구체적인 내용으로 경제질서를 설시하지 않았고, 또한 구체적으로 피청구인의 민주적 기본질서 위배 여부를 판단함에 있어 '민중중심의 자립경제 체제'가 사유재산제도 또는 시장경제를 근본으로 하는 경제질서를 위반하였는지 여부에 대해서는 아무런 판단도 하지 않았다. 그동안 헌재는 자유민주적 기본질서의 구체적인 내용으로 "기본적 인권의 존중, 권력분립, 의회제도, 복수정당제도, 선거제도, 사유재산과 시장경제를 골간으로 한 경제질서 및 사법권의 독립 등"을 열거했다.[81] 다만 헌재 결정 중에는 경제질서의 문제를 자유민주적 기본질서의 내용에 포함시킨

---

80 이 사건 결정 15면.
81 헌재 1990. 4. 2. 선고 89헌가113 결정 등.

헌재의 종전 판례(헌재 1990. 4. 2. 선고 89헌가113 결정)를 원용하면서도 "'자유민주적 기본질서'의 본질적 내용은 법치국가원리의 기본요소인 '기본적 인권의 존중, 권력분립, 사법권의 독립'과 민주주의 원리의 기본요소인 '의회제도, 복수정당제도, 선거제도' 등으로 구성되어 있다."고 설시한 바도 있다.[82] 그래서 헌재의 입장이 분명치 않았는데, 이 사건 결정에서는 경제질서 부분을 의식적으로 제외했다. 헌재로서는 이 쟁점에 대해 청구인 측과 피청구인 측의 주장을 정리하고 그에 대해 헌재가 어떤 견해를 채택하였는지 명확히 했어야 한다. 그에 대한 명시적인 판단이 없기 때문에 헌재가 현재 어떤 견해를 채택하였는지 여전히 다툼의 소지를 남겼다.

3) 정당해산사유로서의 '민주적 기본질서'와 헌법 전문에서 명시한 '자유민주적 기본질서'를 동일하게 볼 것인가 하는 점에 논란이 있다. 이와 관련하여 헌재는 "우리 헌법은 정당에 대하여도 민주적 기본질서를 해하지 않는 범위 내에서의 정당활동을 보장하고 있다. 즉, 헌법 제8조 제2항 및 제4항에 '정당은 그 목적·조직과 활동이 민주적이어야 하며…', '정당의 목적이나 활동이 민주적 기본질서에 위배될 때에는 … 헌재의 심판에 의하여 해산된다.'고 명시하고 있다. 따라서 어떠한 정당이 외형상 민주적 기본질서를 추구한다고 하더라도 그 구체적인 강령 및 활동이 폭력적 지배를 추구함으로써 자유민주적 기본질서를 위반하는 경우 우리 헌법 질서에서는 용인될 수 없는 것이다."라고 판시한 바 있다.[83] 이에 의하면 민주적 기본질

---

82 헌재 2004. 5. 14. 선고 2004헌나1 결정(노무현 전 대통령에 대한 탄핵심판청구 사건).

서와 자유민주적 기본질서는 상이하고, 민주적 기본질서 위배 행위가 자유민주적 기본질서 위반 행위보다 범위가 넓은 것으로 보고 있다.

그러나 대부분 학설은 정당해산사유로서의 '민주적 기본질서'는 헌법 전문의 '자유민주적 기본질서'와 같은 것으로 해석해야 한다는 견해를 지지했다.[84] 그런데 이 사건 결정은 이에 대해 아무런 설시를 하지 않고 있다. 이 사건 결정, 특히 다수의견은 헌법 전문의 규정을 인용하는 경우 이외에는 아예 '자유민주적 기본질서'에 대해 언급조차 하지 않았다. 따라서 헌재가 '민주적 기본질서'와 '자유민주적 기본질서' 사이의 관계를 어떻게 보고 있는지 명확하지 않으나, 상이한 것으로 보는 것으로 추측된다.

한편, '자유민주적 기본질서'에 대한 종전 헌재 결정의 설명과 '민주적 기본질서'에 대한 이 사건 결정의 설명을 비교해보면 몇 가지 점에서 차이가 난다. 그동안 헌재는 자유민주적 기본질서에 대해 "모든 폭력적 지배와 자의적 지배, 즉 반국가단체의 일인독재 내지 일당독재를 배제하고 다수의 의사에 의한 국민의 자치, 자유·평등의 기본원칙에 의한 법치주의적 통치질서"를 말한다고 판시했다.[85] 이 사건 결정이 자유민주적 기본질서에 대한 종전 헌재 결정과 차이가 있는 점은 첫째, 이 사건 결정은 종전 결정에는 없었던 "개인의 자율적 이성을 신뢰하고 모든 정치적 견해들이 각각 상대적 진리성과 합리성을 지닌다고 전제하는 다원적 세계관에 입각한 것"임을

---

83 헌재 2001. 9. 27. 선고 2000헌마238 등 결정.
84 이상환 등, 앞의 글, 140~142면; 송석윤, 앞의 글, 55면.
85 헌재 1990. 4. 2. 선고 89헌가113 결정 등.

명시하였다. 다원적 세계관에 입각한 것임을 명시한 것은 가치상대주의와 개인의 이성에 대한 신뢰를 표현한 것으로서 나름 의미가 있는 것으로 볼 수 있다. 둘째, 종전 결정에서는 '법치주의적 통치질서'라고 했는데, 이 사건 결정은 '정치적 질서'라고 했다. 헌재는 유의미한 해석론상의 차이를 유도하고자 의도적으로 '통치질서' 대신 '정치적 질서'로 표현한 것 같다. 통치질서에 위배되기 위해서는 적어도 집권가능성이 인정되어야 하므로 집권 가능성 여부를 판단해야 한다. 그리고 정당 내부의 비례경선 부정, 폭력사태, 타 정당과의 연대과정에서의 여론조작 등은 '통치질서'에 대한 위배로 볼 수는 없다. 셋째, 구체적인 내용을 열거하면서 종전 결정에 있었던 "의회제도, 선거제도, 사유재산과 시장경제를 골간으로 한 경제질서 및 사법권의 독립"을 제외했고, 종전 결정에는 없던 "국민주권의 원리"를 명시했다. 의회제도, 선거제도, 사법권의 독립 등은 국민주권 원리와 권력분립제도 그리고 복수정당제도에 포섭되어 있다고 평가할 수 있을 것이므로 이를 제외한 것이 특별한 의미를 갖지는 않을 것으로 보인다. 다만 경제질서를 제외한 것은 앞에서 설명한 바와 같이 학설의 다수설의 견해를 수용한 것으로 볼 수 있다.

이 사건 결정이 (자유)민주적 기본질서를 '통치(統治)질서'로 이해하지 않고 '정치(政治)적 질서'로 파악한 것에 대해 비판하는 견해가 있다.[86] 정당해산사유로서의 '(자유)민주적 기본질서'를 통치질서로 이해하면, 그 질서는 헌법적 차원에서 형성되는 것이고 법률적 차원에서 형성되는 가변적인 질서를 의미하는 것이 아니다. '통치질서'는 국가권력이 형성되고 작동하는 기본적인 방식으로서 국가권력의 잠재적 담당자인 정당이 준수하여야 할 국가권력을 행사하는 기본적인 규범이므로, 정당의 개별적인 정강과 정책이 해산의 사유로서 논의될 수는 없고 그 정강과 정책을 지배하는 기본적인 정치적 이념이 심사의 대상이 될 수밖에 없게 된다. 반면, '정치적 질서'로 이해하면, 예컨대 국가보안법이 제한하고 있는 표현의 자유 범위 내에서 형성된 법률적 차원의 질서를 의미하는 것으로 변질된다. 정당이 국가권력을 행사할 때가 아니라, 시민사회에서 창당되어 일상적으로 활동할 때 그 정치과정을 지배하는 질서에 대한 침해의 문제로 된다.

정당해산사유로서 (자유)민주적 기본질서는 정당이 국가권력을 획득하여 국가기구를 통하여 실현하려는 정치적 프로그램의 내용이 이에 위배되는지 여부의 위험성을 판단하는 기준이 된다. 독일연방헌법재판소와 유럽인권재판소는 정당해산사유를 정당의 권력획득을 위한 목적성과 국가권력의 전체주의적 행사 가능성에서 그 위험성을 찾고 있다. 이는 정당의 해산 가능성이란 통치질서인 자유민주적 기본질서를 침해하는 것을 방지한다는 것 이외에 다른 이유를 찾기 어렵기 때문이다. 민주적 기본질서를 통치질서로 이해하면 민주적 기본질서에 대한 침해 위험성은 그 정당이 권력 장악에 근접해야만 인정될 수 있다. 그러나 민주적 기본질서를 통치질서가 아닌 정치질서로 이해하게 되면 민주적 기본질서에 대한 침해 위험성은 그 정

---

86 전영식, 앞의 글, 8~9면. "해산요건으로서 '민주적 기본질서'를 '정치질서'로 개념화하는 경우 정당이 정치과정에 진입할 때 주어지는 정치질서가 민주주의 원리에 따른 질서, 즉 정당해산의 기준이 되는 정치질서로 간주되지 않을까?"

당의 정권 장악 가능성 여부와는 무관하게 된다. 그렇게 되면 정당이 국가권력을 획득하여 그 정치적 프로그램을 실현하려는 위험성의 문제를 정당의 정치적 활동의 양태 문제로 전환함으로써 해산의 판단 시기를 앞당기게 된다. 이 사건 결정, 특히 다수의견이 피청구인의 정권장악 가능성 여부에 대해서는 아무런 판단을 하지 않은 것은 민주적 기본질서를 통치질서로 이해하지 않았기 때문이다.

다. 비례원칙의 적용
– 긍정설과 부정설

정당해산심판에 있어 비례원칙이 적용될 것인지 여부에 대해 청구인 측은 부정설을 주장했고,[87] 피청구인 측은 베니스위원회 지침 및 유럽인권재판소 판결례에 따라 긍정설을 주장했다. 1956년 독일 연방헌법재판소 독일 공산당 해산 판결의 최대 약점은 독일 공산당이 국가권력을 장악하였을 때 실현할 프롤레타리아독재의 '위험성'을 추상적인 논리적 위험성으로 보고, 실질적인 해악이 있는 구체적 위험성의 문제로 보지 않았다는 점과 비례원칙에 따른 엄격한 심사가 없었다는 점이다. 반면, 유럽인권재판소와 베니스위원회는 '구체적인 위험성'과 비례원칙에 따른 엄격한 심사를 요구하고 있다.[88] 이 사건 결정은 비례원칙이 적용되어야 한다는 긍정설의 견해를 채

---

87 청구인 측은 최종준비서면에서는 피청구인의 주장에 따라 비례원칙이 적용된다고 하더라도 피청구인은 해산되어야 한다고 주장했다.
88 전영식, 앞의 글, 9~10면.

택했다. 역시 청구인 측 주장을 배척하고 피청구인 측 주장을 받아들인 것이다.

> "강제적 정당해산은 우리 헌법상 핵심적인 정치적 기본권인 정당 활동의 자유에 대한 근본적 제한이므로 헌재는 이에 관한 결정을 할 때 헌법 제37조 제2항이 규정하고 있는 비례원칙을 준수해야만 하는 것이다. 따라서 헌법 제37조 제2항의 내용, 침익적 국가권력의 행사에 수반되는 법치국가적 한계, 나아가 정당해산심판제도의 최후 수단적 성격이나 보충적 성격을 감안한다면, 헌법 제8조 제4항의 명문규정상 요건이 구비된 경우에도 해당 정당의 위헌적 문제성을 해결할 수 있는 다른 대안적 수단이 없고, 정당해산 결정을 통하여 얻을 수 있는 사회적 이익이 정당해산 결정으로 인해 초래되는 정당의 정당활동 자유 제한으로 인한 불이익과 민주주의 사회에 대한 중대한 제약이라는 사회적 불이익을 초과할 수 있을 정도로 큰 경우에 한하여 정당해산 결정이 헌법적으로 정당화될 수 있다."[89]

라. 정당의 시적 범위
– 민노당 활동은 판단 대상에서 제외

해산 대상인 정당의 시적 범위와 관련하여 청구인 측은 기본적인 해산 대상은 통합진보당이지만 그 전신인 민주노동당의 제반 강령과 활동들도 심판의 대상이 되어야 한다고 주장했다. 반면, 피청구인 측은 합병에 의해 새로 설립된 통합진보당만이 심판의 대상이고 민주

---

89 이 사건 결정 18면.

노동당 시절에 있었던 활동은 판단대상이 될 수 없다고 주장했다. 이 사건 결정은 피청구인 주장을 받아들였다.

> "민주노동당의 목적과 활동은 피청구인의 목적과 활동과의 관련성이 인정되는 범위에서 이 사건 판단의 자료로 삼을 수는 있겠으나, 민주노동당의 목적이나 활동 그 자체가 이 사건의 판단 대상이 되는 것은 아니다." [90]

헌재는 피청구인의 활동 중에서 소위 내란 관련 사건, 비례대표 부정경선, 중앙위 폭력사태, 야권단일화 여론조작 사건 등만을 판단대상으로 삼았다. 청구인이 해산사유로 주장한 수많은 민주노동당 시절의 활동에 대해서는 직접적인 판단대상으로 삼지 않고, 다만 '진보적 민주주의'의 민주적 기본질서 위배 여부를 판단하기 위한 자료 차원에서 검토했다.

2. 국제기준에 미흡한 견해 채택

가. 정당의 목적과 활동 평가에서의 느슨한 태도
– 공식 강령과 숨겨진 목적

1) 이 사건 결정은 정당의 목적과 활동을 평가하는 부분에서 지나

---

90 이 사건 결정 3면.

치게 느슨한 태도를 취함으로써 그 구체적인 적용 여하에 따라서 기본 법리에 대한 비교적 엄격한 입장이 무력화될 수 있게 되었다.

이 사건 결정은 "정당의 목적이란, 어떤 정당이 추구하는 정치적 방향이나 지향점 혹은 현실 속에서 구현하고자 하는 정치적 계획 등을 통칭한다."고 정의했다.[91] 또 "정당의 활동이란, 정당 기관의 행위나 주요 정당관계자, 당원 등의 행위로서 그 정당에 귀속시킬 수 있는 활동 일반을 의미한다."라고 정의했다.[92] 정당의 목적과 활동의 위와 같은 정의 자체에는 크게 문제될 것이 없어 보인다.

2) 그런데 여기서 나아가 "만약 정당의 진정한 목적이 숨겨진 상태라면 공식 강령은 이른바 허울이나 장식에 불과할 것이고, 이 경우에는 강령 이외의 자료를 통해 진정한 목적을 파악해야 한다."라고 함으로써 확장해석의 여지를 남겼다.[93] 이는 정당의 의사 결정구조와 절차를 통하여 수렴된 정당의 목적과 선거에서 정책으로 내건 공식적 목적이 정당의 진정한 목적이 아니라 일정한 편향을 가진 해석 권한을 가진 자들에 의하여 번역되고 해석된 내용이 '숨은', '진정한' 목적으로 간주될 수 있는 길을 열어 놓았다.[94]

정당에 속한 개인이나 단체의 활동을 정당 활동으로 볼 수 있는지 여부에 대해 "구체적인 경위를 살펴서 그것을 정당의 활동으로 볼 수 있는 사정이 있는지를 판단해야 한다. 예컨대, 활동을 한 개인이나

---

91 이 사건 결정 12면.
92 이 사건 결정 13면.
93 이 사건 결정 13면.
94 전영식, 앞의 글, 12면.

단체의 지위 등에 비추어 볼 때 정당이 그러한 활동을 할 권한을 부여하거나 그 활동을 독려하였는지 여부, 설령 그러한 권한의 부여 등이 없었다 하더라도 사후에 그 활동을 적극적으로 옹호하는 등 그 활동을 사실상 정당의 활동으로 추인한 것과 같다고 볼 수 있는 사정이 있는지 여부, 혹은 사전에 그 정당이 그러한 활동의 계획을 알았더라도 이를 정당 차원에서 지원하고 지지했을 것이라고 가정적으로 판단할 수 있는 사정이 있는지 여부 등을 구체적으로 살펴 전체적이고 종합적으로 판단해야 한다."라고 원론적으로 판단했다.[95]

정당 구성원인 당원들의 행위가 정당 활동으로 평가될 수 있는지 여부는 정당이 추구하는 기본적인 정치노선을 중심으로 해서 당원들의 행위가 행해진 일시와 장소, 내용, 동기 및 경위, 목적, 의사결정자와 실행행위자 사이의 관계, 그 의사의 전달 과정 등 구체적인 사정을 종합적으로 고려하여 판단되어야 한다. 헌법 제8조 제4항에서 규정하는 민주적 기본질서를 위반하는 '정당'의 '활동'은 정치적 영역에서 배제되어야 하는 정당의 '기본적 정치노선'이 역사적 조건에 따라 구체화된 '활동'을 의미한다. 피청구인이 추구하는 기본적 정치노선은 '진보적 민주주의'와 '자주적 민주정부'라는 추상적인 형태로 강령에 표현되었고, 그 내용은 '자주, 민주, 통일'이란 가치를 실현하는 것을 의미한다. 그러므로 청구인이 피청구인 '활동'의 위헌성으로 주장하는 사유들은 위 기본적인 정치노선 및 가치와의 관계를 중심으로 현재적 의미가 이해되고 평가되어야 한다.

---

95 이 사건 결정 13~14면.

베니스위원회 2010년 지침[96]은 이에 대해 다음과 같이 밝혔다.

"정당 구성원 개인들의 활동에 기초한 정당해산은 결사체로서 정당
에 대한 보장책과 양립할 수 없다. 이러한 양립불가능성은 정당의 지
도자들의 개인적 행위에까지 적용된다. 다만 전체적으로 보아 정당
을 대표하여 행위하는 것으로 입증될 수 있는 경우에만 예외적이다.
왜냐하면 이 요건을 적용하여 해산할 수 있으려면 해산에 필요한 목
적과 활동을 착수한 정당의 공식적 기구(개인적인 자격이 아니라)가 행
위 주체였음이 입증되어야 하기 때문이다. 정당은 이런 행위가 당헌
이나 당의 활동과 배치된다면 그 구성원들의 그와 같은 행위에 대하
여 책임을 부담할 수 없다. … 정당의 구성원인 각 당원에 의하여 착
수된 행위들은 정당을 공식적으로 대표하여 행하여지는 경우가 아니
라면 개인에게만 귀속되어져야 한다. 이런 경우에는 적합한 시민법
및 형법적 제재가 그 개인에게 부과될 수 있다."

이 사건에서 소위 내란 관련 사건, 다수의견이 피청구인 주도세력
으로 표현한 인사들의 개인적 행위들을 피청구인의 활동으로 귀속시
킬 수 있는지 여부를 판단함에 있어 다수의견과 소수의견이 갈렸다.
그에 대한 평가의 차이가 결국 이 사건 결정의 향배를 갈랐다.

3) 이 사건 결정은 정당의 '목적'과 '활동'에 대하여 "동 조항의

---

96 'Guidelines on Political Party Regulation' by OSCE/ODIHR and Venice Commission
Adopted by the Venice Commission at its 84th Plenary Session (Venice, 15-16
October 2010).

규정형식에 비추어 볼 때, 정당의 목적이나 활동 중 어느 하나라도 민주적 기본질서에 위배된다면 정당해산의 사유가 될 수 있다고 해석된다."라고 하였다.[97] 이 사건 결정은 정당해산제도의 본질이 '이념'을 배제하는 제도라는 점을 명시하면서도[98] 마치 심사의 대상은 이념과 상관없는 정당의 '목적'이나 '활동'인 것처럼 해석하고 있다. 이 사건 결정은 추상적 이념만으로 정당을 해산할 수 없다는 점에서 '목적'과 '활동'의 민주적 기본질서 위배 여부를 기준으로 판단해야 한다고 하였으나,[99] 이것이 오히려 정당해산사유를 확대하는 식으로 오용되어서는 안 된다.

정당을 정치적 영역에서 배제하는 해산을 정당화할 수 있기 위해서는 정당이 국가권력을 장악하여 실현하고자 하는 그 가치 및 정치적 청사진이 민주주의와 법치주의에 의하여 형성되고 작동되는 통치질서와 이런 지도원리에 입각하여 구조화된 국가권력의 핵심적 요소들과 양립할 수 있는가가 쟁점이 되어야 한다. 정당해산의 결과는 정당이 가지고 있는 '이념'과 '가치'를 정치과정에서 배제하는 것이므로, 배제되는 '이념' 또는 '가치'에서 도출되지 않는 정당의 '목적'이나 '활동'을 이유로 이념이나 가치를 배제하는 것이 정당화되

---

97 이 사건 결정 14면.

98 이 사건 결정 16~17면. "특정 정당을 해산하는 결정은 해산되는 정당의 이념을 우리 사회의 정치적 공론의 장에서 영구적으로 추방시키는 것이므로, 이러한 결정은 오늘날 우리의 민주주의에서 정당이 차지하는 핵심적 역할에 비추어 볼 때 매우 극단적인 조치로 이해되어야 하고, 따라서 매우 제한된 상황 속에서만 활용되어야 한다."

99 이 사건 결정 16면. "정당해산 여부를 결정하는 문제는 결국 그 정당이 표방하는 정치적 이념이 무엇인지가 아니라 그 정당의 목적이나 활동이 민주적 기본질서에 위배되는지 여부에 달려 있기 때문이다."

기는 어렵다.[100] 그럼에도 이 사건 결정은 정당해산의 문제를 가치의 문제가 아닌 질서 확립의 차원으로 치환해 버렸다.

헌법상 정당의 '목적'이나 '활동'은 모두 정당해산제도의 본질로부터 개념화되어야 하는 규범적 개념이기에, 정당의 기본적 정치노선을 현재적으로 실현하려는 목표를 '목적'으로, 목적을 실현하려는 현재의 행위들을 '활동'으로 평가하지 않을 수 없다. 이런 점에서 '목적' 또는 '활동'이란 헌법 규정은 정당의 '이념'을 돌고 있는 위성으로 보아야 하고, 이것만을 정당해산의 요건인 '목적'과 '활동'에 해당하는 것으로 보아야 한다. '비례대표 선출을 위한 당내경선'과 '중앙위원회 폭력사태', '관악을 여론조작' 등과 같이 다수의견이 정당의 '위헌적 활동'으로 평가한 사건들은 이런 점에서 정당의 일부 구성원들의 위법활동으로 평가될 수는 있어도 정당의 기본적 '이념'이 발현되어 지배한 정당 '활동'으로 평가하는 것은 오류다.

나. 실질적 해악을 초래할 구체적 위험성
  – 위험성이 아닌 '개연성'의 문제로 전환

1) 이 사건 결정은 민주적 기본질서에 '위배될 때'를 해석하면서 단순한 위반 또는 저촉으로는 부족하고 '실질적인 해악을 끼칠 수 있는 구체적인 위험성'을 초래하여야 한다고 판시했다.

---

100 전영식, 앞의 글, 14면.

"헌법 제8조 제4항에서 말하는 민주적 기본질서의 위배란, 민주적 기본질서에 대한 단순한 위반이나 저촉을 의미하는 것이 아니라, 민주사회의 불가결한 요소인 정당의 존립을 제약해야 할 만큼 그 정당의 목적이나 활동이 우리 사회의 민주적 기본질서에 대하여 실질적인 해악을 끼칠 수 있는 구체적 위험성을 초래하는 경우를 가리킨다." [101]

소수의견은 민주사회에서 표현 활동의 중요성에 비추어 표현활동이 민주적 기본질서에 위배되는 것으로 평가되기 위해서는 '실질적 해악을 끼칠 구체적 위험'이 인정되어야 하는데, 그 위험은 '명백하고 임박할 것을 요한다.'고 하여 보다 엄격한 견해를 밝혔다.

"표현 활동이 민주적 기본질서에 위배된다고 판단하기 위해서는 단순히 언사에 그쳐 위험의 경향성이나 추상적인 해악의 가능성을 나타낸 것만으로는 부족하고, 표현의 자유가 가지는 한계를 넘어 민주적 기본질서에 대하여 실질적인 해악을 끼칠 구체적 위험을 야기하는 경우여야 한다. 또한 정당해산이 엄격하고 한정된 조건하에서 이루어져야 한다는 제도의 한계를 고려하면, 실질적 해악을 끼칠 구체적 위험을 야기하는 경우에 해당하기 위해서는 적어도 발언 내용이 구체적으로 실현될 가능성이 있어야 하고, 그러한 위험은 명백하고 임박할 것을 요한다고 할 것이다. 즉, 표현 내용이 실현될 가능성이 없거나, 표현과 위험 사이의 근접성이 인정되지 않는 경우라면 실질적 해악을 끼칠 구체적 위험성이 부정된다고 보아야 하며, 그렇게 하

101 이 사건 결정 17면.

지 않을 경우 정당해산제도는 정치적 표현의 자유에 대한 심대한 제약으로 오작동할 수 있다." [102]

2) 이 사건 결정은 '실질적 해악을 끼칠 수 있는 구체적 위험성'이라는 관념의 구체적인 의미나 표지(標識)를 제시하지 않았다. 실질성의 개념이 중대성 및 명백성과 어떤 관계에 있는지, 그리고 '구체적 위험성'이 형사법에서 말하는 구체적 위험의 수준에까지 이르는 것인지 혹은 명백하고도 현존하는 위험(clear and present danger)의 법리와 같은 맥락에서 이해되어야 하는지, 혹은 급박성(imminent danger)과는 어떤 연관을 가지는지 등에 대해서는 아무런 판단을 내리지 않았다. 민주적 기본질서에 대한 실질적 해악을 끼칠 수 있는 적극적·투쟁적·공격적인 태도와 이를 실현하기 위한 계획적인 활동(또는 추구)이라고 하는 보다 실천적인 행태의 존재가 거론되고 있지 않다. 이사건 결정이 정당해산 요건으로 제시한 구체적 위험성 기준은 그 기준 자체가 모호하고 추상적인 형태로 만들어져 있어 실제 적용과정에서 상당한 자의적 재량의 여지를 마련하였다는 점에서 유럽인권재판소 기준에 미치지 못하는 것으로 평가된다. [103]

베니스위원회 2000년 지침 제3항은 "정당의 금지나 강제해산은 정당이 민주적 헌정질서를 전복하기 위한 정치적 수단으로 폭력의 행사를 옹호하거나 폭력을 사용함으로써 헌법에 의하여 보장된 권리와 자유를 위태롭게 하는 경우에만 정당화될 수 있다. 정당이 헌법의

---

102 이 사건 결정 287~288면.
103 한상희, 36~37면.

평화적 교체를 주장하는 사실 자체만으로는 정당을 금지하거나 해산할 수 없다."고 하였다. 유럽인권재판소는 '긴급한 사회적 필요' 가 있을 때 정당해산이 정당화될 수 있다고 보고 있는데, 그 요건은 첫째 정치적 목표의 달성을 위하여 사용된 수단이 합법적이지 않고 비민주적일 때, 둘째 정치적 목표가 민주주의 기본적인 원리들과 부합하지 않을 때, 셋째 실현하려는 비민주적 수단과 추구된 비민주적 목표가 전체로서 정당에 귀속이 가능할 때, 넷째 다원적 민주주의에 대한 직접적 위험은 정당으로부터 나와야만 한다는 것이다. 사회적 필요성은 단순한 정도에 그쳐서는 안 되고 정당해산의 극단성에 비추어 '긴급한'(pressing) 필요성이어야 한다.[104] 긴급한 필요성은 수단이 폭력에 의존하여 다원적 민주주의와 양립 불가능할 때에 한하여 인정될 수 있다.

'구체적 위험성'의 내용과 정도에 대하여 독일연방헌법재판소 독일 공산당 판결의 입장과 유럽인권재판소의 판결 사이에 결정적으로 차이가 있다. 독일연방헌법재판소 독일 공산당 판결은 기본법 제21조 제2항에 기술되지 않은 요소로 '위험의 발생'을 인정하였다. 그러나 정당해산의 위험성을 판단하는 기준으로 '논리적 위험'을 도입하여 정치 사회적인 위험이 없는 경우라도 그 논리적 맥락에 따라 국가권력을 장악하여 인간의 존엄과 자유와 평등을 파괴하는 결과를 유추할 수 있는 주장이라면 자유민주적 기본질서와 양립할 수 없다고 보았다. "독일 공산당이 일단 권력을 잡으면 정당의 공정한 다

---

104 김종철, 앞의 글.

원주의를 불충분하게라도 침해할 것이고, 따라서 자유민주적 기본질서와 양립할 수 없다고 전제하였다."는 평가가 바로 그러한 측면을 지적하는 것이다. 독일연방헌법재판소는 독일 공산당이 경쟁자들에게 평등한 기회를 제공하지 않고 경쟁 자체를 폐지할 위험성의 문제를 중대성으로 보았을 뿐, 경험적으로 확인할 수 있는 위험의 문제로 보지 않았다.

반면, 유럽인권재판소는 '충분하게 인정되고 급박한 위험'이 존재하여야 한다는 입장을 취하고 있다. 정당이 변혁의 모델로 제시하고 있는 청사진인 정치적 프로그램이 근본적인 민주주의 원리와 양립하는가의 문제는 정당의 정치적 프로그램을 추구하는 정당 목적의 내용과 그 목적을 실현하려고 선택한 수단으로 구성되고, 그 방법이 합법적이고 민주적으로 수행되는 것인 이상 다원적 민주주의 사회에서 허용되어야 한다는 것이다. 터키 복지당 사건과 스페인 바타수나 사건에서 유럽인권재판소는 각 정당이 추구하는 정치적 프로그램에서 실현하려고 하는 목적과 수단을 판단하면서 국가의 다원적 민주주의 사회를 조정하고 보장할 의무와의 양립 가능성을 검토하였고, 폭력에의 의존성에서 양립할 수 없는 정당의 요소를 확인하였다.[105]

독일연방헌법재판소의 1950년대 입장과 같이 논리적 위험과 결과의 중대성으로 평가하는 경우에는 정당의 특별한 보호라는 헌법적 요청을 무시하고 국가의 다원적 민주주의 사회에 대한 보장자로서의 권한을 너무 일찍 행사하게 될 수 있고, 그 결과는 법치국가적 원칙

---

[105] 전영식 앞의 글, 19~20면.

의 훼손으로 된다. 그렇다고 전체주의적 정당이 국가권력을 장악하여 국가권력을 행사하게 되는 시점까지 늦추어 위험이 현실화될 때까지를 기다리는 것은 다원적 민주주의 사회를 보장하는 국가의 의무를 저버리게 되는 상황이 될 수 있다. 유럽인권재판소가 제시한 기준은 정당에 대한 특별한 보호와 국가의 다원적 민주주의 사회를 보장할 의무 사이의 균형점을 잡은 것으로 평가할 수 있다. 시민사회에서 그 위험은 현존하여야 하고, 국가가 조정자 및 보호자로서 그 의무의 이행을 지체하여서는 아니 되는 급박한 상황이어야 한다는 기준이 도출될 수 있다. 그 위험은 다원적 사회를 폭력적으로 지배하여 경쟁을 파괴하거나, 다양한 의견과 이익이 조화되는 정치과정을 폭력을 사용하여 자기의 이념과 목적을 일방적으로 실현하려고 시도하는 다원적 민주주의에 대한 임박한 도전에 있다.

3) 다수의견은 '구체적 위험성'을 표제로 달았지만 사실상 사안의 중대성과 개연성의 문제로 위험성을 이해하였다. 유럽인권재판소가 정당해산 사건의 요건으로 본 '구체적 위험성'을 용어만 차용하고는 정당의 이념과 가치를 현실 사회에서 정당이 실현하는 데서 경험적으로 확인되어야 하는 위험성의 문제가 아닌 '개연성'의 문제로 전환시켜 버렸다. '반복 가능성', '폭력에 의한 집권 가능성', '북한에 동조' 가능성 등이 그것이다. 그러나 구체적 위험성이 있는가를 판단하는 기준은 객관적인 요소로 보아야 한다.[106] 실질적 위해는 구

---

106 전영식, 앞의 글, 21면.

체성 외에 '충분한 현존성·급박성'(sufficient imminence)이 필요하다. 이러한 현존성·급박성은 국가권력의 오남용을 막기 위해 강령만으로 존재해서는 안 되며, 이를 구체적인 정책으로 만들고 집행할 수 있는 가능성을 요구한다. 이 사건 결정은 '명백하고 현존하는' '긴급한' 위험성 내지 필요성을 명확하게 설시하지 않음으로써 확장해석의 여지를 남겼다.

3. 한국적 특수성을 이유로 입헌주의의 보편적 원리 무시
– 유신 합리화하는 한국적 민주주의의 부활

가. 기본 법리에서는 피청구인 주장을 많은 부분 수용했으나, 실제 이 사건에 적용함에 있어 다수의견에서는 기본 법리가 흔적도 없이 사라지고 오직 선입견과 편견에 근거한 독단적이고 공안적인 시각만이 관철되었다. 이런 모든 것을 가능하게 한 것은 분단 상황이라는 한국 사회의 특수성이다. 다수의견은 입헌주의의 보편적 원리는 한국 사회의 특수성 앞에서 유보되어야 한다는 견해를 피력했다.

"현재 대한민국은 북한이라는 현실적인 적으로부터 공격의 대상으로 선포되고 있고, 그로부터 체제 전복의 시도가 상시적으로 존재하는 상황이다. 대한민국의 헌법과 그 속에 담긴 민주주의와 기본적 인권의 존중 등을 내용으로 하는 민주적 기본질서도 궁극적으로 대한민국과 동일한 운명에 있을 것이다. 주지하는 바와 같이 이러한 이념 대립의 상황은 오늘날 세계의 보편적인 상황과 상충된다. 이 사건은 남과 북이 대립되어 있는 현재 한반도의 상황과 무관하지 않다. 따라서 이 사건에 임하는 우리는 우리 사회가 처해 있는 분단이라는 특수한 상황 또한 고려할 수밖에 없다. 비록 오늘날 각국의 헌법이 유사한 내용으로 제정되고 세계적으로 입헌주의의 전개 양상이 개별 국가들 간에 보편적 가치를 공유하는 모습으로 평균화되어 나타나는 것도 사실이나, 다른 한편 각국 헌법들 간에도 일정한 내용상의 차이가 존재하고 각 국 헌법재판이 자국의 고유한 헌법과 독자적인 문화나 역사 그리고 정치·사회적 현실을 반영함으로써 고유한 모습과 함의를 가지는 점도 분명하다."[107]

나. '한국적 민주주의'라는 명분으로 유신(維新)을 합리화하던 논리가 되살아났다.[108] 유신헌법은 정당해산 사유로 '정당의 목적이나 활동이 민주적 기본질서에 위배'될 때 이외에 '국가의 존립에 위해가 될 때'를 추가하였다. 이 사유는 제5공화국 헌법에서 삭제된 이후 다시는 살아나지 않았다. 그런데 남북분단이라는 특수성을 이유로 입헌주의의 보편적 원리가 유보되어야 한다는 다수의견의 논리는 해석을 통해 유신헌법의 위 조항을 부활시킨 것으로 평가할 수 있다.

아무리 개별국가의 특수성이 인정된다고 하더라도 법치주의에 근

---

107 이 사건 결정 20면.
108 김종철, 앞의 글, "입헌민주국가에서 헌법원리가 남북 대치라는 현실적 이유로 무력화될 수 있다면 그것은 '10월 유신'과 같은 비상조치를 헌재가 공포한 셈이다. 남북 대치 상황을 빌미로 국민주권, 기본적 인권, 복수정당제 등 스스로 민주적 기본질서의 요소라고 선언했던 헌법의 핵심적 가치가 얼마든지 침해돼도 무방한 것이 됐으므로 대한민국을 '비상국가'로 전락시킨 것이다."

거한 입헌민주주의의 보편성에는 양보할 수 없는 마지노선이 있는 것이다. 우리나라가 민주주의와 법치주의에 의한 통치질서를 유지하고 이성에 의한 문명국가를 자임하는 한, 분단의 사정과 같은 특수성은 헌법해석의 기준이 될 수 없다.[109] 분단의 사정으로 인하여 군사쿠데타도 발생하였고, 국민주권이 훼손되어 대통령도 간선제였고, 국민에 의하여 선출되지 않는 국회의원도 있었으며, 감시되지 않는 국가기관의 전횡으로 권력분립이 유명무실하기도 하였다. 또한 헌법에 규정된 기본권은 프로그램적 권리 또는 추상적 권리라는 이상한 논리도 있었으며, 법원의 독립도 훼손된 적이 있고, 국가기구에 의하여 자행된 고문으로 인한 사법절차상의 결정적 하자도 경험하였다. 분단의 사정과 같은 우리나라 사회의 특수성은 헌법 이론적 수준에서 검토될 사정이 결코 아니다.[110]

다수의견의 분단이란 특수성을 강조하는 논리는 청구인 측이 주장한 논리를 그대로 받아들인 결과이다. 청구인 측은 남한과 북한이 대립하고 체제의 경쟁을 하고 있는 분단 상황이라는 우리나라의 특수한 사정을 고려하여 체제의 경쟁에서 남한이 우위에 설 수 있도록 시민사회의 다원성을 제한하여야 한다는 취지로 헌법보호적 성격을 강조하였다. 그러나 이러한 논리는 북한과 남한의 체제 경쟁을 강조하여 남한 시민사회를 체제 내적으로 순응시키려는 논리일 뿐, 국가 자체를 형성하는 시민사회의 다원성만이 체제 경쟁에서 우위에 서고

---

109 최장집 교수는 "분단 상황의 특수성이 지나치게 강조되고 정당해산 여부를 결정할 과도한 기준으로 작용할 때 그것이 얼마나 민주주의와 양립할 수 있을 것인지는 의문"이라고 지적한다. 최장집, 앞의 글.
110 전영식, 앞의 글, 16면.

궁극적으로 통일을 이룰 수 있는 기반이 된다는 점을 몰각(沒却)한 주장에 불과하다. 실제 남한의 민주사회 형성과 권력분립에 의하여 국가권력 남용이 제한되는 민주화가 진전되어 온 것을 고려한다면, 헌재가 고려하여야 할 우리나라의 특수성은 분단의 현실이 아니라, 분단의 현실을 빙자하여 위헌적인 활동으로 민주주의를 파괴하여 온 역사에 대한 반성적 고려에 있다.

다. 유엔 시민적 · 정치적 권리에 관한 규약 위원회(약칭 '자유권위원회')는 우리 정부의 보고서에 대한 검토 후 일반의견을 통해 국가보안법의 폐지를 권고하면서 분단이라는 한국의 특수상황이 과대평가되어서는 안 된다는 입장을 명확히 했다.[111] 민주주의의 핵심적 기본권인 표현의 자유를 침해하는 국가보안법은 정당성이 인정될 수 없으며, 사상 등이 적성단체의 주장과 일치하거나 동조하는 것으로 보인다는 이유만으로 사상의 자유를 제한하는 것이 허용되어서는 안 된다[112]고 밝혔다.[113]

---

111 The Committee's main concern relates to the continued operation of the National Security Law. Although the particular situation in which the Republic of Korea finds itself has implications on public order in the country, its influence ought not to be overestimated. The Committee believes that ordinary laws and specially applicable criminal laws should be sufficient to deal with offences against national security. Furthermore, some issues addressed by the National Security Law are defined in somewhat vague terms, allowing for broad interpretation that may result in sanctioning acts that may not be truly dangerous for State security and responses unauthorized by the Covenant.(United Nations CCPR/C/79/Add.6 25 September 1992).

112 The Committee reiterates its grave concern expressed after consideration of the initial report regarding the continued existence and application of the National Security Law. According to the State party, the National Security Law is used to deal with legal problems that arises from the division of Korea. However, the Committee

라. 남북분단의 특수성을 고려한다고 하더라도 북과 연계하여 대한민국의 헌법질서나 체제에 실질적인 위험을 초래하는 행위에 대해서는 형사적·행정적 조치로 대응하는 것으로 충분하다. 폭력혁명을 추구하는 조직이 있다면 이들에 대해서도 형사적으로 대처하는 것이 적절하고, 경우에 따라서는 합법정당 활동으로 이끌어내서 여론을 통해 공개적으로 감독하는 것이 체제안정에는 더 효율적일 수 있다. 정당해산은 그러한 목적을 달성하기에 유효적절한 수단이 될 수 없다는 것이 일반적인 평가다. 북한과 연계되지 않은 정당 활동이나 표현행위는 보편적 원칙에 맞게 보장되어야 한다. 한국 사회의 특수성을 이유로 해서 입헌주의의 보편적 원리를 무시함으로써 국제적 기준에 눈감은 다수의견은 바다를 모르는 '우물 안 개구리(井蛙)' 또는 얼음을 모르는 '여름 곤충(夏蟲)'(여름 벌레)의 수준을 벗어나지 못한 것[114]으로 국제사회의 조롱거리가 될 것이다.

---

is concerned that it is also used to establish special rules of detention, interrogation and substantive liability that are incompatible with various articles of the Covenant, including articles 9, 18 and 19. ⋯ The Covenant does not permit restrictions on the expression of ideas, merely because they coincide with those held by an enemy entity or may be considered to create sympathy for that entity.(United Nations CCPR/C/79/Add.114 1 November 1999).

113 "유엔은 92년부터 보안법 폐지 권고", 경향신문, 2004. 9. 7.자: UN 자유권위원회 대한민국정부 보고서에 대한 최종견해(1차, 1992년): UN 자유권위원회 대한민국정부 보고서에 대한 최종견해(2차, 1999년).

114 井蛙不可以語於海者 拘於虛也 夏蟲不可以語於氷者 篤於時也 曲士不可以語於道者 束於敎也(정와불가이어어해자 구어허야 하충불가이어어빙자 독어시야 곡사불가이어어도자 속어교야): 우물 안 개구리에게 바다에 대해 말할 수 없는 것은 좁은 장소에서 구속되어 있기 때문이며, 여름 벌레에게 얼음에 대해 말할 수 없는 것은 여름이라는 시기만을 굳게 믿고 있기 때문이며, 식견(識見)이 좁은 사람에게 도에 대해 말할 수 없는 것은 가르침에 구속되어 있기 때문이다. 『장자(莊子)』「추수(秋水)편」.

V. 목적 또는 활동의 민주적 기본질서 위배 여부

1. 해산대상으로서의 정당, '주도세력'이란 애매한 개념으로 대체
   가. 'RO' 존재의 불인정에 따라 '주도세력'으로 대체
   – 심판 청구의 근거였던 RO는 사라지고
   나. 기본적인 사실인정의 오류
   – 무모하고 조급한 선고기일이 낳은 오류
   다. '주도세력' 판단의 부당성
   – 범주도 외연도 확정되지 않은 '주도세력'

2. '숨은 목적'과 퍼즐 맞추기
   – 숨은 목적 '북한식 사회주의'는 원석이 아닌 재판관의 가공품

3. 피청구인의 목적으로서의 '진보적 민주주의'와 강령 개정 과정
   가. 피청구인의 목적으로서의 '진보적 민주주의'
   – 진보적 민주주의 핵심 가치는 자주·민주·통일·생태
   나. 강령 개정 경위
   – 북한 지침에 따라 강령을 개정했다는 증거 없다
   다. 진보적 민주주의의 판단 자료
   – 정당과 무관한 개인이 작성한 글도 포함
   라. 김일성의 진보적 민주주의 및 북한식 사회주의 추종 여부
   – 여운형, 김구, 노무현도 언급한 진보적 민주주의
   마. 자주적 민주정부 및 자주·민주·통일
   – 북한의 주장과 그 내용이 실질적으로 같다?

4. 한국 사회에 대한 인식과 집권방법

가. 한국 사회에 대한 인식
– 식민지반자본주의와 폭력혁명?

나. 연대활동(소위 상설연대체)
– 연대활동은 북한의 통일전선전략?

다. 집권방법으로서의 선거와 저항권의 결합
– 저항권 행사가 곧 전민항쟁노선, 폭력혁명은 아니다

5. 민중주권

가. 국민주권주의 위배 여부
– 민중주권은 국민주권 부정하지 않아

나. 민중주권과 북한의 혁명노선과의 관계
– 민중주권과 인민주권의 차이

6. 연방제 통일방안
– 특정한 통일방안이 민주적 기본질서에 포함되지 않는다.

7. 북한에 대한 태도 등

가. 다수의견의 논지
– 일관되게 북한 입장을 지지

나. 대중투쟁 일환으로 사회적 이슈에 참가
– 북한의 주장과 일치하는 투쟁하면 북한 추종인가?

다. 북한 핵실험, 주민인권, 3대 세습, 연평도 포격, 천안함 사건 등에 대한 태도
– 한반도 비핵화를 일관되게 지지

라. 북한 추종의 근거가 될 수 있는지 여부
– 다수의견은 북한 비난하지 않으면 북한 추종하는 것이라고 주장

8. 북한식 사회주의 및 대남혁명전략과의 동일 내지 유사성
   – 헌법 해석을 북한 주장에 종속시키는 다수의견의 북한추종성

9. 소위 내란 관련 사건
   가. 형사사건이 확정되지 않았음에도 정당해산의 가장 중요한 사유로 인정
   – '내란음모 사건'이 아닌 '내란 관련 사건'이라고 칭함
   나. 이 사건 모임의 성격
   – 경기도당 임원의 비공식 행사
   다. 이 사건 모임의 민주적 기본질서 위배 여부
   – 현존성과 임박성 요건을 제대로 고려하지 않은 결정
   라. 이 사건 모임이 피청구인의 활동에 해당하는지 여부
   – 정당 전체의 차원에서 방치 또는 승인하였다고 볼 수 없다

10. 비례대표 부정 경선, 중앙위 폭력, 야권단일화 여론조작 사건
    가. 다수의견과 소수의견의 견해
    나. 검토
    – 다른 당과 형평원칙에 크게 어긋나

1. 해산대상으로서의 정당, '주도세력'이란 애매한 개념으로 대체

가. 'RO' 존재의 불인정에 따라 '주도세력'으로 대체
– 심판 청구의 근거였던 RO는 사라지고

1) 정당해산심판을 통해 해산되는 대상은 어디까지나 정당이다. 이 사건 결정은 2011년 12월 13일에 창당된 피청구인, 즉 통합진보당이 그 대상임을 명확히 했다. 해산사유로서의 정당의 목적이나 활동은 피청구인 자체의 목적 또는 활동이어야 한다.

청구인의 원래 주장은 주체사상을 지도이념으로 하는 지하혁명조직인 RO가 피청구인을 장악하였고(RO는 전위조직이고, 피청구인은 전위조직의 지배를 받는 하위의 전술적 대중정당에 불과), 피청구인은 북한식 사회주의 추구를 그 목적으로 하며, 이 사건 모임에서 드러났듯이 폭력 및 무력으로 국가전복을 도모하는 활동을 하였기 때문에 해산되어야 한다는 것이었다.

청구인이 주장하는 지하혁명조직 RO가 존재한다면 검찰은 RO 자체를 국가보안법상의 반국가단체로 기소하였어야 할 것이다. 그러나 검찰은 내란음모 혐의로 관련자들을 기소하면서도 RO 자체에 대해서는 기소하지 못했다. 소위 내란 관련 사건 재판과정에서 피고인들은 RO의 존재를 적극적으로 부인하였다. 1심 재판부는 RO의 존재 여부는 심리대상이 아니라는 태도로 재판을 진행해 놓고는 막상 판결을 선고하면서 내란음모 혐의에 대해 유죄를 선고하고, 이유에서 RO의 존재도 인정된다고 설시했다. 이에 변호인들은 1심 재판부가 피고인과 변호인들을 기망한 채 재판을 진행했다고 강력하게 반발하면서 항소를 제기하였고, 항소심에서 RO의 존재에 대해 치열하게 다투었다. 그 결과 항소심 재판부는 RO의 존재를 인정하지 않고 내란음모에 대해서는 무죄를 선고했으며, 두 명의 내란선동죄에 대해서만 유죄를 인정했다.

그러자 청구인은 이 사건에서 RO를 매개로 한 주장을 민혁당 잔존세력, 경기동부연합 등으로 변경하여 주장했다. RO의 존재와 내란음모 혐의는 피청구인 해산의 가장 결정적인 사유였는데, 이 두 가지가 법원 판결에 의해 부정되었으므로 이 사건 심판청구는 그 근거가 무너진 것이라 할 수 있다. 형사판결이 아직 확정되지 않았으므로 적어도 위 형사판결이 확정될 때까지 기다리는 것이 마땅하다. 그런데도 다수의견은 RO에 대해서는 한마디 언급도 하지 않고,[115] 이를 '피청구인 주도세력' 이라는 애매한 개념으로 대체해서 사실상 RO가 존재하는 것과 동일한 논리를 전개했다.

2) 다수의견은 '피청구인 주도세력' 이란 "진보적 민주주의의 실현을 추구하는 경기동부연합과 광주전남연합, 부산울산연합의 주요 구성원 및 이들과 이념적 지향점을 같이하는 당원들" 을 의미하는 것

---

115 이 사건 결정에는 'RO' 라는 단어가 단 한 차례도 등장하지 않는다.

으로 정의했다.[116] 다수의견은 피청구인 주도세력이 이들을 견제하던 세력들이 탈당함에 따라 이들의 방침대로 당직자 결정 등 주요 사안을 결정하면서 당을 주도하여 왔다고 설시했다.

나아가 다수의견은 피청구인 강령이나 정책 등을 분석하는 것이 아니라 "피청구인 주도세력의 성향을 파악하기 위해서는 그 형성과정, 대북자세 및 활동상황, 활동경력, 이념적 지향점 등을 살펴볼 필요가 있다."라고 밝혔다. 그리고 다수의견 스스로 주도세력이라고 평가한 사람들 중 "이석기, 이상규, 박경순, 김창현, 이의엽, 민병렬, 정대연, 장원섭 등은 민족민주혁명당(이하 '민혁당') 조직원으로 활동하였고, 최기영, 이정훈은 일심회 사건 관련자들[117]이고, 김승교, 최한욱, 류옥진은 실천연대 사건 관련자들"이라고 하면서 "피청구인 주도세력의 형성과정, 대북자세 및 활동상황, 활동 경력, 이념적 동일성 등 제반 사정을 종합해 보면, 피청구인 주도세력의 성향은 북한을 추종하고 있다고 봄이 타당하다."라고 결론은 내렸다.[118]

나. 기본적인 사실인정의 오류
– 무모하고 조급한 선고기일이 낳은 오류

다수의견은 피청구인 주도세력의 이념적 성향을 밝히기 위해 그들의 과거 행적을 추적하여 설시했으나, 기본적인 사실인정에서부터 오류가 여기저기서 발생했다.

---

116 이 사건 결정 42면.
117 이 사건 결정 43면.
118 이 사건 결정 59면.

첫째, 다수의견은 전국연합 지역조직의 하나로 '부산울산연합'이란 조직명을 일관되게 사용했다. 청구인은 부산울산경남(부울경)연합이라 주장했는데, 다수의견은 경남을 제외하고 부산울산연합이라고 했다. 전국연합의 지역조직으로는 서울연합, 경기남부연합, 성남연합(이후 '경기동부연합'으로 변경), 경기북부연합, 인천부천연합, 충북연합, 광주전남연합, 전북연합, 경남연합, 울산연합, 서부경남연합, 대구경북연합, 부산연합, 제주연합이 있다.[119] '부산울산연합'이라는 조직은 없다. 만약 부산연합과 울산연합을 합쳐서 표현하는 것이었다면, 그런 뜻을 미리 표시했어야 할 것이다. 그리고 청구인이 주장한 경남연합을 제외한 이유에 대해서는 단 한마디 언급도 없다.

둘째, 다수의견은 이상규 전 의원을 경기동부연합으로 분류하였으나, 이상규는 경기동부연합 소속으로 활동한 적이 전혀 없다.

셋째, 다수의견은 실천연대 구성원인 최한욱, 류옥진이 민주노동당 내외에서 진보적 민주주의 도입을 주장하거나 지지하였고 각 정파를 대표하는 인물들이라고 인정했으나, 그들은 실천연대에서 활동하였을 뿐 민주노동당이나 피청구인에서 당직을 맡는 등의 활동을 한 바 없다.

넷째, 다수의견은 수차례 장원섭이 반제청년동맹 조직원으로 활동하였고 후에는 민혁당 조직원으로도 활동했다고 인정했다. 그러나 장원섭은 반제청년동맹이나 민혁당 조직원으로 활동한 바 없고, 또한 그 사건 당시 국정원 조사부터 판결문에 이르기까지 이름조차 언

---

119 민주화운동기념사업회 홈페이지, http://archives.kdemo.or.kr/cont/PdfConverter2.jsp?pRegNo=00193686

급된 바가 없었다. 이 사건에서 김영환이 증인으로 출석하여 증언함으로써 처음으로 이름이 나왔으나, 김영환의 증언을 뒷받침할 아무런 증거도 없다.

다섯째, 다수의견은 김영환, 하영옥, 이석기 등은 반제청년동맹이 한계에 이르렀다고 판단, 1992년 3월 16일 민혁당을 결성하였다고 인정했다. 반제청년동맹 중앙위원들이 반제청년동맹의 한계를 느끼고 지하당을 조직하기로 결의한 것은 1991년 2월 하순경인데, 당시 이석기는 반제청년동맹의 중앙위원이 아니었다. 위 회합에 참석한 반제청년동맹 중앙위원은 김영환, 하영옥, 박금섭이었고, 이석기는 여기에 참석한 바가 없다. 이런 사정은 이석기 판결문에도 적시되어 있다.

여섯째, 다수의견은 윤OO과 신창현(인천시당 위원장)이 이 사건 모임에 참석하였다고 인정했다. 그러나 위 두 사람은 이 사건 모임에 참석한 바가 전혀 없고, 청구인이 제출한 89명의 이 사건 모임 참석자 명단에도 포함되어 있지 않다. 이에 대해서는 헌재 스스로 그 잘못을 인정하고, 2015년 1월 29일 윤OO과 신창현을 삭제하는 것으로 경정 결정을 하였다.

다수의견이 범한 이와 같은 실수는 어떻게 보면 가벼운 것으로 볼 수도 있으나, 이는 결론을 내놓고 무리하게 조속히 결정을 선고하는 과정에서 발생한 것으로 보인다. 얼마나 무모하고도 조급하게 선고 기일을 잡았는지 알 수 있는 대목이다. 단심이기 때문에 이런 기본적인 사실관계의 오류를 바로잡을 길도 없다. 이로 인해 헌법재판의 권위는 땅에 떨어졌다.

다. '주도세력' 판단의 부당성
- 범주도 외연도 확정되지 않은 '주도세력'

1) 해산대상은 정당이라는 단체인데, 다수의견은 정당의 독자성을 인정하지 않고 주도세력을 정당과 동일시했다. 다수의견의 서술방식에 대해서는 정당이라는 하나의 조직(경우에 따라서는 하나의 유기체)의 활동을 개인 수준으로 환원시키는 방법론적 개인주의의 오류를 범하였다고 비판하는 견해가 있다.[120] 다수의견은 주도세력이 피청구인의 정책과정을 지배한다고 판단했으나, 주도세력의 구성단위들(각각의 연합이나 전농, 한총련 등) 간의 관계에서 파생되는 역학관계들, 그 단위 내부에서 이루어지는 세력분포와 지배관계 등과 같은 구조의 측면에 대한 고려는 결여되었다. 그러다 보니 통합진보당이라는 하나의 조직이 가지는 상대적 자율성의 측면이나 주도세력이 제정한 강령이나 당규 등과 같은 규범이 추상화 과정을 거치면서 주도세력으로부터 상대적 자율성을 확보하는 과정, 그리고 주도세력과 비주도세력 간의 관계 속에서 구성되는 정당화의 기제 등에 대한 고려가 완전히 배제되었다. 수만 명의 당원을 가진 정당을 이 사건 결정에서 거론하고 있는 몇십 명의 인사가 완전히 통제할 수 있다는 의제 자체가 성립하기 어렵고, 더구나 그것이 입증되기는 더욱 어렵다. 그들 상호 간의 (권력)관계나 그들과 그 외의 사람들 간의 관계를 규율하는 틀, 외부환경의 변수 등 조직체나 체계를 다룸에 있어 필연적으로 고려하여야 할 사항들은 전혀 언급되지 않았다.

---

120 한상희, 앞의 글, 41면.

피청구인 주도세력이라 함은 피청구인의 의사결정과 집행을 주도하는 세력이라는 의미일 것이다. 그렇다면 이들이 의사결정 기관인 대의원회, 중앙위원회, 최고위원회를 실제로 주도하였는지, 어떤 경로로 주도하였는지 증명해야 한다. 그러나 민주노동당과 피청구인의 의사결정 기관은 특정한 인물이나 특정한 세력이 좌지우지할 수 있는 기관이 아니다.[121] 다수의견은 이에 대한 아무런 논증 없이 막연히 주도세력이라고 단정했다. 소수의견도 지적한 바와 같이 민주노동당이나 피청구인은 소수가 당의 의사결정 구조를 장악할 수 없는 구조이다.

"당의 강령 제정과 개정은 당 대회 의결사항이고, 많은 당원들은 성문의 강령을 당의 강령으로 알고 있고, 많은 지지자들도 그렇게 알고 있다. 피청구인은 당 대표나 최고위원, 국회의원의 개인적 결정이 그대로 관철되지 않도록 당원과 당원을 대표하는 대의원, 중앙위원에게 당헌과 당규로써 많은 의사결정 권한을 부여하고 있다. 그리고 민주노동당이나 피청구인은 창당 이래 당원을 중심으로 당내에서 활발한 토론과 회의를 거쳐 다수결에 의한 의사결정을 해왔다. 만일 1인 지배가 인정되는 정당이 있어 그 1인이 당의 의사결정 구조를 사실상 장악하고 있는 경우라면 모르겠으나 대중정당에서는 지도자의 의사가 바로 당의 의사라고 할 수는 없다."[122]

2) 소수의견이 지적한 바와 같이 '주도세력' 이라는 개념 자체가

---

121 이재화, 앞의 글, 56면.
122 이 사건 결정 324면.

자의적이다. 다수의견은 "당을 주도한다는 의미가 무엇인지 밝히고 있지 않다. 당의 일상적 업무를 주도한다는 것인지, 당의 의사결정 구조를 주도한다는 것인지 당이 치르는 선거에서 후보자 선정 등을 주도한다는 것인지 도무지 알 수 없다." 또한 "주도세력이라고 하는 범주도 뚜렷하지 않으며, 주도세력의 개별 구성원이나 그 외연(外延)이 확정되어 있지 않다."[123]

결국, 피청구인을 그 주도세력으로 대체하여 정당해산 요건을 검토하는 다수의견은 근거 없는 비약을 하여 허공에 논리를 구축한 것에 불과하다.

3) 다수의견이 경기동부연합 나아가 피청구인 주도세력을 민혁당 조직원, 민혁당이 지도하는 조직으로 인정한 것이 설득력 있고 확실한 증거에 의하여 분명하게 입증되지 않았다. 다수의견이 민혁당 잔존세력이라고 인정한 가장 중요한 근거는 민혁당 총책으로 활동하다가 전향하여 공소보류 처분을 받아 처벌을 면했던 김영환의 민혁당 사건 당시 수사기관에서의 진술과 이 사건 심판정에서의 증언이다.

그러나 소수의견도 지적한 바와 같이 "김영환은 민혁당 활동 당시 이석기와 일면식도 없었던 것은 물론이고, 경기남부나 영남위원회 등 하영옥이 지도, 관리한 조직원들과도 만난 적이 없으며, 1997년 민혁당 해체 선언 이후로 민혁당 관계자들과 연락해 본 사실도 없다. 김영환은 과거 민혁당 조직원이나 관계자들이 민혁당 해체 이후 어떤 활동을 하였는지 여부나 이념적 · 사상적으로 어떤 변화를 일으

---

[123] 이 사건 결정 321~322면.

컸는지 여부에 대하여 직접적으로 알 수 없는 지위에 있었다."[124]

더구나 김영환은 이 사건에 증인으로 출석하여 민혁당 형사사건에서 구성원들에 대해 모른다고 증언한 것은 '형식적 위증'을 한 것이라고 증언하였다.[125] 필요에 따라 위증을 한다는 점을 스스로 인정한 것으로 그가 헌재 심판정에서의 증언을 언제고 다시 위증이라 번복할 수도 있어 그 신빙성을 인정할 수 없다. 소수의견이 지적한 바와 같이 "통합진보당 구성원 가운데 민혁당 조직원이나 하부 조직원 또는 관계자이었던 것으로 인정할 수 있는 사람은 유죄판결이 확정된 몇 명[126]에 불과하다."[127]

4) 경기동부연합 등의 주요 구성원을 특정하는 기준도 제시되어

---

[124] 이 사건 결정 261면.
[125] 제16차 변론조서 중 증인 김영환에 대한 증인신문조서.
(문 피청구인 대리인 법무법인 시민 담당 변호사 김선수 / 답 증인 김영환)
문: 설마 이 법정에서 증인이 위증을 한 것은 아니지요?
답: 여기서요?
문: 아니, 하영옥 재판 법정에서요.
답: 하영옥 재판에서, 글쎄요 형식적으로 보자면 위증이라고 볼 수 있지만 그러나 제가 볼 때는 어쨌든 그 법정이 피고인 하영옥의 범법사실을 판단하는 법정이었기 때문에 피고인과 직접 관련 없는 사람들의 인적사항에 관한 것을 검찰이 신문하는 것은 적절한 신문이 아니었다고 저는 판단하고 있습니다.
문: 묵계할 수도 있지만 적극적으로 얘기해서 사실과 달리 위증을 하지는 않았지 않습니까?
답: 형식적으로 보자면 위증이 맞다고 생각합니다. 그러나 저는 하영옥 범법 사실과 관련이 없는 검찰의 질문은 기본적으로 검찰이 잘못한 것이고 그런 것을 제지하지 않은 재판장과 변호인에게도 책임이 있다고 생각합니다.
[126] 민혁당 조직원으로 형사처벌을 받은 사람으로는 이석기, 이의엽, 한용진 등이 있고, 영남위원회 사건으로 형사처벌을 받은 사람으로는 박경순, 김창현, 방석수가 있다. 이석기나 이의엽 판결문에 천병태, 이상규, 조양원이 민혁당 조직원으로 언급되어 있으나, 이상규와 조양원에 대한 수사나 기소는 이루어지지 않았고, 천병태는 영남위원회 사건과 관련하여 무죄판결을 받았다.
[127] 이 사건 결정 259~260면.

있지 않고, 주요 구성원과 그 밖의 당원들이 어떤 방식으로 이념적 지향점을 공유하고 있는지도 명확하게 제시되어 있지 않다. 경기동부연합은 대표적인 민주화운동연합단체인 전국연합의 지역조직으로서 대중적이고 공개적인 시민운동을 지향하였다. 경기동부연합은 민주노동당이 창당된 이후 거의 활동을 하지 않고 사실상 해체 상태였으며, 과거 민혁당 또는 민혁당 조직원 등에 의하여 의사결정이 좌우되는 상태에 있었던 것도 아니다. 같은 지역에서 활동했기 때문에 인적 네트워크가 남아있어 경기동부연합 계열이라고 말할 수 있는 여지는 있었지만, 조직적 실체가 전혀 없었고, 민혁당의 강령이나 목적을 공유하거나 이를 위하여 활동한 바는 더더욱 없었다.[128]

이 사건 모임에 참석한 130여 명의 사람들 상당수가 경기도 지역 활동가였으므로 당내에서 경기동부연합 계열이라는 평가를 받았을 수 있다. 그러나 소수의견이 지적한 바와 같이 이들이 모두 이석기와 같은 신념을 지니고 이석기를 지지하는 하나의 그룹을 형성하여 당내에서 경기동부연합 계열이라고 불리는 상당한 다수의 구성원들을 좌지우지하는 영향력을 행사하고 있었던 것도 아니다.

> "이석기 지지자들이 별도의 강령을 가지고, 집단적으로 어떤 의사를 표시하는 등 계속적인 활동을 하여 왔다고 보이지 아니하는 이상, 그들을 하나의 조직적 실체로 인정하여 집단적으로 평가할 수 없으며, 조직적 실체도 없는 세력이 피청구인을 장악하고 있다고 평가하기는 어렵다."[129]

---

128 이 사건 결정 271면.

5) 다수의견은 광주전남연합, 부산울산연합도 피청구인 주도세력이라고 인정했다. 그러나 소수의견이 지적한 바와 같이 "광주전남연합 계열과 부산/울산연합 계열은 피청구인 창당 이후 세력의 결집이 가장 절실하였을 것으로 보이는 시점, 즉 비례대표 후보자 경선이 실시되던 때와 청구인이 경기동부연합의 핵심적 인물이라 주장하는 이석기의 제명이 문제되었을 때 통일된 행동을 보이지 않았다."[130] 피청구인의 전체 당원 수는 10만여 명에 이르는데, 이런 다수 당원들이 소위 주도세력에 의하여 장악되어 조종된다고 보는 것은 당원들을 주체성이 없는 로봇으로 보는 것으로 당원들의 명예를 심각하게 훼손하는 것이다.

6) 다수의견은 주도세력의 이념적 성향을 가려내고 있다. 그런데 주도세력의 현재 이념적 성향 내지 지향점을 가리려면, 이들의 현재 활동이나 발언이 판단의 주된 근거가 되어야 한다.[131] 과거의 행적이나 전과는 현재의 활동과 발언의 의미를 이해하고 평가하는 데 필요한 범위 내에서만 부수적으로 활용되어야 한다. 그런데 다수의견은 10여 년도 더 지난 국가보안법 위반 형사판결이나, 오랜 시간 피청구인 구성원들과 직접적인 접촉이 없었던 사람들의 증언에 기초하여 피청구인 구성원들의 과거와 현재의 사상, 신념을 판단하였다. 앞에서 지적한 바와 같이 민혁당 활동 등을 하다가 전향한 인사들이 증인

---

129 이 사건 결정 267면
130 이 사건 결정 271~272면.
131 이 사건 결정 322면.

으로 출석해서 증언을 통해 사상검증을 하였고, 다수의견은 이들의 증언을 그대로 믿고 소위 주도세력에 속하는 인사들이 주체사상의 신봉자라고 인정했다.

그러나 소수의견도 지적한 바와 같이 피청구인 내에 아직도 주체사상을 버리지 못하고 이를 고수하고 있는 자주파가 있을 수 있으나, 과거 주체사상을 신봉하였다고 하더라도 현재까지 그러한 사상이 내면화되어 있다고 판단하려면, 현재 그의 활동에 비추어 과거 그가 가졌던 사상이 유지되고 있음이 드러나야 한다.

> "현재의 활동내역에 대한 객관적 분석이 선행되어야 하고, 이를 과거의 활동과 종합하여 살펴보아야 비로소 내면화된 신념, 신조가 어떤 것인지 접근할 수 있을 것이다. 그러한 최소한의 분석조차 없이 함부로 다른 사람의 이념적 지향점과 사상이 무엇이라고 단정할 수는 없는 법이다. 사람의 생각은 변할 수 있는 것이다. 우리는 경험칙에 의하여, 나이가 들어가면서 청년 시절의 사고가 변화함을 알고 있다. 또 시대의 사조는 사회의 변화와 기술의 발전에 따라 바뀌어 가고, 그것이 동시대 사람들의 인식의 전환을 가져옴을 알고 있다. 과거 지니고 있던 사상이나 신념을 명시적으로 부정하는 경우에만 그 변화가 진정성이 있는 것이고, 전향선언을 하지 않으면 지금도 여전히 바뀌지 않았다고 추단하는 것은 곤란하다."[132]

다수의견은 피청구인 자체의 목적과 활동을 판단 대상으로 삼은 것이 아니라 다수의견이 임의로 설정한 '주도세력'의 숨은 목적과

---

132 이 사건 결정 323면.

활동을 판단대상으로 삼은 것이다. 다수의견은 판단의 기본적인 출발점을 엉뚱한 곳에 잡았기 때문에 그에 근거한 판단은 가공의 산물일 뿐이다.

2. '숨은 목적'과 퍼즐 맞추기
– 숨은 목적 '북한식 사회주의' 는 원석이 아닌 재판관의 가공품

가. 다수의견은 정당해산 요건으로서의 목적과 관련하여 '숨은 목적' 또는 '진정한 목적'을 설정하였는데, 이는 공개대중정당의 속성을 무시한 것으로서 부당하다. 해산 결정된 독일 사회주의제국당은 나치즘을, 독일 공산당은 마르크스–레닌주의를, 터키 복지당은 신정정치를 각각 목적으로 표방하고 이를 당 강령에 공개적으로 명시했다. 강령에 명시된 위와 같은 목적 자체가 상대주의에 근거한 다원적 민주주의와 양립 불가능하다는 점이 인정되었다. 그런데 피청구인의 강령이나 정강·정책 또는 선거공약 등 공식적으로 발표된 내용만으로는 민주적 기본질서에 위배되는 것으로 평가할 수 없기에 다수의견은 '숨은 목적'을 동원한 것이다.[133] 다수의견은 통합진보당 자체가 아니라 다수의견이 임의적으로 설정한 주도세력과 관련된 온갖 자료들을 샅샅이 뒤져서 파편(퍼즐 조각)들을 찾아내 이를 '퍼즐 맞

---

133 이재화, 앞의 글, 54면. "대중정당에 숨은 목적이 있다는 것은 형용모순이다. … 다수의견은 공개정당을 마치 '사기집단'으로 취급하고, 그 정당을 지지하는 당원과 국민을 거짓 목적에 속는 사람으로 취급했다. 헌재가 이처럼 궤변을 늘어놓는 것은 역설적으로 통합진보당의 강령에서 내세운 진보적 민주주의, 민중주권주의, 민중중심의 자립경제, 연방제통일 등에 아무런 위헌성이 없기 때문이다."

추기'[134]를 통해 꿰어서 통합진보당의 '숨은 목적'을 가공해 냈다.

'퍼즐 맞추기'에 의한 '숨은 목적' 찾기 논법은 피청구인 당원들의 과거 행동을 중심으로 비공식적인 혹은 사적인 파편(조각)들을 찾아내어 그중에서 위헌의 의심이 있는 조각들을 한데 모아 하나의 큰 그림, 즉 '숨은 목적'을 짜 맞추는 것이다. 당원 중 일부가 국가보안법 위반으로 처벌받았다거나, 북한 간첩이 일부 당원들과 접촉하려고 했다든가, 통일방안이나 '진보적 민주주의' 등의 정책들이 북한의 그것과 외형상 유사하다든가, 북한의 3대 세습이나 인권상황에 대해 비판하지 않았다는 등 우리 헌법상의 정당해산제도와는 전혀 무관한 사유들만을 조합해서 피청구인을 위헌정당으로 만들었다. 이러한 퍼즐 맞추기는 유추해석의 방법이 개입함으로써 권력의 자의적 행사를 가능하게 한다. 몇몇 당원들의 의심스러운 행동에서 피청구인이라는 단체의 '숨은 목적'을 추정해 내는 전형적인 심정형법의 과오를 범한 것이다.[135]

'숨은 목적' 또는 '퍼즐 맞추기'는 1956년 독일연방헌법재판소가 독일 공산당을 위헌이라 보고 강제해산시킨 판결이 그 시초이자 마지막이었다고 본다. 독일연방헌법재판소가 말하는 '숨은 목적'은 퍼즐 맞추기로 창조된 '목적'을 의미하는 것이 아니라, 프롤레타리아혁명이라는 독일 공산당의 공식목표(장기목표)의 존재를 인식하면서 이 장기목표가 현재 어떠한 방식으로 실천되거나 추구되고 있는

---

134 이 표현은 제2차 변론기일에 청구인 측 참고인으로 출석한 장영수 교수가 진술 과정에서 사용한 말이다. 장영수에 대한 참고인 진술조서 및 신문조서.
135 한상희, 앞의 글, 32면.

지를 판단하는 인식의 기법으로 사용되었다. 독일 공산당이 수행하는 현재의 행위들(재무장반대 시위, 재통일을 위한 강연회 등)이 그 자체 독일의 현안을 다루고 있지만, 그것들 전체를 하나로 묶어 보면 결국에는 공식목표인 프롤레타리아혁명을 추구하는 것으로 수렴된다는 판단을 위한 하나의 분석 도구였다. 그런데 다수의견이 사용하는 '숨은 목적'은 현재 피청구인이 가지는 공식목표인 '진보적 민주주의'의 합헌적 의미를 모두 부정한 채 그것이 피청구인의 어떠한 공식 자료에서도 드러나지 않는 '북한식 사회주의 체제'로 나아가기 위한 수단이자 과도적 단계에 불과함을 유추해 내기 위한 수단으로 사용되었다. 이런 측면에서 보면 다수의견이 사용한 '숨은 목적' 이론은 그 자의적 성격이 독일의 경우보다 훨씬 더 강하게 나타난다는 지적[136]이 일리가 있다.

나. 다수의견은 피청구인 주도세력은 "'우익 대 좌익'의 싸움을 '민족·민주·민중 대 반민족·반민주·반민중'으로, '평화 대 전쟁, 통일 대 반통일, 화해 대 분열'로 포장한다."[137]고 설시했다. 다수의견은 '우익 대 좌익'의 싸움이란 표현을 사용하면서 피청구인 주도세력을 좌익으로 지칭하고 있는데, 이에 의하면 자유민주주의 체제는 우익의 체제가 된다. 결국, 다수의견은 헌법 가치의 수호가 아닌 우익의 가치를 수호하겠다는 것에 불과하다. 한편, 위 표현은 홍진표(시대정신 상근이사), 이광백(북한민주화 네트워크 연구위원),[138] 신주

---

136 한상희, 앞의 글, 33~34면.
137 이 사건 결정 129면.

현(「데일리NK」 기자) 공저 『친북주의 연구』의 추천사(류근일 전 「조선일보」 주필)에 있는 내용을 그대로 베껴 쓴 것이다.[139] 헌재 결정의 품격을 보여주는 대목이라고 하지 않을 수 없다.

보충의견은 한 발 더 나가 맹자의 고사 피음사둔(詖淫邪遁)[140]을 원용해서 피청구인 주도세력을 번드레한 말 속에 함정과 그물을 감춘 집단으로 표현했다. 얼마나 완고한 편견과 선입견에 빠져 있는지 보여주는 대목이다.

> "맹자의 고사에 나오는 피음사둔(詖淫邪遁)이라는 말이 있다. '번드레한 말 속에서 본질을 간파한다.' 라는 뜻이다. 말과 글, 주장과 주의 속에서 도처에 숨겨진 함정과 그물에 방심하면 자칫 당하기 쉬운 것을 경계하는 말이다. 피청구인 주도세력과 북한의 각종 전술을 간파할 수 있는 능력 없이 그들의 글을 읽고 주장을 이해한다는 것은 그들의 함정에 빠지기 쉬운 위험한 일이다."[141]

다수의견은 피청구인 주도세력의 강령상 목표는 일차적으로는 폭력에 의하여 진보적 민주주의를 실현하고, 이를 기초로 통일을 통하여 최종적으로는 북한식 사회주의를 실현하는 것이라고 보았다.[142]

---

138 이 사건에서 증인으로 출석하였다.

139 홍진표·이광백·신주현, 『친북주의 연구』, 시대정신, 2013, 8면.

140 何謂知言, 詖辭知其所蔽 淫辭知其所陷 邪辭知其所離 遁辭知其所窮(하위지언 피사지기소폐 음사지기소함 사사지기소리 둔사지기소궁): 지언, 즉 사리에 맞는 말은 무엇을 말하는가. 편파적인 말은 그 감춰진 것을 알아채고, 함부로 하는 말은 그 부족한 것을 알아채고, 간사한 말은 그 도리에서 떠난 바를 알아채고, 회피하는 말은 그 궁한 처지를 알아채야 한다. 『맹자(孟子)』 「공손추」 장구 상이(公孫丑 章句 上二).

141 이 사건 결정 345면.

142 이 사건 결정 90, 129면.

또한 이석기나 그를 지지하는 소규모 집단에 속한 사람들의 신념이나 목적이 피청구인의 숨은 목적, 진정한 목적이 된다고 보았다. 이러한 다수의견의 판단에 대해 소수의견은 정당해산심판의 사유를 엄격하게 해석, 적용한 결과인지 의문을 제기한다. 즉, "설득력 있고 확실한 증거에 기초하여 사실인정을 하였는지, 판단자료가 되는 여러 표현물의 해석에 있어 전체적인 맥락을 충분히 고려하였는지, 사실관계에 바탕을 둔 추론이 경험법칙과 논리법칙에 맞는 것으로서 논리적 비약이 없는지, 의심스러울 때는 자유를 우선시하는 원칙을 지켰는지, 가공되지 않은 퍼즐 조각을 사용하였는지, 그리하여 숨은 목적을 구성해 낸 것이 아니라, 찾아낸 것이라고 볼 수 있는지" 의문이라는 것이다.[143]

다. 숨은 목적 및 퍼즐 맞추기 논리는 소수의견이 지적한 바와 같이 결론적으로 증명되어야 할 것이 참임을 전제하고 있다는 점에서 문제가 있다.[144]

"피청구인에게 '은폐된 목적'이 있다는 점 자체가 결론적으로 증명되어야 할 사항 가운데 하나임에도 불구하고, 이를 당연한 것으로 전

---

143 이 사건 결정 321면.
144 이재화, 앞의 글, 55면. "통합진보당의 은폐된 목적이 '북한식 사회주의를 추구하는 것'이라는 결론을 내리지 않고는 퍼즐을 맞출 수 없다. 법정의견은 정부 측이 요구한 '퍼즐 맞추기를 통해 숨은 목적을 찾아 달라.'는 주문을 그대로 받아들여 '통합진보당이 북한식 사회주의를 추구한다.'고 결론을 내렸다. 구미에 맞는 '퍼즐 조각'을 찾아내어 자신들이 가공한 후, 가공된 그 퍼즐 조각을 짜깁기해 '북한식 사회주의 추구'라는 '숨은 목적'을 그려냈다. 그들이 찾아낸 '숨은 목적'은 '원석'이 아니라 8명의 재판관이 가공한 '가공품'인 것이다."

제하고 있다. 또한 '퍼즐 맞추기'의 비유 역시 적절한 것이 될 수 없다. 정당의 의사결정 과정이나 이를 통하여 형성되는 정책노선은 평면적인 하나의 퍼즐판과 같이 물리적으로 분리해 낼 수 있는 조각들의 결합으로 이루어지는 것이 아니기 때문이다. 피청구인에게 은폐된 목적이 있다는 점을 입증하고자 한다면, 피청구인 구성원 사이에서 공유되고 있음이 명백한 비밀 강령의 존재를 알아내거나, 피청구인의 드러난 목적, 즉 강령상의 목적이 무언가를 감추기 위한 위장막에 불과하다고 볼 설득력 있고 확실한 증거를 찾아내야 한다. 만약 그러한 증거를 '퍼즐 조각'에 비유하고자 한다면, 그 '퍼즐 조각'은 그 형태가 달리 가공되지 않은, 본래 그대로의 단단한 것이어야 함은 명백하다. 은폐된 목적을 찾고자 하는 해석자의 주관에 의하여 깎이고 다듬어진 것이어서는 아니 된다는 의미이다. 나아가 피청구인은 당비를 납부하는 진성당원의 수만 3만여 명에 이르는 정당이다. 피청구인의 구성원의 내심의 의사를 일일이 살피는 것은 불가능하다고 하더라도, 적어도 피청구인의 대다수 구성원의 정치적 지향이 어디에 있는지를 논증하는 과정에서 피청구인 구성원 중 극히 일부의 지향을 피청구인 전체의 정견으로 간주하여서는 아니 될 것이다. '피청구인 구성원 100명이 민주적 기본질서에 위배되는 사상을 가지고 있으므로, 나머지 구성원도 모두 그러할 것'이라는 가정은 부분에 대하여 말할 수 있는 것을 전체에 부당하게 적용하는 것으로서, 하나를 보면 열을 안다는 성급한 일반화의 오류에 다름 아니다."[145]

소수의견도 지적한 바와 같이 피청구인 구성원 대다수는 '숨은 목적'이나 활동에 대해 전혀 알지도 못하고 또한 이에 동의하지도

---

[145] 이 사건 결정 148~149면.

않았다.

> "피청구인은 북한의 대남혁명전략을 추종하거나 실행하고 있음을 공개적으로 표명한 바 없다. 현재 피청구인의 구성원 대다수가 피청구인의 공개된 목적과 활동이 아닌 숨겨진 목적이나 활동을 인식하고, 그에 동의하고 있다고 보기는 어렵다. 경기동부연합 등이 은폐하고 있다고 청구인이 주장하는 목적, 즉 북한식 사회주의 추구가 공개되는 경우, 현재 피청구인의 공개된 노선을 지지하는 당원들이 이에 반대하여 지도부를 교체하거나 당을 떠나게 될 가능성도 얼마든지 있다."[146]

따라서 다수의견이 인정한 피청구인 주도세력의 '숨은 목적'은 피청구인 대다수 당원에게도 알려지지 않은 것으로서 피청구인의 목적이나 활동이 될 수 없다.

3. 피청구인의 목적으로서의 '진보적 민주주의'와 강령 개정 과정

가. 피청구인의 목적으로서의 '진보적 민주주의'
– 진보적 민주주의 핵심 가치는 자주·민주·통일·생태

1) 이 사건 결정은 "정당해산심판에 있어서 심판의 대상이 되는

---

146 이 사건 결정 273면.

정당의 목적이란 해당 정당이 추구하는 정치적 방향이나 지향점"을 지칭하는 것으로 보았다. 다수의견은 "피청구인이 강령에서 제시하고 있는 목표 내지 만들어가고자 하는 사회 체제는 '노동자, 농민, 중소상공인 등 일하는 사람이 주인 되는 자주적 민주정부이자 민중이 주인되는 진보적인 민주주의의 사회'이고, 피청구인이 추구하는 가치 내지 이념적 지향점은 '진보적 민주주의'임을 알 수 있다."고 하였다.[147]

민주노동당에서 '진보적인 민주주의'를 명시한 강령은 2011년 6월 18일과 19일 열린 제2차 정책당대회에서 표결을 통해 의결되었다. 창당 강령에 있던 '사회주의적 이상과 원칙의 계승, 발전'을 삭제하고 그 대신 '진보적 민주주의 사회' 실현이 삽입된 것이다. 당시 이 개정에 대해서는 노동계급성을 중시하는 정파로부터 '계급협조주의' 또는 '우경화'라는 이유로 강력한 비판이 제기되기도 했다. 진보적 민주주의 강령은 피청구인 창당 후 개정된 강령에서도 유지되었다. 강령 개정안을 마련하는 과정에서 창당의 세 주체(민주노동당, 국민참여당, 새진보통합연대)들의 합의에 의하여 구성된 강령개정위원회의 논의와 초안 작성, 당내 의견 수렴절차를 거쳤고, 2012년 5월 10일 전국운영위원회에서 심의를 거쳐 만장일치로 중앙위원회 안건 상정을 의결한 후, 5월 12일 중앙위원회에서 만장일치로 의결되었다. 피청구인은 2013년 6월 정책당대회에서 "통합진보당이 추구하는 새로운 사회는 진보적 민주주의가 실현된 사회"임을 재차 확인하는 선언을 하였다. 이에 비추어 보면 '진보적 민주주의'를 피청

---

147 이 사건 결정 26면.

구인의 목적으로 판단한 것은 옳고, 이에 대해서는 피청구인도 긍정
하였다.

2) 다수의견은 " '진보' 와 '민주주의' 라는 용어는 시대적 상황이
나 그 용어를 사용하는 사람에 따라 정치적 · 철학적으로 다양하게
해석되어 왔으며, 특히 '진보' 라는 용어는 정도나 수준이 나아지는
것, 또는 역사적 법칙에 따라 추구되는 올바른 변화, 발전 내지 지향
점을 가리키는 것으로서 특정한 내용을 담고 있다고 보기 어렵다."[148]
면서, 강령 등의 문언(文言)적 의미[149] 외에도 진보적 민주주의가 피
청구인 강령에 도입되게 된 경위 및 피청구인 강령에 진보적 민주주
의를 도입함에 있어서 주도적 역할을 했던 사람들이 누구인지, 그 사
람들의 이념적 성향 및 지향점이 무엇인지를 살펴본 결과 "피청구
인 주도세력은 진보적 민주주의의 주요 핵심가치로 자주, 민주(평등
과 복지, 민중의 자유와 인권), 통일(평화)과 21세기의 특성을 살린 생태
등을 제시하고, 강령적 과제로는 민족자주(자주), 민주주의(민주), 민
족화해(통일)를, 그중 '자주' 를 '민주' 나 '통일' 보다 선차적으로
달성해야 할 강령적 과제로 인식하고 있다고 할 수 있다."고 판단했
다.[150] 여기까지는 별문제가 없어 보인다.

나. 강령 개정 경위
– 북한 지침 따라 강령을 개정했다는 증거 없다

다수의견과 보충의견은 피청구인 주도세력이 강령에서 '사회주

의적 이상과 원칙'을 삭제한 뒤 진보적 민주주의를 도입하고, 그 과제로 '자주 · 민주 · 통일'을 제시한 것은 북한의 주장과 그 내용이 같거나 매우 유사한 것으로서 북한의 지령에 의해 이루어진 것이라는 암시를 풍기고 있다. 보충의견은 이를 더욱 명확히 하고 있다.

> "강령에 '사회주의적 이상과 원칙의 계승 · 발전'을 적시한다고 하여, 중간계층의 이탈을 가져와 대중들의 적극적인 참여를 끌어내지 못한다는 피청구인 주도세력의 주장은 설득력이 없다. 피청구인 주도세력이 진보적 민주주의의 도입과 관련하여 북한이 주장하는 논거와 같은 이유만을 제시할 뿐 합리적인 이유를 제시하지 못하면서, '사회주의적 이상과 원칙의 계승 · 발전'에 공감하는 당원들과의 심각한 갈등을 야기하면서까지 강령에서 이를 삭제한 것은 북한이 대남혁명론에서 사회주의 혁명의 수행 등을 주장하지 말라고 내린 지침을 피청구인 주도세력이 맹목적으로 따른 것이라는 설명 외에는 다른 이유를 찾아보기 어렵다."[151]

그러나 피청구인이 북한의 지령에 따라 움직였다는 점을 입증할 만한 단 하나의 증거도 제시된 바 없다. 강태운, 일심회, 왕재산 사건 등 간첩사건이 발각되고 일부 인사들이 간첩 혐의로 처벌받았으나, 북한의 지령이 민주노동당이나 피청구인에 전달되어 그에 따라 강령 개정이나 정책 등 주요 의사결정에 영향을 미친 바는 전혀 없다.

---

148 이 사건 결정 26면.
149 글자 그대로의 뜻.
150 이 사건 강령 90면.
151 이 사건 결정 343~344면.

또한 강령개정 논의 과정에서 자주파가 언제나 동일한 입장을 취하였던 것은 아니고, 자주파 이외의 정파가 모두 '진보적 민주주의' 강령 도입 및 '사회주의적 이상과 원칙의 계승·발전' 부분의 삭제에 반대하였던 것도 아니다. 사회주의 가치 논쟁에서는 비자주파 내부에서도 의견이 나뉘었다. 강령 개정은 당내의 공론과 정상적인 의사결정과정을 거쳐 이루어졌고, '진보적 민주주의'가 자주파의 통일적 정치노선에 기초한 일방적이고 독단적인 결정도 아니었다. 따라서 진보적 민주주의 강령 개정이 북한과의 연계 하에서 이루어졌다는 점은 사실이 아닐 뿐만 아니라 이 사건에서 증거로 인정된 바도 없다.

다. 진보적 민주주의의 판단 자료
– 정당과 무관한 개인이 작성한 글도 포함

1) 이 사건 결정은 정당의 목적에 대한 판단자료로 공식적인 강령이나 당헌의 내용, 정당 대표나 주요 당직자 및 정당관계자(국회의원 등)의 공식적 발언, 정당의 기관지나 선전자료와 같은 간행물 이외에도 "정당의 의사결정과정에서 일정한 영향력을 가지거나 정당의 이념으로부터 영향을 받은 당원들의 행위도 정당의 목적을 파악하는 데 도움이 될 수 있다."고 하였다.[152] 당원들의 행위를 정당 목적 판단의 자료로 삼는 것이 '숨은 목적'을 파악하는 중요한 고리

---

152 이 사건 결정 12~13면.

를 이루었다. 퍼즐 맞추기의 과정에 단순한 사건으로서의 퍼즐뿐 아
니라 당원들의 비공식적 발언이나 활동까지도 목적의 탐색에 편입
된 것이다.[153]

2) 다수의견은 진보적 민주주의가 의미하는 바를 파악하기 위한
'판단자료' 로 「강령해설자료집」, 「진보적 민주주의 정강 · 정책해
설서」, 「2013년 정책당대회 선언문」 등을 '공식적인 자료' 로, 「집
권전략보고서」, 「21세기 진보적 민주주의」, 「통합진보당 강령 20
문 20답」 및 그 외 박경순, 최기영, 최규엽, 김장민, 한호석이 작성한
글과 주대환의 발언 등을 "피청구인 주도세력이 추구하고자 했던 이
념적 지향과 목적을 판단하는 주요한 자료"로 규정하였다.[154]

다수의견은 '판단자료' 를 '공식적인 자료' 와 그렇지 않은 자료
로 구분하고 있으나, 구분의 기준이 불분명할 뿐 아니라 아무런 근
거 없이 무차별적으로 인용해 위헌의 근거로 삼았다는 점에서 문
제가 있다. 진보정책연구원이 발간한 「강령해설자료집」, 집권전
략위원회의 「집권전략보고서」는 피청구인의 공식 입장이 아님에도
다수의견은 별다른 설명 없이 「강령해설자료집」은 '공식자료' 로,
「집권전략보고서」는 여기에서 제외하였다. 정당 부설 연구소가 발행
한 간행물에 게재된 내용이라고 해서 그 정당의 입장이 아니라는 점
은 지극히 당연하며, 다른 정당의 경우에도 마찬가지다. 정당의 입장
이 되기 위해서는 강령과 당헌 등에 정해진 기관에 의한 소정의 절

---

153 한상희, 앞의 글, 34~35면.
154 이 사건 결정 60~61면.

차를 거쳐 채택되어야만 한다. 또한 다수의견은 '공식적인 자료'가 아닌 「집권전략보고서」의 첨부문서를 인용했으나, 이는 피청구인의 입장이 아니다. 2008년 6월 민주노동당 제1차 정책당대회에 집권전략위원회가 보고하여 승인받은 것은 보고서 책자 「2017년 집권을 위하여」 중 '집권전략 10대 과제-2017년 집권을 위하여' 부분만이고, 나머지 해설 부분은 첨부 문서에 불과하였으며, 당대회에서도 해설서 부분에 대해서는 별도로 토론하거나 수정의견을 받지도 않았다.

박경순이 작성한 문서는 박경순이 입당하기 전 또는 당직을 맡기 전에 작성한 것으로 피청구인의 입장과 무관하며, 이에 대해서는 박경순이 증인으로 출석해서 해명한 바 있다. 김장민 작성 문서도 피청구인의 입장과 무관하고, 김장민은 '진보적 민주주의'를 반대하고 '민중민주주의'를 주장한 바 있다. 최기영의 저술은 민주노동당이나 피청구인과는 전혀 무관하게 개인적으로 작성한 저술에 불과하다. 한호석은 민주노동당 미주동부지역위원회 위원장이라고는 하나 한국 국적이 없어 당원의 자격이 없고, 민주노동당의 입장을 대변할 만한 공식적인 직책을 맡은 바 없으며, 기관지에 실린 글은 개인 자격으로 작성한 것에 불과하여 한호석 작성의 글을 민주노동당의 목적을 판단하기 위한 판단자료로 삼을 수는 없다. 결국, 다수의견이 정당과 무관하게 개인적으로 작성된 글을 판단근거로 삼은 것은 부당하다.

라. 김일성의 진보적 민주주의 및 북한식 사회주의 추종 여부
 – 여운형, 김구, 노무현도 언급한 진보적 민주주의

1) 청구인은 민주노동당의 '진보적 민주주의'는 해방정국에서 주장된 진보적 민주주의 가운데 김일성의 진보적 민주주의를 받아들인 것으로, 이는 궁극적으로 북한식 사회주의를 추구하기 위한 것이라고 주장했다. 다수의견은 "피청구인의 이념적 지향점으로서의 진보적 민주주의는 그 강령상 문언에서 드러나는 의미와 피청구인 주도세력이 진정으로 추구하고 의도하고 있는 내용과는 사뭇 다르다."면서 "피청구인 주도세력의 강령상 목표는 1차적으로 폭력에 의하여 진보적 민주주의를 실현하고, 이를 기초로 통일을 통하여 최종적으로는 사회주의를 실현하는 것"이며,[155] "피청구인의 우리 사회에 대한 인식, 변혁을 위한 강령적 과제와 순위, 변혁의 주체 및 주권의 소재와 그 범위, 변혁의 대상, 변혁의 전술적 방법, 변혁의 목표, 연방제 통일방안 등에서 북한의 민족해방민주주의변혁론과 전체적으로 같거나 매우 유사하다."라고 인정했다.[156]

이에 반해 소수의견은 피청구인의 진보적 민주주의 강령이 북한의 적화통일전략에 동조하기 위해 도입된 것도 아니고, 그 내용이 북한

---

155 이 사건 결정 90~91면.
156 이 사건 결정 101면. 이와 같이 억지로 진보적 민주주의와 북한의 혁명론과 동일한 것으로 보려는 청구인의 태도에 대해 송기춘 교수는 '취모멱자(吹毛覓疵)', 즉 '털을 불어가지고 그 안에 있는 흠을 가려내려고 하는' 태도라고 비판했다. 제2차 변론조서 중 참고인 송기춘 진술 및 신문조서.

의 주장과 같지도 않다고 정확하게 지적했다.

"'일하는 사람이 주인되는 자주적 민주정부를 세우고, 민중이 정치·경제·사회·문화 등 사회생활 전반의 진정한 주인이 되는 진보적인 민주주의 사회를 실현하겠다.'는 피청구인의 선언은 일하는 사람, 민중에 해당하는 계급과 계층의 이익을 중심으로 우리 사회의 모순들을 극복해 실질적 민주주의를 구현하겠다는 것이라고 볼수 있다. 또한 그 구체적인 내용들은 이른바 진보적 정치세력에 의하여 수십 년에 걸쳐 주장되고 형성된 여러 논리들과 정책들을 선택적으로 수용하고 조합한 것이다. 그것이 청구인이 주장하는 바와 같이 특정한 집단의 주권을 배제한다거나 기본적 인권을 부인하고, 나아가 북한의 적화통일전략에 동조하는 내용을 담고 있다고볼 수 없다."[157]

"민주노동당의 2011. 6. 개정 강령의 내용이나, 이를 포괄하는 '진보적 민주주의'의 이념은 실질적으로 민주노동당 창당 강령을 계승한 것이며, 광의의 사회주의 이념으로 평가될 수 있다. 그러나 우리가 일반적으로 민주적 기본질서에 위배된다고 보는 개념요소들, 예컨대 폭력혁명이나 일정한 계급, 계층의 주권적 권리나 기본권의 박탈(계급독재), 1당(1인) 독재 등을 내용으로 하고 있지 않으며, 청구인이 주로 문제 삼고 있는 '북한식 사회주의'가 내포하고 있는 인민주권, 생산수단의 사적 소유와 경제활동 자유의 박탈, 수령을 중심으로 한 일당 독재의 추구를 위한 전제조건으로서 '진보적 민주주의'가 도입

---

157 이 사건 결정 225면.

되었다고 보기 어렵다."[158]

2) 진보적 민주주의는 김일성이 1945년 9월에 말하기 전에 이미 1945년 4월 대한민국 임시정부가 먼저 사용했다.[159] 1945년 해방 이후 김일성과 박헌영 등 좌파진영은 물론 조선건국준비위원회를 구성했던 여운형, 김규식 등 중도파도 사용하였다. 진보적 민주주의는 중도진영부터 좌파진영에 이르기까지 다양한 의미로 폭넓게 사용되었다. 김정일이 1990년 12월 연설을 통해 김일성이 도입한 진보적 민주주의가 사회주의로 발전되었다고 강조하기 이전인 1980년대 중반에 남한의 운동단체와 진보적 인사들이 진보적 민주주의를 언급했다. 또한 다양한 인사들이 진보적 민주주의를 주장했으며, 고 노무현 대통령도 저서 『진보의 미래』에서 진보적 민주주의를 언급했다.

우리 사회에서 '진보적 민주주의'라는 용어는 '보수적 민주주의'에 대칭되는 개념으로 형식적 민주주의와 구별되는 '실질적인 민주주의', 민중이 중심이 되는 '제대로 된 민주주의' 등의 의미로 다양하게 사용되었다. 민주노동당과 피청구인 강령상 진보적 민주주의는 그동안 진보진영의 가치인 자주적 민주정부, 민중주권, 민중중

---

158 이 사건 결정 244~245면.
159 한홍구, 앞의 글. "1945년 4월 임시의정원 38차 회의 의사록을 보면, 김규광(김산의 『아리랑』에 나오는 금강산의 붉은 승려로 소개된 김충창=김성숙) 의원은 임시정부의 오랜 운동이 진보적 민주의에 기초한 것이고 임시의정원과 임시정부가 모두 진보적 민주주의 사상에 기초하고 있다고 설명했다. 임시의정원이 임시헌장을 반포하면서 채택한 성명서를 보면 임시정부는 '가장 진보된 민주주의집권 제 원칙의 채용'을 주안점으로 삼아 헌법을 개정했다고 했다. 백범도 3·1 운동 이후 가장 진보적인 민주주의 이상을 가지고 혁명적인 정치체제를 수립한 것이 바로 현재의 임시정부라고 주장하면서, 독립이 되면 가장 진보적인 민주주의 지배를 수립할 것이라고 확언했다."

심의 자립경제체제를 포괄하는 개념으로, 보수 진영에서 말하는 민주주의와는 다른 '새로운 민주주의'의 의미로 사용된 것이다. 2009년 6월 정책당대회를 앞두고 열린 민주노동당 중앙위원회에서는 당의 노선에 대해 '자주적 민주주의', '새로운 민주주의', '진보적 민주주의'로 표현하자는 다양한 의견이 있었는바, 이를 보더라도 진보적 민주주의가 특정 이념이 아닌 위 세 가지 핵심적 가치를 포괄하는 의미로 사용되었음을 알 수 있다.

  3) 강령에서 '사회주의 이상과 원칙의 계승·발전' 부분을 삭제하고 '진보적 민주주의 사회 실현'을 도입한 강령 개정 전후에 걸쳐서 구체적인 내용에는 거의 변화가 없었다. 주요 내용인 자주적 민주정부, 민중중심의 자립경제, 민중주권주의는 창당강령 때부터 있던 내용이 그대로 유지되었다. 다수의견의 논지에 따르면 피청구인 주도세력이 진보적 민주주의 강령을 도입함으로써 피청구인이 비로소 북한식 사회주의를 추구하게 되었다는 것이나, 구체적인 내용에서는 개정 전후에 걸쳐서 변경된 것이 없으므로 위 논지는 부당하다.

  민주노동당은 강령개정 과정이나 집권전략위원회의 논의 과정에서 새로운 사회주의의 모델로 북한의 사례를 연구한 바 없고, 베네수엘라와 브라질, 칠레 등 남미 국가들을 모델로 삼았다. 이 점에서도 피청구인의 진보적 민주주의를 북한식 사회주의와 동일 내지 유사한 것으로 인정한 다수의견은 엄격한 증거에 근거하지 않은 억측에 불과함을 알 수 있다.

마. 자주적 민주정부 및 자주·민주·통일
– 북한의 주장과 그 내용이 실질적으로 같다?

1) 다수의견과 보충의견은 민주노동당과 피청구인이 지향하는 자주적 민주정부를 수구보수세력이 배제된 민중정권을 의미하는 것으로 이해했다.

> "(통일국가의 형성과 체제수렴을 담당할) 자주적 민주정부는 국민주권과는 다른 민중주권에 기초한 정권으로, 수구보수세력과 보수정당 등을 규제하는 정권이다. 그리고 진보적 민주주의 사회를 실현하는 자주적 민주정부에서 주권자는 국민이 아니라 이념을 달리하는 수구보수세력 등이 배제된 계급적 개념인 민중이다. 결국, 피청구인 주도세력이 주장하는 남북총투표는 변혁의 대상인 수구보수세력 등이 배제된 '민중'만이 주권자로서 참여하는 투표를 의미할 뿐이며, 통일국가를 형성하고 완성해 나갈 정권은 진보적 민주주의사회를 실현하는 자주적 민주정부이다."[160]

또한 다수의견은 피청구인이 강령적 과제로 제시하는 자주·민주·통일을 북한이 민족해방민주주의변혁론에서 주장하는 것과 같은 것으로 평가한다.

> "민족해방민주주의변혁론은 대미종속성의 근본원인 또는 정당화

---

[160] 이 사건 결정 336~337면.

근거가 분단이라는 현실에 있다고 보고 민족통일도 민족적 과제로 제기된다고 하여, 변혁운동의 핵심과제를 민족자주(자주), 민주주의(민주), 민족화해(통일)라고 한다. 그중 북한은 우리 사회 모순의 핵심은 미국에의 예속성에 있다고 하면서 '자주'를 '민주' 및 '통일'보다 선차적으로 달성해야 할 과제라고 한다. 피청구인 주도세력 역시 우리 사회에 대한 인식이 북한의 민족해방민주주의변혁론과 기본적으로 같고, 강령적 과제도 '자주', '민주', '통일'로 같으며, 선차적 과제도 '자주'로서 같다." [161]

"피청구인 주도세력이 주장하는 자주적 민주정권은 북한의 민족해방민주주의변혁론에서 주장하는 자주적 민주정권과 용어에서뿐만 아니라 그 계급적 성격에서도 민중주권론에 기초한 민중민주주의를 지향하는 민중정권으로 같다. 그들은 북한과 같은 자유민주주의 체제에 대한 부정적 인식에 기초하여 진보적 민주주의 체제 구축을 위해 기존의 정치경제구조 및 정치세력을 혁파해야 한다고 하면서 한미상호방위조약 폐기와 주한미군 철수, 국가보안법 폐지, 생산소유구조의 다원화, 수구세력의 규제 등을 주장하여 북한의 주장과 그 내용이 실질적으로 같다." [162]

2) 그러나 소수의견은 다수의견이 자주 · 민주 · 통일을 북한의 주장과 등치시키는 것에 대해 비판한다.

"자주파가 자주 · 민주 · 통일의 기본노선을 중시한 점은 인정되지

---

161 이 사건 결정 95~96면.
162 이 사건 결정 97~98면.

만, 자주와 민주, 통일의 추구는 자주파만의 목표라거나, 북한을 추종하는 입장에서만 가치를 부여할 수 있는 과제가 아니다. 우리 헌법 전문은 '우리 대한국민은 3·1운동으로 건립된 대한민국임시정부의 법통과 불의에 항거한 4·19민주이념을 계승하고, 조국의 민주개혁과 평화적 통일의 사명에 입각하여 정의·인도와 동포애로써 민족의 단결을 공고히' 할 것을 규정하고 있으며, 어떠한 가치에 더 중점을 둘 것인가에 관해서는 이견이 있을 수 있겠으나, 우리 헌법으로부터 독립한 주권국가로서의 자주의 이념과 민주주의의 추구, 평화통일의 사명을 도출하는 것은 자연스럽다. 「남북관계 발전에 관한 법률」에서도 남북관계의 발전은 자주·평화·민주의 원칙에 입각하여 남북공동번영과 한반도의 평화통일을 추구하는 방향으로 추진되어야 한다고 정하고 있다(제2조 제1항). '자주·민주·통일', 이른바 '자민통'을 내세우고, 특히 자주나 통일의 관점을 중요하게 주장한다는 점이 곧 북한식 사회주의의 추구와 논리적, 체계적으로 연관된다고 볼 수 없다."[163]

3) 우리 사회에서 '자주적 민주정부'는 해방 직후부터 여운형과 김구 등에 의해 널리 사용되어온 개념이고, 이승만과 김규식이 참여한 미군정의 '입법의원' 역시 자주적 민주정부를 건국노선으로 제시한 바 있다. 그 이후에도 1980년대 문익환, 1990년대 민중당에 의해 제기된 건국노선이기도 하다. 민주노동당은 2011년 강령 개정 시뿐만 아니라 2000년 1월 창당강령 전문에서 '우리가 만들 세상' 부분에 "민주노동당은 노동자와 민중 주체의 자주적 민주정부를 수립

---

[163] 이 사건 결정 231면.

할 것이다."라고 명시하여 해방 이후부터 민중당에 이르기까지 진보진영에서 꾸준히 주장되어온 '자주적 민주정부'를 계승하였음을 천명하였다.

또한 남북 정상은 6·15 선언에서 "남과 북은 나라의 통일문제를 그 주인인 우리 민족끼리 서로 힘을 합쳐 자주적으로 해결해 나가기로 하였다."고 합의하였고, 국정 운영에 있어 가장 중요한 통일문제를 '자주적'으로 해결해 나가자는 것에 남북 정상이 합의했다. 정부가 '자주적' 태도를 견지하는 것은 6·15 공동선언의 합의 사항을 이행하는 차원에서 도움이 되는 일이다. 이처럼 '자주정부'는 6·15 공동선언의 이행을 위해 필요한 것이고, 7·4 남북공동성명과 남북기본합의서에서도 확인한 바이고, 민족공동체 통일방안의 원칙 역시 자주, 평화, 민주이다.

따라서 피청구인이 주장하는 자주적 민주정부, 자주·민주·통일을 북한의 주장과 동일시하는 다수의견은 스스로 설정한 완고한 틀로 이해하는 독선에 불과하다.

4. 한국 사회에 대한 인식과 집권방법

가. 한국 사회에 대한 인식
– 식민지반자본주의와 폭력혁명?

1) 피청구인의 진정한 목적을 판단함에 있어 한국 사회를 어떻게

인식하고 있는지가 기본적인 출발점이 된다. 피청구인은 진보정당으로서 한국 사회의 개혁을 위해 활동하는 것을 당연하게 여기고 있기 때문이다.

다수의견은 피청구인 주도세력이 한국 사회를 기본적으로 식민지반(半)자본주의사회로 보고 있다고 보고, 이러한 피청구인의 한국 사회에 대한 인식은 북한의 대남혁명전략과 동일한 것으로 판단했다.

> "피청구인 주도세력은 우리 사회를 외세에 예속된, 천민적 자본주의 또는 식민지반(半)자본주의사회로 보고, 이러한 모순이 국가의 주권을 말살하고 민중들의 삶을 궁핍과 질곡에 빠뜨리고 있으므로 새로운 대안체제가 필요하다고 하며, 그 해답을 정치에서 찾으면서 대안체제로 '진보적 민주주의 체제'를 제시하고 있다." [164]

> "피청구인 주도세력은 변혁의 대상으로 미국과 초국적 독점자본, 친미 보수관료 및 정치인을 포함하는 친미보수세력, 반동관료집단을 포함하는 수구보수세력, 낡은 군부세력, 보수정당, 매판자본가, 지주 등이 이에 해당하고, 그중 미국을 주된 변혁 및 규제의 대상으로 보고 있다." [165]

2) 피청구인은 한국 사회를 식민지반자본주의사회로 보는 견해를 채택한 바 없다. 한국 사회를 식민지반자본주의사회로 규정한 피청구인의 공식적인 자료는 전혀 없다. 오로지 박경순이 2007년 10

---

164 이 사건 결정 90면.
165 이 사건 결정 82면.

월 '한국 사회 성격과 변혁전략에 관한 토론회'에서 발표한 글('한국 사회의 성격과 6·15시대 변혁운동의 방향')에서 '한국 사회는 식민지반자본주의사회'라고 언급한 적이 있을 뿐이다. 그러나 소수의견도 지적한 바와 같이 박경순의 윗글은 민주노동당 또는 피청구인의 입장과는 무관하다.

> "위 토론회 당시 박경순은 입당한 지 얼마 되지 아니하였고, 어떤 당직도 맡고 있지 않은 평당원으로서 당내에서 영향력을 행사할 수 있는 위치에 있지 않았으므로 박경순의 말을 곧 민주노동당의 견해와 같이 평가할 수는 없다. 또한 박경순은 이 사건에서 한국 사회 현실에 대한 자신의 인식 변화에 관하여, '식민지라고 규정하는 것은 주권이 없다는 것이고, 한국이 식민지 사회라면 한국의 헌정체제가 무의미하다는 것인데, 그러한 헌정체제 내에서 합법적으로 집권한다는 것은 모순이라고 판단했고, 식민지 규정은 이미 시대의 낡은 규정이 되었다고 판단하였다.'는 취지로 증언하였다. 박경순이 민주노동당에서 당직을 맡아 본격적으로 활동을 시작한 이후 작성한 글들, 특히 '진보적 민주주의'에 관한 저술들에서 한국 사회의 성격을 묘사한 부분들의 내용에 비추어 보면, 박경순의 증언은 신빙성이 있다고 할 것이고, 저자 스스로 '낡은 규정'이라 말하고 있는 과거의 저술에 기초하여 오늘의 피청구인의 현실 인식을 논할 수는 없는 것이다." [166]

피청구인은 한국 사회의 성격에 대해 집권전략보고서 10대 과제

---

166 이 사건 결정 202~203면.

에서 '민족분단국가', '예속된 천민적 자본주의 사회'로, '21세기 진보적 민주주의'에서는 '종속적 신자유주의'로 규정하였다. 소수의견도 "민주노동당이 '진보적 민주주의'를 대안 사회 내지 체제로서 추구하게 된 배경으로서 우리 사회의 현실에 대하여, 신자유주의 종속국가의 모습을 보이고 있고, 또한 '87년 체제'의 한계를 노정하고 있다고 보았다."라고 정확하게 평가했다.[167] 한국 사회의 종속성, 신자유주의에 대한 문제 제기는 소수의견이 지적한 바와 같이 민주적 기본질서에 위배되는 내용이 될 수 없다.

> "'신자유주의 종속국가'의 문제 제기는 민주노동당과 피청구인만의 독창적이고 새로운 주장이 아니며, 우리 사회에 존재하는 여러 논의와 관점에 대한 동의와 수용의 결과이다. 이러한 관점은 1980년대 사회구성체 논쟁을 통하여 다투어졌던 우리 사회의 현실과는 분석의 층위를 달리하는 것이다. 당시의 논쟁이 주권의 소재와 생산수단의 사유관계를 기준으로 현실을 분석한 것이라면, 민주노동당과 피청구인은 주권의 소재에 의문을 표하고 있지 않다. '종속성'을 주장한다고 해서 대한민국이 독립한 주권국가임을 부정하는 것이 아니다. '신자유주의'의 문제를 지적한 것은 시장근본주의에 관한 비판으로서 그 바탕에 있는 자본주의의 현실을 이미 인정하고, 전제하는 것이다."[168]

3) 다수의견은 '식민지'로 인식하는 것과 '종속성'을 인정하는

---

167 이 사건 결정 199~200면.
168 이 사건 결정 200~201면.

것에 근본적인 차이가 없는 것으로 평가했다. 그렇기에 '예속된, 천민적 자본주의'로 보는 것과 '식민지반(半)자본주의사회'로 보는 것을 동일한 것으로 평가한 것이다.

그러나 우리 사회를 식민지로 인식하게 되면 평화적인 변혁은 불가능하므로 폭력혁명의 노선을 취할 수밖에 없게 되나, '종속성'을 인정하는 경우에는 선거에 의한 집권노선을 취할 수 있게 되어 양자 사이에는 본질적인 차이가 있게 된다. 다수의견은 이러한 차이를 의도적으로 무시하고 피청구인의 공식적인 강령이나 정책 등을 기준으로 판단하지 않고, 주도세력이라는 애매모호한 일부 인사들의 과거 주장을 빌미로 북한의 대남혁명전략과의 동일성을 인정하였다.

4) 다수의견은 피청구인 주도세력이 1980년대 자주파 계열에 속한다고 보고, 자주파 계열은 한국 사회를 식민지 반(半)봉건사회 혹은 반(半)자본주의사회로 이해하고 우리 사회에 대한 변혁 방안으로 이른바 '엔엘피디알'(NLPDR, National Liberation People's Democracy Revolution)로 약칭되는 '민족해방인민(민중)민주주의혁명론'에 입각하였다고 한다.

그러나 2010년대에 합법적 대중정당 활동을 하는 사람들을 30년 전인 1980년대 변혁론의 입장에서 해석하는 것은 역사성과 변화의 과정을 무시한 것으로서 부당하다. 1980년대의 이른바 민족해방(National Liberation, 약칭 NL) 계열과 민중민주(People's Democracy, People's Democratic, 약칭 PD) 계열은 당시의 시대적 상황에서 한국 사회 변혁론으로 제시된 것이다. 그러한 용어들은 민주화운동 시기

젊은 세대 운동권 사이에서 권위주의를 비판하고 공격하는 이론적 무기로 사용된 것에 불과하므로, 이를 민주노동당 또는 피청구인 활동을 판단하는 기준으로 삼을 수는 없다. 노회찬 전 국회의원은 증인으로 출석하여 소위 NL 계열 또는 PD 계열이라는 용어에 대해 '운동권 동창회'라며 비판적으로 표현했다.[169] 민주화 이후 4반세기가 지난 오늘의 시점에서 위 용어들을 문제시한다면, 그것은 민주화운동 자체를 부정하는 결과가 될 것이다. 오늘날 누군가 그런 관념적인 단순 논리를 내세운다고 해서 특별히 위협적인 동조세력이 있는 것도 아니다. 그럼에도 위와 같은 용어를 핑계 삼은 다수의견은 민주화운동의 역사에 대해 잘 알지 못하고, 현실감 없이 이념적으로 현실을 규정하고 있다는 평가[170]가 타당하다.

---

169 제8차 변론조서 중 증인 노회찬 증인신문조서. (문 청구인 대리인 검사 김석우 / 답 증인 노회찬)

문 : 증인은 '운동권 동창회다'라는 말을 여러 번 쓰신 적이 있지요?
답 : 예.
문 : 어떤 의미인가요?
답 : 이른바 NL과 PD라는 것은 사실은 혁명을 하자는 노선에서 나온 용어입니다. 민족혁명을 하자 또는 민중혁명을 하자. 이것은 1972년 유신 이후로 대통령도 국민의 손으로 뽑지 못하는 그런 독재정치가 계속되는 상황에서 혁명으로 독재정권을 물리치자는 뜻에서 나왔던 이론적 표현인데, 1987년 민주화가 되었고, 헌법이 개정되어서 대통령을 국민의 손으로 뽑을 수 있게 되었기 때문에 NL이든 PD든 그것이 NLR 레볼루션의 뜻이고 또 PDR이라는 뜻인데, 그 혁명이론 자체가 더 이상 현실적인 노선이 될 수 없었다는 것입니다. 그런 의미에서 NL이든 PD이든 둘 다 폐기되어야 될 낡은 노선이고, 이미 세상은 많이 바뀌었는데 당내에 학생운동 시절에 NL 했던 사람 혹은 PD 했던 사람들이 그에 따라서 뭉쳐 있는 그런 현실은 당을 발전시키는데 전혀 도움이 되지 않는다, NL이든 PD이든 다 극복되어야 되고 지양되어야 될 바라는 뜻에서 당내에서 정파가 실제로 NL 혁명을 하자거나 PD 혁명을 하자고 모인 것도 아니면서 과거 학생운동의 그룹을 그대로 이어받아서 운집해 있는 것에 대해서 제가 대단히 비판적으로 여러 차례 얘기한 부분입니다.

170 최장집, 앞의 글.

나. 연대활동(소위 상설연대체)

– 연대활동은 북한의 통일전선전략?

민주노동당과 피청구인은 소수정당으로서 다양한 세력과 연합하고, 또한 대중활동을 병행하는 전략을 채택했다. 이는 민주사회의 소수정당으로서 지극히 당연한 전략이라고 할 수 있다. 그런데 다수의견은 피청구인의 상설연대체 구성 주장이 북한의 통일전선전술과 동일하다고 판단했다.

> "피청구인 주도세력이 민중정권을 취득하기 위해서는 노동자·농민을 기본으로 하는 통일전선이 필요하고, 자주·민주·통일에 기초한 상설연대체를 구성하여 적극 참여하는 것이 중요하며, 정치투쟁의 결과 쟁취할 민중정권을 광범위한 대중의 투쟁에 기초한 통일전선적 정권으로 보는 점에서 북한의 대남혁명전략과 같다."[171]

> "피청구인 주도세력이 혁명 내지 체제변혁을 위한 과정에서 필요한 경우 폭력적 수단을 용인하는 점, 구체적으로 제시한 투쟁방법(정치투쟁/경제투쟁, 합법/반합법/비합법 투쟁 등), 대중투쟁의 필요성과 그 주제를 적극 개발할 것을 주장하는 점 역시 북한에서 주장하는 혁명 내지 변혁의 방법과 같거나 매우 유사한 것으로 평가된다."[172]

그러나 위와 같은 다수의견의 평가는 지극히 자의적인 것으로서

---

171 이 사건 결정 98~99면.
172 이 사건 결정 99면.

부당하다. 민주노동당이나 피청구인이 참여한 사회운동의 연대기구는 각 참가단체들의 수직적 상위단체가 아니라 '연대활동'을 위해 결성된 기구들이다. 이들 단체들은 그 성격이나 구성이 서로 다르고, 활동분야·활동방식이나 활동력에서도 다르기 때문에 이들을 한꺼번에 묶어서 '통일전선체' 또는 '상설연대체'라고 부르는 것은 의미가 없다. 1970년대의 민주수호국민협의회, 민주회복국민회의, 민주주의국민연합, 민주주의와 민족통일을 위한 국민연합, 1980년대의 민중민주운동협의회, 민주통일국민회의, 민주통일민중운동연합, 민주헌법쟁취국민운동본부, 전국민족민주운동연합 등도 일종의 연대체이며, 다수의견이 언급한 연대기구들도 이러한 단체들과 아무런 차이가 없다.

한편, 민주노동당이나 피청구인은 사안과 시기에 따라 이러한 단체에 참여하기도 하고 하지 않기도 하였지만, 유일한 진보정당으로서 국민 여론과 대중들의 사회개혁 의지를 중요시했던 피청구인으로서는 되도록 많은 연대조직에 힘을 모으려고 했었다. 하지만 이것이 'NL 계열의 특징'이라거나 대남혁명론에 따른 통일전선전술로 보는 것은 근거가 없다. 이 점에 대해 소수의견은 적절하게 지적했다.

"민주노동당은 민중조직화를 위하여 민중전선체의 건설을 주장하였는데, 이러한 전선체는 대중적 요구에 따라 사안별 연대체에서 시작하여 상설적인 공동투쟁체로 발전하고, 민중전선체는 당과 달리 합법−비합법을 넘나들며 투쟁한다고 보았다. 이는 원외에서 이루어지는 학생운동, 농민운동, 시민사회운동이 현실적으로 비합법적 투쟁 경향이 있음을 지적한 것으로 볼 수 있고, 민주노동당이 민중전선체 조직·건설을 주도하고 참여해야 한다는 것이 비합법적 투쟁에 적극적으로 동참하거나 주도해야 한다는 의미라고 보기는 어렵다. 또 여기서 말하는 '비합법적' 투쟁은 그 범주가 매우 넓고 불분명하므로 민주노동당이 비합법적 투쟁을 인정하였다고 하더라도, 그것이 곧 실정법 체계를 전면적으로 부인하고, 극단적 폭력혁명을 추구하는 등의 자의적이고 폭력적인 지배를 승인한 것으로 평가하기는 어렵다."[173]

"일반적으로 통일전선이란, 복수의 계급·계층, 그리고 그들의 이익을 대표하는 정당·집단이 계급적 이해나 정치적 견해·세계관 등이 다름에도 불구하고 공통의 목표를 위해 공통의 적에 대항하여 싸울 목적으로 만든 공동전선, 즉 공동투쟁의 형태·조직을 의미한다. 그런데 같은 편을 결집하면서 상대편을 고립시키고 중도세력을 끌어들이는 것은 일반적인 전략·전술의 기본이라고 할 것이므로 통일전선이 본질적으로 특정한 이념과의 연관성을 갖는 것이라 볼 것은 아니다. 어떠한 궁극적 목적 달성을 위하여 경우에 따라서는 이해관계가 상충되거나 적대적인 집단과도 연대하거나 연합할 수 있다는 사고는 정치집단 내지 사회운동세력 일반에서 발견할 수 있는 보편적인 것이다."[174]

보수와 진보를 떠나 모든 정치세력은 자신의 주장을 관철하기 위

---

[173] 이 사건 결정 241~242면.
[174] 이 사건 결정 243면.

해서, 집권을 위해서 필요한 경우에는 유사한 생각을 하는 세력 내지 집단과 연대한다. 새누리당이 사립학교법 투쟁을 할 때 보수단체와 연대한 것이 그 단적인 예다. 피청구인이 자신의 주장을 관철하기 위해 진보적인 단체와 연대체를 구축하였다고 하여 이를 사회주의식 통일전선전술이라고 평가하는 것은 근거 없는 억측에 불과하다.[175]

다. 집권방법으로서의 선거와 저항권의 결합
  – 저항권 행사가 곧 전민항쟁노선, 폭력혁명은 아니다

1) 피청구인은 집권전략으로 선거에 의한 승리를 채택하였다. 이는 2000년에 민주노동당을 창당할 때부터 견지해온 노선이다. 1980년대까지의 암울한 군사독재 시절에는 (폭력)혁명노선이 운동권에서 대세를 이루었다. 국민이 대통령도 선거로 선출하지 못하는 상황에서는 폭력혁명노선에 의존할 수밖에 없었다. 그러나 국민의 민주화 투쟁으로 1987년 헌법 개정이 이루어진 이후에는 선거에 의한 정권교체가 가능하게 되었고, 실제로 1997년과 2002년 대통령선거에서 야당에 의한 정권교체가 성사되었다. 이런 상황에서 민주노동당과 피청구인은 선거에 의한 집권 노선을 채택하였고, 이 노선에서 벗어난 적이 없다. 민주노동당 초대 대표인 권영길은 민주노동당 내에 개인적으로 폭력혁명을 추구하는 사람이 있을지라도 당의 활동 차원에서는 철저하게 선거에 의한 집권전략을 추구하였다고 증언하

---

175 이재화, 앞의 글, 63면.

였다.[176]

민주노동당과 피청구인은 창당 이래로 줄곧 선거를 통한 집권을 위해 노력하였을 뿐이다. 민주노동당은 '대중투쟁을 동력으로 한 선거 승리'를 주장하며, 국회의원 선거에서 제1당의 지위를 확보하는 것을 통상적인 집권전략으로 하되 대통령제의 특성상 대통령 선거를 통한 집권이 가능하다고 보고, 대중투쟁을 동력으로 대선과 총선에서 승리하는 것을 상정하였다. 나아가 저항권 행사에 의한 집권을 예외적으로 인정하였는데, 이 역시 선거승리에 의한 집권의 범주에 포섭시키고 있다. 이를 「집권전략보고서」에서 집권의 방법으로 '저항권과 선거투쟁의 결합'으로 표현한 것이다.

2) 다수의견은 민주노동당과 피청구인이 집권방법으로 저항권에 대해 언급한 것을 전민항쟁 노선을 유지하면서 무력 등 폭력을 행사하여 자유민주주의 체제를 전복하고 헌법제정에 의한 새로운 진보적 민주주의 체제를 구축하여 집권할 수 있다는 입장으로 평가하였다.[177] 그러나 민주노동당과 피청구인이 저항권과 선거투쟁의 결합을 표현한 것은 대중운동과의 결합을 통해 당의 국민에 대한 지지를 높여 집권하겠다는 의지를 표현한 것에 불과하다. 만약 공격적인 저항권 행사, 즉 전민항쟁을 실제로 집권노선으로 채택하고 그러한 실천을 할 계획이었다면 최고위원회, 중앙위원회, 대의원대회에서 그러한 논의가 있었어야 하고 실제로 무장투쟁을 준비하였어야 한다. 그

---

176 제17차 변론조서 중 증인 권영길에 대한 증인신문조서.
177 이 사건 결정 87면.

러나 그러한 논의를 하였다는 근거는 전혀 없고 실제 무장투쟁을 준비한 흔적도 없다. 이 점에 대해서 소수의견은 피청구인의 저항권 관련 주장에 대해 부당한 국가 공권력 행사에 대한 항의와 투쟁을 강조하고, 그것이 상황에 따라서는 저항권 행사로 이어질 수 있다는 점을 지적하고 강조한 것으로 이해한다.

> "이는 모든 대중투쟁을 저항권, 혁명권으로 발전시켜야 한다고 주장하는 것이 아니며, 더구나 폭력의 행사가 언제나 정당화될 수 있다고 보는 입장도 아니다."[178]

> "이는 저항권 행사가 곧 폭력 행사라거나, 폭력이 필연적으로 수반되어야 한다는 주장과는 거리가 있는 것이다. 따라서 위와 같은 민주노동당의 주장을, 헌정질서 폐지 내지 전복을 위하여 저항권 행사가 이루어질 수 있도록 대중투쟁, 전민항쟁을 전개하여야 한다거나 폭력을 선동하는 의미라고 보는 것은 해석의 한계를 넘은 것이라 생각된다."[179]

3) 다수의견은 피청구인 주도세력의 저항권에 의한 집권 주장을 "헌법상 인정될 수 있는 이른바 저항권적 상황에서 … 민주적 기본질서를 회복하고 그 이후에 민주적인 방법에 의한 집권을 하겠다는 취지로 해석할 여지가 없지 않다."라는 판단이 가능함에도[180] 이러한 해

---

178 이 사건 결정 239면.
179 이 사건 결정 240면.
180 이 사건 결정 85면.

석을 배제하고 폭력적 저항, 즉 전민항쟁의 의미로만 해석했다. 이런
태도는 정당해산 요건으로 제시되는 위험의 명백성이라는 원칙을 정
면으로 부정하는 셈이 된다. 위험의 발생 가능성이 그리 높지 않으며
위험 자체가 존재하는지조차도 불명확함을 스스로 인정함에도 불구
하고, 비폭력의 가능성을 애써 부정하고 오직 폭력의 가능성만을 판
단의 준거로 삼았기 때문이다.[181]

5. 민중주권

가. 국민주권주의 위배 여부
– 민중주권은 국민주권 부정하지 않아

1) 민주노동당과 피청구인은 지금의 정치제도는 국민의 다수인 일
하는 사람들, 서민들의 의사가 제대로 반영되지 못하고 있다는 문제
의식하에 국민의 다수인 노동자, 농민, 영세상공인 등 서민의 의사를
제대로 반영하는 정치제도를 만들겠다는 취지로 민중주권을 주장했
다. 이는 피청구인이 당헌 전문에서 "노동자 · 농민을 비롯해 모든
국민들이 적극적으로 참여하는 대중정당"이며 "국민이 주인 되는
진보적 민주주의 사회를 건설하기 위한 강령과 정책을 가진 정책정
당"이라고 천명한 이상 당연히 추구할 수 있는 목표이다.

---

181 한상희, 앞의 글, 43면.

2) 그런데 다수의견은 "피청구인 주도세력이 추구하는 정권은 자주적 민주정권이고, 그 성격은 민중주권이 구현된 민중정권이며, 진보적 민주주의는 민중에게 주권이 있는 민중주체의 민주주의, 즉 민중주권론에 기초한 민중민주주의"라고 하면서[182] 국민주권원리에 반한다고 판단했다.

> "피청구인 주도세력은 모든 국민에게 주권이 있다는 국민주권원리와는 달리, 한 사회의 구성원을 특권적 지배계급과 계급적 개념인 민중으로 구분한 다음, … 주권자의 범위를 민중에 한정하고 민중에 대비되는 일부 특정 집단에 대해 적대적인 관계로 설정하고 있으므로, 피청구인 주도세력이 내세우는 민중주권주의는 일반적 의미로서의 국민을 주권자로 보는 국민주권주의와 다르다."[183]

그러나 피청구인은 민중주권의 내용으로 특정 계급·계층의 주권이나 재산권 등 기본권의 박탈을 주장한 바가 전혀 없다.[184] 이에 대해서는 소수의견도 정확하게 지적하였다.

---

182 이 사건 결정 67면.
183 이 사건 강령 69면.
184 송기춘 교수는 참고인으로 출석하여 민중주권을 주장한다고 해서 민중 아닌 계층의 주권을 부정하는 것이 아님을 다음과 같이 설명했다. "민중주권이라는 용어를 진보당에서 쓰고 있습니다만 이에 대해서는 사실 명확한 규정이 없습니다. 결국, 이 내용은 당헌, 당규 이런 활동에서 그것이 어떻게 나타나느냐의 문제를 가지고 판단해야 됩니다. 그 실질적인 내용은 노동자, 농민, 중소상공인 또는 일하는 사람이 주인 되는, 그래서 주인 된다는 말을 가지고, 이것이 다른 어떤 존재를 종으로 한다거나 배제한다거나 이런 의미로 읽어내려고 합니다만, 주인이라는 말이 이를테면 학교의 학생이 주인이다, 그러면 교수를 배제하는 그런 의미는 결코 아닙니다. 이것을 자꾸만 어떤 말꼬리를 잡듯이 하면서 민중 이외의 다른 존재들을 어떠한 국가운영의 주체에서 배제하려는 그런 의미로 읽어내려는 것은 지나치게 의도가 개입된 것이 아니고는 나올 수가 없는 태도가 아닌가 생각합니다." 제2차 변론조서 중 참고인 송기춘에 대한 진술 및 신문조서.

"민중주권에 관한 피청구인의 주장은, 사회적 갈등을 해소하는 과정에서 부당한 특권을 행사하는 몇몇 사람이 아니라, 대다수 국민들의 입장에 서서 그들이 실질적으로 주권적 권리를 행사하여 국가의 의사결정, 국가권력의 창설 및 통제에 참여할 수 있도록 하여야 한다는 의미라고 보는 것이 합리적이다. 피청구인은 '민중의 주권과 소수 지배세력들의 정치경제적 특권은 공존할 수 없다.'고 보고 있으나, 피청구인이 '적대적으로 대립' 된다고 본 것은 민중의 '주권' 과 소수의 '정치경제적 특권' 이다." [185]

"피청구인이 주장하는 민중주권은, 주권의 주체로서의 추상적 국민의 범위에서 '특권적 지배계급' 또는 '소수 지배세력' 을 배제하는 것이 아니고, 그동안 정치 · 경제적 권력으로부터 소외된 계급 · 계층의 주권적 권리를 실질적으로 보장하겠다는 취지이다." [186]

"정당이나 정치인들은 국민 다수의 지지를 얻어 정권을 획득하는 것, 선거에서 당선되는 것을 목적으로 한다. 그에 따라 다소 감정적이거나 공격적, 선동적인 표현을 사용하는 경향이 있으며, 자신의 지지 계층과 그 밖의 계층과의 대립구도를 인정 내지 형성하는 것도 흔히 발견할 수 있는 현상이다. 피청구인의 주장 가운데 다소 과격하고 투쟁적인 언사들은 이런 관점에서 이해될 수 있다." [187]

3) 피청구인이 주장하는 민중주권은 국민주권을 부정하는 개념이

---

185 이 사건 결정 207면.
186 이 사건 결정 208면.
187 이 사건 결정 213면.

라거나 사회주의국가의 인민주권이 아니라 실질적 국민주권을 강조하는 것이다. 이는 피청구인의 강령 자체에서도 명백하다. 피청구인 강령 제3조는 대선 결선투표제와 독일식 정당명부 비례대표제 도입의 추진, 예산과 정책 결정 등에 대한 시민의 참여와 감시 제도화와 이들을 통한 직접민주주의의 확대를 규정하고 있다. 직접민주주의의 확대를 통하여 헌재 결정에서 말한 "국민이 실제에 있어서 현실적으로 국가의 최고의사를 결정함으로써 실질적으로 주인 역할"을 할 수 있기 때문이다.[188]

또한 피청구인 강령은 제1조에서 "입법 · 사법 · 행정의 삼권분립 구조를 확립"한다고 선언하여 권력분립의 원리를 적극적으로 수용하고 있는바, 피청구인이 추구하는 민중주권은 사회주의국가의 인민주권과 같은 것이 아니다. 사회주의 국가의 인민주권에서는 인민의 의사는 단일불가분이므로 권력분립이란 있을 수 없으며, 소비에트와 같은 통합적 국가기구 구성을 주장하기 때문이다. 민주노동당과 피청구인은 민중주권을 실현한 예로 베네수엘라나 브라질 등을 모델로 삼았는바, 이들에 비추어 보아도 민중주권이 특권계층의 주권제한과 필연적인 관계가 있는 것이 아님을 알 수 있다.

"피청구인이 이야기하는 '민중주권'은 피청구인의 계급 · 계층적

---

[188] 헌재 1989. 9. 8. 선고 88헌가6 결정. "지금까지 우리나라의 헌법체제하에서의 국민주권론은 실질적인 국민주권론이 되지 못하고 형식적인 국민주권론을 합리화하는데 공헌하였으며, 국민대표론은 민의를 실제로 반영하는 현대적 대표론이 되지 못하고 민의와 동떨어진 권력의 자의적, 독단적 행사만을 합리화하는 전근대적 대표론에 머무르고 있는 점이 적지 않았다."

기초에 해당하는 민중의 이익을 대변하고, 현재의 정치체제 · 제도의 개혁을 이루겠다는 의미로 이해되고, 이는 국민주권의 원리를 부인 하는 것이 아니다. 피청구인의 자유민주주의와 국민주권에 대한 비 판은, 헌법상 주권재민의 원리를 실질화하는 데 실패하고 소수가 특 권을 누릴 수 있도록 하는 자유방임적 정치 · 경제현상에 대한 것이 며, 이를 들어 피청구인이 기본적 인권이나 민주주의의 원리를 배격 하고 있다고 볼 수는 없다."[189]

나. 민중주권과 북한 혁명노선과의 관계
– 민중주권과 인민주권의 차이

1) 다수의견은 피청구인의 민중주권주의를 혁명론, 특히 북한의 민족해방민중(인민)민주주의혁명론의 관점에서 이해한다.

"피청구인 주도세력은 자본가계급 또는 특권적 지배계급이 실질적 으로 주권을 가지는 자유민주주의 체제의 불평등 구조를 타파하고 민 중이 주권을 가지는 민중민주주의 사회로의 전환을 단순한 양적 변화 가 아닌 '변혁 또는 혁명'으로 이해하고 있다. 피청구인 주도세력이 진보적 민주주의에서 민주주의의 실현보다 자주, 즉 민족해방문제를 선결해야 할 강령적 과제로 설정하고 있으므로 그 '민중민주주의변 혁' 또는 '민중민주주의혁명'은 이른바 '민족해방민중민주주의변 혁' 또는 '민족해방민중민주주의혁명'이라 할 수도 있다."[190]

---

189 이 사건 결정 215면.
190 이 사건 결정 73~74면.

보충의견은 더 나아가 민중주권을 프롤레타리아 계급독재를 의미하는 것으로 보았다.

> "피청구인 주도세력이 주장하는 진보적 민주주의 체제는 민중정권으로서 주권 내지 국가권력이 민중에게 있다는 것을 의미하고, 국가는 민중에 적대적인 계급(즉, 자본가 계급 내지 특권적 지배계급)을 억압하기 위한 수단이 될 수 있다는 것이다."[191]

> "국민을 변혁의 주체와 변혁의 대상으로 구분하고 소수 특권계급의 특권을 타파하여 민중 또는 국민의 주권을 실질화한다는 의미는, 인민민주주의국가에서 인민민주주의혁명(또는 프롤레타리아혁명)과 인민민주주의독재(또는 프롤레타리아독재)를 통해 인민(또는 프롤레타리아)의 주권을 확립한다는 의미로 보일 뿐이고, 우리 헌법상의 국민주권주의와는 다르다."[192]

> "피청구인 주도세력이 주장하는 진보적 민주주의 체제는 프롤레타리아독재의 범주에 해당하는 계급독재 또는 '민중독재'가 실현된 사회를 의미한다."[193]

2) 그러나 민주노동당과 피청구인의 민중주권은 북한의 대남혁명전략과는 무관하다. 소수의견이 지적한 바와 같이 북한 헌법은 조선노동당 일당독재와 '내외 적대 분자'에 대한 배제를 명시하고 있으

---

191 이 사건 결정 333~334면.
192 이 사건 강령 330~331면.
193 이 사건 결정 334면.

므로, 소수 특권지배계급의 '특권'만을 배제하는 피청구인의 민중주권론과는 구별된다.

> "피청구인은 피청구인이 추구하는 정치노선이나 이념의 절대성을 인정하는 기초에서 특정계급을 대표하는 정당만이 존재하여야 한다거나, 그러한 정당의 독재를 실현시켜야 한다고 주장한 바 없다. 또한 북한 헌법이 주권적 권리의 행사를 대표기관을 통하여 하도록 규정한 것과 달리, 피청구인이 주장하는 민중주권은 '직접민주주의'적 요소의 강화를 통하여 실현된다는 점에서도 양자는 서로 다르다."[194]

6. 연방제 통일방안
– 특정한 통일방안이 민주적 기본질서에 포함되지 않는다

1) 민주노동당은 창당 시에는 6 · 15 공동선언의 정신을 반영하여 강령에 "최소한 국가연합이나 연방제 방식의 통일이라도 이루어 국제적으로 우리의 민족통일을 기정사실화할 것"을 명시하였고, 2011년 6월 강령에는 연방제 통일을 명시하였다. 현재 피청구인은 연방제를 강령에 명시하지 않았지만, 2012년 대선에서 '코리아연방공화국 1단계 실현'을 공약으로 발표하였다.

---

194 이 사건 결정 215면.

2) 다수의견은 피청구인 주도세력은 통일방안을 우리 사회 변혁을 위한 수단으로 보고 있고,[195] 피청구인 주도세력이 낮은 단계 연방제 통일 이후 추진할 통일국가의 모습은 과도기 단계인 진보적 민주주의 체제를 거친 사회주의 체제로 보인다고 인정했다.[196] 보충의견은 피청구인 주도세력이 소위 낮은 단계 연방제 통일방안을 채택한 이유로 제시한 내용은 설득력 있는 근거가 되지 못한다면서 "피청구인 주도세력이 1민족 1국가 2체제 2정부의 연방제 통일방안을 주장하는 이유는 북한과 같이 자유민주주의 체제의 변혁과 진보적 민주주의 체제 및 사회주의 체제(북한식 사회주의 체제)를 추구하기 위한 전략으로 인식하고 있기 때문인 것으로 보인다."라고 단정 지었다.[197]

그러나 소수의견이 지적한 바와 같이 우리 헌법은 평화통일의 기본원칙을 규정하고 있는 외에 통일 실현의 구체적인 방안이나 과정, 통일 이후 대한민국의 정부형태·조직 등에 관하여 특정하고 있지 아니하므로 그에 관한 논의는 원칙적으로 표현의 자유, 학문의 자유 등 여러 기본권에 의하여 보장되고, 또한 국민의 정치적 의사형성에의 참여를 목적으로 하는 정당의 정당활동 자유에 속한다. 통일의 구체적 방안이나 통일 이후의 정부 조직 형태 등은 그 내용이 확정된 것이 아니고, 특정한 방식의 통일정책이 민주적 기본질서에 포함되어 있는 것은 아니다.[198] 따라서 연방제 통일방안을 주장한다고 해서 민주적 기본질서를 위배하는 것으로 평가할 수는 없다.

---

195 이 사건 결정 79면.
196 이 사건 결정 80면.
197 이 사건 결정 341면.
198 이 사건 결정 218면.

피청구인의 통일방안은 궁극적인 통일국가의 상을 명확히 하지 않고 있는데, 청구인 측은 이러한 피청구인의 통일방안은 사회주의 체제에 의한 통일도 용인하는 것이므로 문제가 있다는 취지로 주장했었다. 그런데 다수의견은 여기서 더 나아가 피청구인의 통일방안이 추진하는 통일국가의 모습은 진보적 민주주의 체제를 거친 사회주의 체제라고 인정한 것이다.

피청구인의 코리아연방제는 남과 북의 정상이 상호 체제를 인정하는 방향에서 통일을 지향시켜 나가기로 한 6·15 공동선언은 존중되어야 한다는 점에서 통일 후의 국가상에 대해 언급하지 않았다. 민족공동체 통일방안의 경우도 "민족구성원 모두가 주인이 되며, 민족구성원 개개인의 자유와 복지, 인간존엄성이 보장되는 선진민주국가"를 통일국가의 미래상으로 제시하고 있어서 해석상 자유민주주의 체제로의 통일을 추구한다는 것이지 통일 방안 자체에 명시적으로 '자유민주주의 체제로 통일국가 완성', 또는 '북한식 사회주의 포기'라는 표현을 사용하지 않았다. 이는 미래에 일어날 통일이라는 것을 준비하는 통일방안이라는 특성, 북한이라는 상대방이 존재한다는 점에 기인하는 것으로 어떤 면에서 보면 본질상 당연한 것이다.

사정이 위와 같음에도 다수의견은 피청구인 주도세력의 통일국가의 모습을 사회주의 체제로 단정했는 바, 이는 근거 없는 억측에 불과하다. 이 점에 대해서는 소수의견도 "피청구인이 종국적으로 추구하는 통일국가의 상은 코리아연방제 통일안에 나타나 있지 아니하다."거나 "피청구인의 통일방안으로부터 직접 궁극적인 통일국가의 상을 도출하기는 어렵다."라고 인정했다.[199]

3) 다수의견은 피청구인 주도세력이 과도적 체제로서 '1민족 1국가 2체제 2정부'의 연방제 통일방안을 제시하고, 종국적인 체제 통일을 위한 전제로 민중민주주의가 구현된 자주적 민주정부가 수립될 것을 주장하며, 종국적으로 사회주의 국가로 수렴될 것이라고 주장하는 점이 북한의 통일방안과 같거나 매우 유사하다고 판단하였다.[200]

피청구인은 3단계를 거쳐 코리아연방공화국을 건설할 것을 주장하는데, 이에 의하면 1단계로 남북이 각각 외교권과 국방권을 행사하는 가운데 코리아위원회를 구성하고, 2단계로 통일헌법 마련 등의 과정을 거쳐, 3단계로 남북한 총투표로 통일헌법을 제정하고 연방정부를 구성하게 된다. '남북한 총투표 실시'는 북한의 연방제 통일방안에는 없는 내용으로 북한의 통일방안과 피청구인의 통일방안에 근본적인 차이가 있음을 보여준다.

북한의 낮은 단계의 연방제, 남한의 민족공동체 통일방안, 피청구인의 코리아연방공화국 안은 중간단계까지는 큰 차이를 보이지 않고 있다. 가장 중요한 통일을 완성하는 단계에서 피청구인의 코리아연방공화국 안은 민족공동체 통일방안과 비교해서 자유민주주의에 입각한 통일을 이루어낼 가능성이 더 높다고 평가할 수도 있다. 민족공동체 통일방안에 의하면, 남북 동수의 남북평의회에서 통일헌법을 기초하기 때문에 북한의 사회주의를 포기하는 방향으로 헌법을 제정하기가 매우 어렵다. 반면, 코리아연방공화국 안에 의하면, 북한의 사

---

199 이 사건 결정 223면.
200 이 사건 결정 100면.

회주의를 포기하는 방향의 헌법을 제정하여 북한이 반대하더라도 총투표(현재 남한국민 약 5,000만 명, 북한주민 약 2,500만 명)에 의하여 북한의 사회주의를 포기하는 방향으로 통일헌법을 제정할 수 있기 때문이다. 사회주의와 자유민주주의의 체제 경쟁은 이미 끝나 있는 상태라는 점, 남한의 경제력이 북한의 경제력을 월등히 앞서고 있고, 수많은 탈북자들이 계속해서 양산되고 있는 점 등을 고려하면, 총투표에 의하여 자유민주주의 체제로의 통일이 이루어질 것이라는 점은 의문의 여지가 없다.

이에 대해 보충의견은 피청구인 주도세력이 주장하는 남북 총투표는 변혁의 대상인 수구보수세력 등이 배제된 민중만이 주권자로서 참여하는 투표를 의미할 뿐이며, 통일국가를 형성하고 완성해 나갈 정권은 진보적 민주주의 사회를 실현하는 자주적 민주정부이므로 남북총투표로 통일헌법을 제정하고 연방정부를 구성한다고 하더라도 이는 우리 국민 전체의 의사가 제대로, 또 정의롭게 반영된 국민투표라고 할 수 없다고 한다.[201] 그러나 피청구인은 민중을 제외한 계층의 기본권이나 투표권을 제한하는 내용의 강령이나 방침을 채택한 바가 없고, 그와 같은 주장을 한 바도 없다. 남북주민이 모두 참가하여 1인 1표를 행사하는 총투표로 통일헌법을 제정하는 것이 왜 국민 전체의 의사를 반영하는 국민투표라고 할 수 없다는 것인지 이해할 수 없다. 극도의 패배주의적 억측에 불과하다.

한편, 피청구인의 통일방안을 북한의 통일방안과 동일 내지 유사

---

201 이 사건 결정 336~337면.

한 것으로 보는 것의 문제점에 대해서는 소수의견도 명확히 지적하였다.

> "북한의 통일방안과 유사하다는 혐의를 받고 있는 피청구인의 연방제 통일방안의 주된 취지는 남과 북이 대등하고 평화적으로 공존할 수 있는 방식이어야 한다는 점에 있다. 이는 노태우 정부 이후 여러 정부에서 통일을 위한 해법으로 제시하는 바와 본질적으로 다르지 않으며, 현재에도 우리 사회의 여러 정당들과 전문가들에 의해 수용되고 있는 방안이다." [202]

4) 피청구인의 연방제 통일방안을 북한식 사회주의를 추구하는 것으로 보는 다수의견의 태도는 정상적인 인식으로 보기 어렵다. 북한의 낮은 단계 연방제는 북한의 통일전선전략의 일환으로서 '합작을 통해 남한을 적화하겠다.'는 의지를 감추고 있다고 경계하는 사람들에 대해, 어느 보수적인 학자는 "이는 정치적 목적을 감춘 발언이거나 아니면 피해의식의 발로라고 판단된다."며 "통일전선전략은 발의자가 이념적 설득력이나 정치·경제·군사·문화적 우위를 확보하고 있을 때에만 의미가 있는 것이다. 북한체제의 이념에 매력을 느끼는 남한 시민은 얼마나 될까? 열 배 이상 차이 나는 총생산, 그리고 서해교전으로 드러난 군사력 차이는 양자 간의 능력 차를 압축적으로 보여주고 있다."고 지적한 바 있다. 다수의견이 연방제 통일방안에 대해 보이고 있는 태도는 바로 위 교수가 말한 '정치적 목적을 감

---

202 이 사건 결정 282면.

추고 있거나' '피해의식의 발로'라는 지적에 딱 들어맞는다. 나아가 위 교수는 "만약 남한이 연방제를 제의하면 북한은 어떻게 대응할 것인가? 아마도 '연방제는 농담이었다.'고 하지 않을까?"라고 의문을 제기한다.[203] 통일방안 및 북한과의 관계에서 대한민국이 피해의식에서 벗어나 자신감을 가질 때가 되었다.

7. 북한에 대한 태도 등

가. 다수의견의 논지
– 일관되게 북한 입장을 지지

다수의견은 피청구인 주도세력이 일차적으로 폭력에 의한 진보적 민주주의를 실현하고 최종적으로 북한식 사회주의를 실현하는 것을 진정한 목적과 활동으로 하고 있다는 점을 인정할 근거로 여러 사실을 나열하면서 그러한 요소로서 다음 사항을 지적하고 있다.

"피청구인 주도세력은 북한의 핵실험, 대남 무력도발 등 북한 문제와 관련하여 일관되게 북한의 입장을 지지하고 북한을 비난하는 데 반대하였다."[204]

---

203 박건영, '6·15 남북공동선언 제2항: 의미와 실천방안', 제2회 북한포럼(동국대학교북한학연구소), 2000. 11. 21., 7면.
204 이 사건 결정 49면.

"북한 인권문제와 3대 세습 문제에 대해서도, 피청구인 주도세력은 이를 북한의 입장에서 이해해야 하고 이를 비난하여서는 안 된다고 한다."[205]

"피청구인 주도세력은 민중민주주의변혁론에 따라 혁명을 추구하면서, 대중투쟁의 일환으로 외부단체와 연계하여 한미FTA 무효화, 제주 해군기지 전면 재검토, 국가보안법 폐지 등 각종 사회적 이슈에 참가하여 왔다. 북한의 핵실험, 북한 인권문제와 3대 세습 문제에 대해서도 피청구인 주도세력은 일관되게 북한의 입장을 옹호하고, 북한에게 책임 있음이 명백한 장거리 미사일 발사, 천안함 사건, 연평도 포격 등에 관해서도 오히려 그 책임을 대한민국 정부에 돌리고 있다."[206]

나. 대중투쟁의 일환으로 사회적 이슈에 참가
– 북한의 주장과 일치하는 투쟁하면 북한 추종인가?

1) 청구인 측은 휴전협정의 평화협정으로의 대체, 주한미군 철수, 국가보안법 폐지 주장 자체를 민주적 기본질서에 위배되는 것으로 주장했다. 그러나 다수의견은 휴전협정의 평화협정으로의 대체,[207]

---

205 이 사건 결정 51면.
206 이 사건 결정 130면.
207 휴전협정의 평화협정으로의 대체는 한국전쟁 종전 이후 진보적 지식인, 진보단체, 정당 등이 북한의 주장과 무관하게 꾸준히 요구해온 사항이다. 1971년 당시 김대중 대통령 후보는 '평화공존–평화교류–평화통일'의 '3단계 통일론'을 주장하고 특히 평화공존 단계에서 미 · 중 · 소 · 일 등 4개국의 '부전(不戰)협정'과 '남북평화협정' 및 이들 6개국의 관계 정상화를 제시하였는데, 이와 비슷한 사례가 같은 분단국인 독일에서 1990년 영국, 프랑스, 미

주한미군 철수[208]에 대해서는 특별히 민주적 기본질서에 위배된다고 명시적으로 판단하지 않았다. 다만 주한미군 철수가 북한의 주장과 일치한다고 지적하였을 뿐이다.[209] 이러한 사항마저 민주적 기본질서에 위배되는 것으로 인정할 경우 대한민국의 자주성을 근본부터 부정하게 되는 것을 우려했기 때문으로 보인다.

한미관계의 자주적이고 대등한 관계 주장의 정당성에 대해서는 소수의견도 정확하게 지적했다.

"한반도 평화와 안전을 위한 한미동맹이 역사적 신뢰를 바탕으로 발전해 나가기 위해서는 상호 수평적인 동반자 지위에 기초한 호혜적 관계 확립이 무엇보다 중요하다. 특히 군사적 동맹의 형성과 유지, 외

국, 소련 4개국과 동·서 독일이 참여하여 체결한 '2+4 조약'이다. 1990년 창당한 민중당 및 민주노동당의 창당강령에도 이와 같은 주장이 명시되어 있고, 피청구인은 민중당과 민주노동당 창당강령을 계승하였다. 피청구인과 그 전신인 민주노동당은 평화협정의 주체로 남북한과 미국을 인정하고 있는바, 평화협정 체결의 주체는 정전협정 조인 당사자인 미국과 북한, 중국 외에 남한은 들어올 수 없다고 했던 북한의 주장과도 달라, 북한의 주장에 동조하는 것이라 볼 수 없다. 정전협정의 정식 명칭은 '국제연합군 총사령관을 일방으로 하고, 조선민주주의인민공화국 최고사령관 및 중공인민지원군 사령원을 다른 일방으로 하는 한국 군사정전에 관한 협정'이다. 정전협정이 체결된 지 60년이 되도록 이 협정 체제가 계속 유지되고 있는데, 정전협정이 이토록 오랫동안 지속되고 있는 경우는 한반도가 유일하다. 정전협정 상태는 '전쟁이 종료'된 것이 아니라 '일시 정지'된 것이므로 정전협정을 평화협정으로 대체하여 전쟁을 종료시킬 필요성이 있음은 누구도 부인할 수 없다. 한반도가 전쟁의 위협에서 벗어나기 위해서는 정전협정을 평화협정으로 변경해야 한다는 정책은 헌법의 평화통일원칙에도 부합한다.

208 주한미군 철수 문제는 1980년대부터 재야 민주화 세력이나 민중당 등이 주장해오던 것이다. 피청구인은 무조건적으로 주한미군의 철수를 주장하는 것이 아니라, "휴전협정을 평화협정으로 대체하는 등 한반도·동북아의 비핵·평화체제를 조기에 구축한다. 이와 연동해 주한미군을 철수시키고 종속적 한미동맹체제를 해체하여 동북아 다자평화협력체제로 전환한다."(강령)는 것이다. 따라서 피청구인이 주장하는 주한미군 철수는 북한이 주장하는 '즉각적이고 조건 없는 주한미군 철수'와는 다른 내용이며, 민중당이 주장한 주한미군 철수보다도 완화된 것이다.

209 이 사건 결정 97면.

국군대의 국내 주둔에 관한 문제는 대한민국의 안전 보장을 위한 현실적 필요성이나 평등한 국제공조 등의 관점에서 충분한 검토가 필요한 부분이고, 다른 정치적. 외교적 의사결정과 마찬가지로 다양한 관점의 의견 제시와 공론을 거친 국민적 합의의 과정을 거쳐야 한다. '대한민국과 아메리카 합중국 간의 상호방위 조약 제4조에 의한 시설과 구역 및 대한민국에서의 합중국 군대의 지위에 관한 협정'(SOFA)의 불평등성이나 전시작전권의 소재에 관한 종속성 등을 지적하는 피청구인의 문제 제기(강령, 「제18대 대선 정책공약 해설집」)는 우리 사회에서 이미 오랜 기간에 걸쳐 축적된 논의의 한 단면이며, 그것이 무조건적인 반미(反美) 지향이나 국가 안보를 저해하기 위한 것으로만 해석될 것은 아니다."[210]

2) 국가보안법 폐지[211]에 대해서 다수의견은 그 주장 자체가 민주적 기본질서에 위배된다고 곧바로 인정하지 않고 북한의 주장과 일

---

210 이 사건 결정 220면.
211 국가보안법 폐지 주장은 김병로 초대 대법원장도 주장한 바 있고, 입법과 동시에 폐지되어야 한다는 주장이 있었으며, 이후 60년 동안 그 문제점과 폐해가 지적되어 학계, 정부, 여러 정당 등에서도 제기되었다. 이재오 전 한나라당 최고위원은 2009. 7. 13. 「조선일보」와 가진 인터뷰 등에서 여러 차례 국가보안법 폐지 의견을 내기도 하였고, 원희룡 현 제주지사도 인터뷰를 통해 국가보안법 제2조를 개정해야 한다고 주장한 바 있다. 피청구인이 국가보안법 폐지를 강령으로 채택하여 지속적으로 주장한 것은 북한 주장을 추종하는 것이 아니라 우리 사회 일각의 목소리를 대변한 것이다. 국가보안법이 국민의 기본권인 표현의 자유, 사상의 자유, 학문의 자유, 집회 및 결사의 자유를 과도하게 제약하기 때문에 폐지되어야 한다는 것이다. 유엔 자유권위원회에서도 수차에 걸쳐 '국가보안법 폐지'를 권고하였고, 국제 앰네스티 보고서 역시 국가보안법의 폐해를 매년 지적하였으며, 미국 국무부의 '인권보고서' 역시 폐지를 권고한 바 있다. 참여정부 시절인 제17대 국회에서는 2004. 10. 20. 여당 의원 151명, 민주노동당 의원 10명이 각각 국가보안법 폐지 법률안을 발의하여 국회의원 과반수가 국가보안법폐지안을 국회에 상정까지 한 적이 있다. 결국, 국가보안법 폐지 문제는 헌법사항도 아닐 뿐만 아니라, 민주적 기본질서의 핵심내용도 아닌바, 이를 주장하였다고 하여 민주적 기본질서를 위배하였다고 할 수 없다.

치한다는 측면에서 언급하였고,[212] 또한 대중투쟁의 일환으로 사회적 이슈에 참가한 것의 한 예로 들었을 뿐이다. 국가보안법 폐지 주장에 대해서 소수의견은 "국가보안법은 반민주 악법이므로 전면 폐지해야 한다는 피청구인의 주장은 우리 사회에서 이미 충분히 논의되어 온 정치적·사회적 현안에 대한 하나의 입장을 지지하는 것에 불과하다."라고 평가했다.[213]

3) 다수의견은 대중투쟁의 일환으로 외부단체와 연계하여 한미 FTA 무효화, 제주해군기지 전면 재검토, 국가보안법 폐지 등 각종 사회적 이슈에 참가하여 온 것을 북한식 사회주의 실현을 추구하고 있다는 근거로 제시하였으나, 위와 같은 대중투쟁이 북한과의 직접적인 연계 하에 진행되었다는 근거는 전혀 없다. 청구인 측은 위 사건들에 대해 언급한 북한 지령을 제시하였으나, 그러한 지령이 있었는지 자체가 불분명하고, 그러한 지령이 있었다고 하더라도 그 지령을 내린 시기가 위와 같은 사태가 진행된 이후여서 뒷북을 치는 형국을 벗어나지 못했다. 위와 같은 대중투쟁들은 우리 사회 시민들의 자발적인 문제 제기에 의해 유발되었고, 민주노동당이나 피청구인은 진보정당으로서 대중들의 투쟁에 참여한 것에 불과하였다.

따라서 이러한 대중투쟁에 참여했다는 것을 북한식 사회주의를 추구하는 것의 근거로 삼는 것은 부당할 뿐만 아니라 우리 사회에서의 모든 시민들의 정부 비판활동 내지 대중투쟁을 북한을 추종하는

---

212 이 사건 결정 97면.
213 이 사건 결정 224면.

것으로 매도하고 이를 빌미로 탄압하는 것을 정당화하는 논리에 불과하다.

다. 북한 핵실험, 주민인권, 3대 세습, 연평도 포격, 천안함 사건 등에 대한 태도

– 한반도 비핵화를 일관되게 지지

1) 북한의 핵실험에 대한 태도

다수의견은 피청구인 소속 일부 인사들의 '북핵은 미국의 압박에 대한 자위적 수단'이라는 취지의 발언을 문제 삼았다.[214] 그러나 피청구인과 민주노동당은 창당 이래 북한의 핵 보유를 옹호한 바 없으며, 한반도 비핵화를 일관되게 지지하였다. 이는 피청구인의 강령, 대선공약, 당원 교양자료, 강령해설 자료집 등의 기재 및 증인 박경순의 진술에 의해서도 확인되었다. 이에 대해서는 소수의견도 인정하였다.

"한반도 비핵화를 평화협정 체결의 조건으로 보지 않고 동시 이행할 수 있다고 보는 견해가 한반도 비핵화의 당위성을 부인하고, 나아가 북한의 핵 보유를 적극적으로 옹호하거나 북한의 전쟁 위협을 용인하는 입장에서만 주장될 수 있는 것이라고 볼 근거는 없다. 이는 평화체제 구축의 방법론이나 정책의 문제이며, 정당의 자유와 책임에 속하는 것이므로 공개적인 논의의 장에서의 토론과 협의, 궁극적으

---

214 이 사건 결정 49~50면.

로는 국민의 선택을 거쳐 결정되고 실현되어야 하는 사항이라 할 것이다."[215]

2006년 북한 핵실험과 관련하여 당내 구성원 사이에 견해 차이가 발생하였으나, 북한 핵실험에 대하여 신중한 태도를 견지하였던 사람들 또한 이 문제가 대화와 협상을 통하여 해결하여야 한다는 점에서는 결론을 함께하였다. 북한 핵실험이 '자위성'의 측면이 있다는 점에 대해서는 피청구인 내 일부 인사들만이 아니라 임동원, 정세현, 이종석, 도널드 그레그 등 북한 핵 문제 전문가들도 인정했다. 이에 대해서는 소수의견도 같은 평가를 하였다.

"민주노동당 내외의 다른 정치세력들이 핵실험과 관련하여 북한에 대한 강력한 비판이나 문제 제기를 하였던 것과 달리 자주파 내에서는 북한 핵 보유를 자위권적 측면에서 파악하고, 미국의 북한에 대한 위협의 측면에 초점을 둔다거나, 단순 유감 표명에 그치는 등 소극적으로 대응하는 경향이 있었던 점은 인정된다. 그러나 그것이 곧 북한의 핵 보유의 당위성을 두둔하고, 북한의 핵 위협을 옹호한다거나 한반도 비핵화에 반대하는 등 무조건적인 북한 추종성을 드러낸다고 보기는 어렵다. 북한의 핵 보유를 반대하고, 핵 폐기를 요구하는 입장에서도 북한이 핵 개발에 이르게 된 이유를 자위권 행사(미국의 북한에 대한 위협)의 측면에서 분석하는 것은 불가능하지 않다."[216]

---

215 이 사건 결정 219~220면.

2) 3대 세습 문제

다수의견은 북한의 3대 세습 문제에 대해 피청구인 주도세력은 이를 북한의 입장에서 이해해야 하고 이를 비난하여서는 안 된다고 하였다면서 이정희 대표의 발언을 인용하였다.

"이정희(당 대표)는 '북의 권력구조 문제를 언급하기 시작하면 남북 관계가 급격히 악화된다. 정치권과 언론은 북의 지도자에 대해 함구해야 한다.'는 취지로 이야기하였다."[217]

다수의견은 이정희 대표가 언제 어디에서 위와 같은 발언을 한 것인지 출처를 밝히지 않았다. 추정컨대 이 발언은 '진보임을 인정받기 위해 한마디만 해 보라고? ─「경향신문」 9월 31일 자 사설에 대해'라는 제목의 2010년 10월 8일 자 이정희 대표의 블로그 글로 보인다. 그러나 이정희 대표가 위 글에서 3대 세습에 대해 긍정적으로 평가한 바는 전혀 없다. 북한의 3대 세습 문제와 관련한 민주노동당과 피청구인의 입장은 3대 세습은 국가 내부적인 문제이고 3대 세습에 대한 입장 발표를 유보하겠다는 것이지, 3대 세습에 동조한다는 것이 아니다. 이는 현 정부 역시 북한의 현실적인 권력체제 정점에 조선노동당 제1비서이자 국방위원회 제1위원장인 김정은이 있다는 점을 부인하지 않는 것과 마찬가지다.

---

216 이 사건 결정 250~251면.
217 이 사건 결정 52면.

3) 북한 주민 인권 문제

다수의견은 북한 주민 인권문제에 대해 피청구인 주도세력은 이를 북한의 입장에서 이해해야 하고, 이를 비난하여서는 안 된다고 한다면서 이정희 대표의 발언을 적시했다.

"이정희(당 대표)는 2010. 2. 27. 북한인권법 발의에 관하여 '인권을 국제사회에서 북한을 망신 주는 수단으로 사용하자는 것'이라고, 2010. 8. 4. KBS 라디오 인터뷰에서 '북에 대해서 인권문제에서 정확하게 확인된 사실이 있다면 얼마든지 그 문제에 관해서 논평하고 또 말씀드리고 비판할 생각도 있습니다. 사실로 확인된다면 얼마든지 그 문제에 대해서 이야기를 하는 것이 맞다.'고 발언함으로써 북한 인권 관련 사례들이 허위 또는 조작된 것이라는 취지로 발언하였다."[218]

이정희 대표가 2010년 2월 27일 북한인권법 발의에 대해 한 발언 내용은 다음과 같다.

"국회에서 지금 북한인권법안을 관련된 외통위에서 한나라당에서 강행 처리시킨 것에서부터 보여집니다. 이것은 남북관계를 발전시키고 인권을 호혜와 평등, 연대의 관점에서 접근하는 것이 전혀 아닙니다. 인권을 국제사회에서 북을 망신 주는 수단으로 사용하고자 하는 것입니다. 그리고 민간단체에 돈을 지원해서 북에 삐라를 보내고 풍선을 띄워서 남북관계를 오히려 적대적으로 만들겠다는 것에 다

---

218 이 사건 결정 52면.

르지 않습니다. 지금 북에 가장 필요한 인권은 북미 관계에서 대결의 역사를 청산하고 북의 주민들이 평화롭게 살 수 있는 권리를 확보하는 것이라고 생각합니다. 그것은 남쪽의 주민들이 바라는 것과 다르지 않습니다. 이런 북이 평화롭게 살 권리에 대해서는 전혀 신경도 쓰지 않고 오히려 그것을 역행하는 행위를 해 가면서 북한인권법안을 만드는 것 자체가 대단히 논리모순이라고 저는 보고 있습니다. 국회가 어떤 일이 있더라도 이것을 통과시켜서는 안 된다고 저는 생각합니다."[219]

이는 당시 한나라당이 외교통상통일위원회에서 날치기로 통과시킨 북한인권법안에 대한 비판으로서 북한과 평화로운 관계를 유지하는 것에는 별다른 관심도 없으면서 일부 대북민간단체들에게 지원금을 주고 북한으로 삐라를 뿌리도록 하는 모순적인 정부정책에 대한 비판이었다. 북한 주민의 인권문제를 북한의 입장에서 이해해야 한다거나 북한을 비난하지 말자는 논지가 아니다.

2010년 8월 4일 KBS 라디오 인터뷰에서의 발언은 북한 인권에 관한 정확한 현황이 밝혀지면 거기에 대해서는 얼마든지 열어놓고 이야기하겠다는 것이다. 이정희 대표는 나아가 "거기에서 좀 더 협력적인 방법으로, EU가 풀어가려고 했던 방법으로 북과 인권문제를 풀어가는 것이 필요하겠다 보고 있고요."라고 말했다. 북한 인권에 대해 북한의 입장을 대변한 바 없으며, 대한민국 정치권에서 해결방법을 모색하고자 했을 뿐이다.

---

219 http://youtu.be/3HBRHfxrPTU

한편, 권영길은 증인으로 출석하여 북한 인권 문제와 관련하여 "민주노동당은 북한에 대한 규탄이 남북관계의 악화요인으로 작용할 것을 우려하였다."는 취지로 증언하였다.

4) 천안함 사건 및 연평도 포격 사건

다수의견은 북한에 책임 있음이 명백한 장거리 미사일 발사, 천안함 사건, 연평도 포격 등에 관해서도 오히려 그 책임을 대한민국 정부에 돌리고 있다고 지적한다. 다수의견은 이정희 대표가 연평도 포격에 대해 오히려 우리 정부를 비난하였다고 인정했다.

> "북한의 무력도발에 대해서 이정희(당 대표)는 ⋯ 2010. 11. 24. 자신의 트위터에 연평도 포격에 대하여 '남북관계를 악화시킨 결과를 정부는 똑똑히 봐야 한다.'고 발언하였고 ⋯ 북한의 무력도발과 관련하여 오히려 우리 정부를 비난하였다."[220]

그러나 이정희 대표는 2010년 11월 23일 03 : 43 트위터에 "연평도에서 군인이 사망하고 주민들이 불길 속에 두려움에 떨었습니다. 북이 이래서는 안 됩니다. 전쟁은 불행을 가져올 뿐입니다. 남북관계를 악화시킨 결과를 정부는 똑똑히 봐야 합니다. 대결로 생겨나는 것은 비극뿐입니다."라고 썼고, 같은 날 04:16 트위터에 "마을을 공격한 건 분명히 북이 책임져야 할 문제입니다. 전쟁의 공포에 주민을 몰아넣는 것은 있어서는 안 되는 일입니다."라고 썼다. 이정희 대표는

---

[220] 이 사건 결정 51면.

북한의 무력도발과 관련해 일방적으로 대한민국 정부를 비난하지 않았으며, 북한의 무력행사에 대해 명확한 반대 입장을 밝혔다.

라. 북한 추종의 근거가 될 수 있는지 여부
– 다수의견은 북한 비난하지 않으면 북한 추종하는 것이라고 주장

민주노동당과 피청구인은 다수의견이 문제 삼는 북한 관련 이슈에 대하여 평화와 공존의 관점에서 실효성 있는 접근법을 찾기 위해 노력한 것이지 무조건 북한을 옹호한 바 없다.

소수의견은 이석기를 제외한 자주파 인사들의 북한 관련 발언과 태도를 이유로 피청구인 또는 자주파 인사들이 북한을 추종하는 것으로 볼 수 없다고 판단했다.

"북한 핵 문제나 인권 문제, 3대 세습의 문제와 같이, '진보'의 관점에서 또는 일반 국민의 상식에 비추어 비판적 의견 표명이 당연한 듯 보이는 사안에서 자주파가 취한 태도, 즉 소극적으로 유감을 표시한다거나 침묵하는 모습은 많은 비판을 받았다. 그러나 침묵이 곧 추종을 표시하는 것이라고 볼 수는 없을 것이다."[221]

"이석기를 제외한 인사들의 북한 관련 발언들은 과거 민주노동당이나 민주노동당 내 자주파의 입장과 크게 다르다고 보기 어려운 것이

---

[221] 이 사건 결정 321면.

다. 그럼에도 불구하고 이들이 10여 년 전 반국가단체와 관련하여 활동하였다는 의혹만으로 이들이 북한을 추종하고 주체사상을 신봉하는 이념을 내면화하고 있다는 판단을 내릴 수는 없다. 이들의 북한에 관한 입장이나 정책적 태도가, 집권을 추구하고 집권한 이후에는 투명과 신뢰의 원칙 위에 남북한 관계를 주도적으로 형성해 나가야 할 책임을 기꺼이 부담하겠다는 정당 정치인으로서의 적절한 자세인지, 타당성과 합리성을 갖춘 것인지에 관해서는 논란의 여지가 있으나, 이는 주기적으로 이루어지는 선거를 통하여 피청구인의 구성원·지지자 및 일반 국민들이 투표로서 정치적 책임을 묻거나 정당성을 부여하도록 할 문제이다."[222]

대한민국에서 어떤 정당이 북한 문제에 대해 정부 또는 보수세력과 동일한 정도로 강도 높게 비난해야 할 의무는 없다. 남과 북이 통일의 파트너라는 관점에서 전략적인 사고를 할 필요가 있고, 이에 대해 어떤 자세를 취할지는 전적으로 정당의 자유 영역에 속하는 것이다. 다수의견은 북한과 관련된 문제는 정부와 같은 강도로 북한을 비난하지 않으면 북한을 추종하는 것이라는 논리다. 다수의견은 이에 대해 소극적인 태도를 취하는 것을 동조하는 것이라고 문제 삼은 것이다. 이러한 다수의견은 헌법의 사상과 양심의 자유를 침해하는 파시즘적 사고를 보여주는 것이다.[223]

---

222 이 사건 결정 265~266면.
223 이재화, 앞의 글, 59면.

8. 북한식 사회주의 및 대남혁명전략과의 동일 내지 유사성
― 헌법 해석을 북한 주장에 종속시키는 다수의견의 북한추종성

1) 다수의견은 북한식 사회주의의 내용과 대남혁명전략에 대해 장황하게 설명하면서 피청구인 주도세력의 주장 내용이 이와 동일 내지 유사하다고 인정했다. 즉, 피청구인의 우리 사회에 대한 인식, 변혁을 위한 강령적 과제와 순위, 변혁의 주체 및 주권의 소재와 그 범위, 변혁의 대상, 변혁의 전술적 방법, 변혁의 목표, 연방제 통일방안 등에서 북한의 민족해방민주주의변혁론의 그것과 전체적으로 같거나 매우 유사하며, 이러한 동질성 내지 유사성은 단편적 또는 부분적 범주를 넘어선다는 것이다.[224]

다수의견은 북한의 대남혁명전략을 김정일이 1991년 5월 24일 강연한 '민족해방민주주의혁명론'을 기초로 1992년경에 작성했다는 「주체의 한국 사회 변혁운동론」을 근거로 해서 설명했다.[225] 위 문건이 남한에서 유통된 것이 언제인지 확인되지 않았고, 국정원장의 사실조회 회신에 의하면 2003년 10월경 북한의 대남선전 홈페이지인 '구국전선'에 A4 용지 171쪽 분량으로 게재되었다고 한다. 위 문건의 내용은 남한에서 치열하게 진행되었던 사회구성체 논쟁을 차용한 것으로 보이고, 또한 위 문건에는 민주노동당 창당 이후의 사정

---

[224] 이 사건 결정 101면.
[225] 이 사건 결정 94~101면.

이나 진보정당의 활동에 대해서는 아무런 언급이 없다. 이에 비추어 보면, 위 문건에서 주장하는 내용은 남한사회의 현실이나 진보운동의 상황을 제대로 반영하지도 못하는 것으로서 이를 피청구인의 민주적 기본질서 위배 여부를 판단하는 중요한 자료로 삼는 것이 타당한지 의문이다.

2) 다수의견은 북한이 한반도 전체에서 북한식 사회주의 체제를 확립하기 위한 방법론으로 대남혁명전략을 추구하여 왔다는 점을 전제로 한다. 소수의견도 북한이 대남혁명전략을 포기하였다고 단정하기는 어렵다면서도 북한의 대남혁명전략의 변화를 지적하는 견해를 소개하고 있다.

> "남북 경제 격차가 현저하게 벌어지고, 1990년대 소련과 동구권의 몰락으로 북한이 고립상태에 빠지면서, 위와 같은 북한의 대남혁명 전략은 실질적으로 변화하였다는 주장이 학계와 대북 업무를 담당 하였던 정부 관계자 등에 의하여 제기되고 있다. 현실적으로 북한의 대남혁명전략이 실현가능성이 없다는 점을 북한 스스로 인식하고 있고, 그에 따라 '하나의 조선 정책'을 포기하였다는 것이다. 1991 년 유엔(UN) 동시가입이나, 김일성의 '2정부 2제도 연방제' 통일안 의 제시, 남북기본합의서상 상호 체제의 존중과 내정 불간섭 등 명시, 1992년 북한 사회주의 헌법 개정 시 '전국적 범위에서의 통일' 부분 삭제 등이 북한의 방어적 입장을 드러내고 있으며, 무엇보다 체제보 존의 문제가 북한의 가장 시급한 과제가 되었다는 것이다."[226]

---

226 이 사건 결정 247~248면.

이제 남북관계에 자신감을 가질 때가 되었다. 북한의 이중적 지위를 인정한다고 하더라도 반공주의적 또는 패배주의적 관점을 극복하고 남북관계를 주도적으로 이끌어가는 것이 평화통일을 앞당기는 길이 될 것이다.

3) 청구인은 재판 과정에서 민주노동당과 피청구인의 모든 활동을 북한의 대남혁명전략이라는 관점에서 해석했다. 민주노동당이나 피청구인이 어떻게 하더라도 북한의 대남혁명전략으로 설명이 가능했다. 붉은색 안경을 쓰고 사물을 바라보니 모든 것이 붉게 보이는 것은 당연하다. '프로크루스테스의 침대' 격이다. 피청구인이 어떻게 하더라도 청구인은 잘라 내거나 늘려서 침대 길이에 맞게 가공했다. 그래서 피청구인 대리인이 청구인의 태도가 '북한보다도 더 북한스럽다.'고 지적하자,[227] 청구인 대리인도 자신의 그런 태도를 시인했다.[228] 그런데 다수의견 역시 마찬가지 태도로 일관했다.

다수의견은 그 동질성 또는 유사성을 먼저 북한의 그것을 설명한

---

227 제13차 변론조서. 피청구인 대리인 법무법인 시민 담당 변호사 김선수 "청구인은 민주노동당과 피청구인의 역사와 활동을 오로지 북한의 대남혁명전략이라는 프리즘을 통해 바라보고 관련된 모든 사항을 억지로 이 틀에 끼워 맞추어 강변하고 있습니다. 어떻게 보면 청구인의 논리는 북한보다도 더 북한스러운 것으로 보일 지경입니다. 그렇지만 우리 사회에서의 진보정당 활동은 우리나라의 역사적 전개와 현실 사회의 변화에 근거하여 독자적으로 발전되어 온 것입니다."

228 제14차 변론조서. 청구인 대리인 검사 정점식 "지난 기일에 피청구인 대리인은 청구인의 준비서면에 대하여 북한보다 더 북한적이라고 비난한 바 있습니다. 피청구인의 이러한 관점에 따르면 이번 기일에 진술할 준비서면 또한 동일한 비난이 가능합니다. 그러므로 청구인은 왜 피청구인의 각종 활동에 대하여 이러한 분석을 계속할 수밖에 없는지에 대해 먼저 말씀드리겠습니다."
제18차 변론조서. 청구인 대리인 검사 정점식 "청구인이 왜 그토록 통합진보당을 북한보다 더 북한적으로 분석할 수밖에 없었는지 그 답은 명확해졌습니다."

다음 주도세력의 주장에서 북한의 그것과 일치하거나 유사한 부분을 추출하여 양자를 대비하는 방식으로 증명했다. 이는 가장 저급한 수준의 비교로서 언어적·어휘적 일치가 전체의 의미를 규정해 버리는 우를 범하게 된다. 단순비교의 수준에도 미치지 못한 채 어느 하나의 속성에 가장 가깝거나 가장 근사한 것을 다른 비교집단에서 추출하여 같음과 다름을 규정해 버리기 때문이다. 경우에 따라서는 부분이 전체를 규정해 버리게 되고, 이 과정에서 비교 자체가 왜곡되어 버리는 유추해석의 한계가 그대로 드러난다.[229]

사용하는 용어나 주장의 동질성 내지 유사성을 이유로 피청구인이 북한을 추종한다고 보고 정당해산사유로 인정하는 것은 대한민국 헌법의 해석을 독자적으로 하지 못하고 북한의 주장에 의존하는 것에 다름 아니다.[230] 만약 북한 추종성이 있다면, 피청구인이 아니라 우리 헌법 해석을 북한 주장에 종속시키는 다수의견이 더 심각하다고 할 수 있다.[231] 피청구인이 북한의 지령을 받아 이를 수행하거나 조금이라도 북한과 연계하여 추진한 사례는 전혀 없었다. 청구인과 보수언론은 소위 내란 관련 사건이 발생했을 때 대대적으로 피청구인의 북

---

229 한상희, 앞의 글, 44면.
230 참고인 송기춘 진술 및 참고인조서, "북한의 주장과 같다는 말도 너무나 어처구니가 없습니다. 왜 우리가 지금도 북한의 어떤 행위에 의해서 이 국가의 장래가 결정되어야 됩니까? 북한에서 어떠한 얘기를 하건, 우리가 안에서 얘기해야 될 것은 그것이 헌법적으로 가능한 얘기인가의 문제이지, 북한에 동조한다, 북한과 같은 얘기를 한다, 이것을 가지고 어떻게 국민을 설득할 수 있다고 생각을 하는지, 저는 이해할 수가 없습니다."
231 김종철, 앞의 글, "북한 추종성을 정당해산의 사유로 간주하는 것은 비논리적이다. 북한의 주장 여부를 판단 기준으로 삼는 것은 우리 헌법에 대한 가치 판단을 북한에 내맡기는 황당한 논리다. 결국, 북한과의 유사성이나 추종성은 이념적인 것이 아니라 북한 체제와 연계해 이뤄지는 활동의 여부에 의해, 오로지 적법한 절차에 의해 개별적으로 확인돼야 할 것이다."

한과의 직접적인 연계 의혹을 제기했으나, 그에 대해서는 털끝 하나만큼의 증거도 발견되지 않았다.

4) 북한 주장과의 동질성 내지 유사성을 정당해산 사유로 인정하는 것은 소수의견이 우려하는 바와 같이 피청구인이 기초로 삼는 진보적 이념 일반에 대한 억압으로 귀착될 우려가 크다.

"우리 사회를 지배한 반공 이념의 편향성을 비판하면서 통일에 적극적인 자세를 취하려는 노력이 북한에 대한 동조의 혐의를 받곤 하였던 과거의 역사적 경험에 비추어 보면, 북한에 대한 경계라는 명분의 이면에 진보적 이념 일반에 대한 사상적 탄핵을 시도하는 의도가 개입될 가능성을 배제하기 어렵다. 1958년 진보당이 정당 등록의 취소를 겪고 당수의 사형을 지켜봐야 했던 것은 그들이 주장했던 평화통일론이 국시에 위배되고 북한의 간첩과 접선했다는 이유에서였다. 노동자, 농민 등 근로대중을 대표한 혁신정치의 실현, 수탈 없는 경제체제 도입의 주장도 북한의 그것과 같다는 혐의를 받았다. 그러나 평화통일론은 이후 헌법에 포함되어 통일에 관한 당위적 요청으로 인정되고 있고, 특히 간첩행위 부분에 대해서는 재심을 통해 무죄로 밝혀진 바 있으며, 동 판결에서 진보당의 강령·정책이 헌법적으로 문제되지 않는다는 점도 확정되었다(대법원 2011. 1. 20. 선고 2008재도11 판결). 오늘날 조봉암의 진보당 사건은 정권이 제도를 악용하여 비판세력을 탄압한 대표적인 사례로 남았다. 정부와 권력에 대한 우리 사회의 비판적 정신들과 시각들이 북한과의 연계나 북한에 대한 동조라는 막연한 혐의로 좌절을 겪는 일이 재발하지 않도록 하기 위해서는, 북한의 주장과 유사하다는 점만으로 북한 추종성이 곧바로 증명된다고 보아서는 아니 될 것이다."[232]

9. 소위 내란 관련 사건

가. 형사사건이 확정되지 않았음에도 정당해산의 가장 중요한 사유로 인정
– '내란음모 사건'이 아닌 '내란 관련 사건'이라고 칭함

1) 소위 내란 관련 사건에 대해 검찰은 관련자 6명을 내란음모 등 혐의로 기소하였다. 수원지방법원은 2014년 2월 1일 일부 이적표현물 소지 등의 공소사실에 대하여 무죄를 선고하였으나 내란음모죄 등 대부분의 공소사실에 대하여 유죄로 인정하였고, RO의 존재도 인정하였다.[233] 항소심인 서울고등법원은 2014년 8월 11일 이석기 등에 대한 내란음모의 점에 대하여는 제1심판결과 달리 내란범죄 실행의 합의에 이르렀다고 보기 어렵다는 이유로 무죄를 선고하고, RO의 존재를 부정하였다. 그리고 내란선동죄 등 나머지 부분에 대해서는 제1심 판결과 동일하게 유죄로 인정한 후, 이석기에 대하여 징역 9년과 자격정지 7년, 김홍열에 대하여 징역 5년 및 자격정지 5년, 이상호에 대하여 징역 4년 및 자격정지 4년, 홍순석, 조양원, 김근래에 대하

---

232 이 사건 결정 283면.
233 수원지방법원 2014. 2. 17. 선고 2013고합620, 624, 699, 851(병합) 판결.

여 각 징역 3년 및 자격정지 3년, 한동근에 대하여 징역 2년 및 자격정지 2년 선고하였다.[234] 피고인들 및 검사는 항소심 판결에 대하여 상고하여 헌재가 정당해산 결정을 할 당시 위 소송은 대법원에 계속 중이었다(대법원 2014도10978).

2) 이 사건 결정은 '내란음모 사건'이라 칭하지 못하고 '내란 관련 사건'이란 애매모호한 개념으로 위 사건을 지칭하였다. 다수의견은 대법원 판결이 선고되기도 전에 소위 내란 관련 사건을 피청구인 해산의 가장 중요한 근거로 삼았는바, 이는 최후수단으로서의 정당해산심판의 본질에도 반한다. 서울고등법원이 내란음모죄에 대해 무죄를 선고한 것은 실질적인 위험성이 인정되지 않는다는 이유 때문이었는데, 이에 대한 법원의 최종적인 판단을 기다리지도 않고 헌재가 먼저 판단한 것은 부적절하다고 하지 않을 수 없다. 이는 대법원이 2015년 1월 22일 전원합의체 판결[235]로 RO의 존재를 부정하고 내란음모에 대해 무죄를 선고한 서울고등법원 판결을 확정한 것에 비추어 보면 더욱 그렇다.

3) 소위 내란 관련 사건에 대한 대법원 전원합의체 판결에서 이인복, 이상훈, 김신 대법관은 내란선동죄 부분에 대해서도 무죄 의견을 밝혔다. ① 이석기, 김홍열이 선동한 내용은 너무 추상적이어서 내

---

234 서울고등법원 2014. 8. 11. 선고 2014노762 판결.
235 대법원 2015. 1. 22. 선고 2014도10978 전원합의체 판결. 결론은 검찰과 피고인들의 상고기각으로 서울고등법원 판결을 확정했다.

란행위의 주요한 부분의 윤곽이 개략적으로나마 특정된 폭동이라고 볼 수 없고, ② 이석기, 김홍열이 선동한 것은, 북한과의 전쟁 상황을 전제로 한 후방교란 목적의 국지적·산발적 파괴행위일 뿐, 이를 한 지방의 평온을 해할 정도의 위력이 있는 폭동이라고 평가하기 어려울 뿐만 아니라, 설령 그러한 국가기간시설 파괴행위가 발생한다고 하더라도 그로 인하여 직접적으로 국토를 참절하거나 국헌을 문란할 목적이 달성될 수도 없다는 점에서도 이는 내란죄의 구성요건인 폭동에 해당한다고 할 수 없으며, ③ 이석기, 김홍열이 선동한 것이 내란죄의 구성요건인 '폭동'에 해당한다고 가정하더라도 내란선동죄가 성립하기 위해서는 선동으로 인하여 피선동자가 내란으로 나아갈 실질적인 위험성이 인정되어야 하는데, 이 사건 각 회합 당시의 객관적 정세, 위 피고인들과 이 사건 각 회합 참석자 사이의 관계, 이 사건 각 회합의 진행 경위 및 사후 정황 등에 비추어 볼 때, 위 피고인들의 선동에 따라 내란이 실행될 실질적 위험성이 있다고 단정하기도 어렵다고 판단했다. 세 사람의 대법관이 내란선동조차 인정하지 않은 표현행위를 정당해산의 가장 중요한 사유로 인정한 것은 어느 모로 보더라도 그 정당성을 인정할 수 없다.

나. 이 사건 모임의 성격
- 경기도당 임원의 비공식 행사

1) 이 사건 모임에 대해 다수의견은 "내란 관련 회합은 피청구인 경기도당 위원장의 제안으로, 경기도당의 의결을 거쳐 개최되었고,

회합 참석자들은 모두 피청구인 당원들인데 그중 대다수가 경기도당 위원장 등 간부들이었으므로, 내란 관련 회합이 피청구인 경기도당의 행사인 점은 분명하다.”고 했다.[236] 소수의견은 “이 사건 모임의 성격은 피청구인 경기도당의 비공개 정세강연회라고 할 것이고, 그 참석자들은 피청구인 소속 국회의원인 이석기, 김미희, 김재연을 비롯하여 경기도당의 현직 또는 전직 간부, 중앙위원을 겸직하는 지역위원회 간부 등으로서, 참석자 대부분 피청구인 경기도당의 당원이므로, 이 사건 모임 자체는 피청구인의 지역조직인 경기도당의 활동으로 볼 수 있고, 일단 심판의 대상이 된다고 할 것이다.”라고 했다.[237]

2) 두 의견 모두 이 사건 모임은 피청구인 경기도당의 활동으로 인정했다. 그러나 첫째, 이 사건 모임의 개최가 피청구인이나 피청구인 경기도당의 규약에 근거한 ‘의사결정절차’에서 정식안건으로 상정되어 ‘채택’된 사실이 없다는 점, 둘째, 대관비용 등 모임 비용을 참석자들이 1만 원씩 갹출하여 부담하였고 피청구인이나 경기도당의 ‘재정’이 위 회합 개최의 기본비용으로 투여된 사실이 없다는 점, 셋째, 이 사건 모임이 피청구인 또는 경기도당의 활동에 어떠한 영향도 미치지 않았다는 점, 넷째, 이 사건 모임에서 있었던 이석기 등의 발언이 피청구인과는 무관하게 개인적 차원에서 이루어졌다. 또한 그 내용이 피청구인 지도부를 비판하는 내용도 포함되어 있을 뿐만

---

[236] 이 사건 결정 123면.
[237] 이 사건 결정 286면.

아니라 피청구인의 입장에 반하는 점 등에 비추어 보면, 이 사건 모임을 피청구인 경기도당의 활동으로 인정할 수 있는지 의문이다. 경기도당 임원들이 개별적으로 결정·준비·진행한 행사로서 경기도당의 공식적인 행사로 보기에는 부족하다.

다. 이 사건 모임의 민주적 기본질서 위배 여부
  – 현존성과 임박성 요건을 제대로 고려하지 않은 결정

1) 이석기 의원의 지위에 대하여 다수의견은 경기동부연합의 수장의 지위에 있음을 인정했다.

"내란 관련 회합에는 피청구인 소속 국회의원 5명 중 이석기, 김재연, 김미희 등 3명과 그 보좌관들, 대변인이 참석하였고, 국회의원 이석기는 피청구인 사무총장 안동섭의 주선으로 강사로 참석하여 한반도 정세 및 그에 대한 대응 방안을 주제로 강연한 후, 권역별 토론 주제를 제시하는 등 회합을 주도하였다. 그리고 회합 참석자들 중 대다수는 피청구인의 중앙위원이나 대의원의 지위를 겸하고 있었다. 또한 회합 참석자 등 경기동부연합의 주요 인사들은 2012. 8. 10. 진실선본 해단식에서 이석기와의 일체감을 나타내는 '동지여, 너는 나다. 내가 바로 이석기 동지다. 투쟁'이라는 구호를 제창하는 등 다수의 모임에서 이석기가 경기동부연합의 수장 내지 핵심이라는 취지로 발언한 점, 이석기가 보안을 이유로 5. 10 회합을 해산하면서 다시 소집령이 떨어지면 순식간에 모이라고 지시하고 이에 따라 참석자들은 즉시 해산하고 5. 12 회합을 다시 가진 점 등에 비추어 보면, 이석기가 경기동부연합의 수장의 지위에 있는 점이 인정된다."[238]

반면, 소수의견은 이석기 의원이 비밀조직의 수장 지위에 있음을 인정하지 않았다.

"이석기가 경기도당 지역의 정치적 지도자로서의 지위를 가짐은 인정할 수 있으나, 이를 넘어 그가 이 사건 모임 참석자들 전체를 구성원으로 한 특정한 비밀조직의 수장임을 인정하기는 어렵다."[239]

2) 이 사건 모임의 구체적 위험성에 대해 다수의견과 소수의견은 강도는 다르지만 모두 인정했다.

다수의견은 "이석기를 비롯한 내란 관련 회합 참석자들은 경기동부연합의 주요 구성원으로서 북한의 주체사상을 추종하고, 당시 정세를 전쟁 국면으로 인식하고 그 수장인 이석기의 주도하에 전쟁 발발 시 북한에 동조하여 대한민국 내 국가기간시설의 파괴, 무기 제조 및 탈취, 통신 교란 등 폭력 수단을 실행하고자 회합을 개최한 것이다."라고 인정했다.[240]

소수의견은 "이 사건 모임의 참석자들이 폭력적 방안을 실행하기 위한 추가 논의를 하였다거나 그 실행을 위한 준비행위를 하였다고 볼 만한 설득력 있는 증거가 없는 한, 모임에서 거론된 폭력적 방안의 실행을 합의하였다고 인정하기 어렵다. 따라서 이 사건 모임 참석자

---

238 이 사건 결정 123~124면.
239 이 사건 결정 292면.
240 이 사건 결정 126면.

들 전부가 시설파괴 등 폭력적 방법을 실행할 가능성은 낮다."[241]고 하면서도 "이석기나 김홍열, 이상호 등 소위 내란 관련 사건의 피고 인들이나 이 사건 모임에서 구체적인 폭력적 방안을 제시한 발언자 들의 경우 이 사건 모임을 통하여 그 실행 가능성을 보였으며, 군사 적 긴장상황이 수시로 되풀이되는 한반도 정세에서 향후 유사한 모 임의 개최를 반복하고 세력을 규합하여, 폭동의 구체적 실행에 이를 개연성이 인정된다. 그러므로 이 사건 모임에서 이루어진 발언 활동 은 단순한 언사에 그친 것이 아니라 민주적 기본질서에 실질적 해악 을 끼칠 구체적 위험성이 있는 것으로서 민주적 기본질서에 위배된 다."[242]라고 판단했다.

3) 그러나 이 사건 모임은 어디까지나 말뿐이었고, 실제적인 준 비단계에 들어가지 않았다. 소위 내란 관련 사건의 항소심 재판부는 5·12 모임 참석자들의 '내란음모행위' 사실 자체를 인정하기 어렵 고, 그 자리에서 어떤 '합의'가 있었다 하더라도 내란행위의 시기, 대 상, 수단 및 방법, 실행 또는 준비에 관한 역할분담 등이 특정되지 않 아, 음모죄 성립요건인 '객관적 명백성'과 '실질적 위험성'이 충족 되지 않는다는 이유로 내란음모에 대해 무죄를 선고하였다. 대법 원 전원합의체 판결 또한 '1회적인 토론의 정도를 넘어서 더 나아 가 내란의 실행행위로 나아가겠다는 확정적인 의사의 합치에 이르 렀다고 보기는 어렵다.'고 판단하여 무죄를 확정하였다. 이 사건 모

---

241 이 사건 결정 293면.
242 이 사건 결정 294면.

임에서 '내란실행의 합의'를 하지 않았기 때문에 대법원에서는 '합의'의 '실질적 위험성'이 검토되지도 않았다.[243] 내란음모에 대한 무죄판결은 5·12 모임에서 논의된 내용에 '민주적 기본질서'에 대한 어떠한 '구체적 위험'도 '현존'·'임박'해 있지 않았다는 것을 명확히 확인해 주고 있다.

항소심 재판부는 내란선동에 대해 유죄를 선고했으나, '개연성 요건'만으로 '내란선동죄'의 적용범위를 사실상 확장한 것은 선동죄 기본 법리에 반한다. 한편, 대법원 전원합의체 다수의견은 '개연성 요건'은 필요치 않고 '피선동자에게 내란 결의를 유발하거나 증대시킬 위험성'이 있으면 선동죄가 성립[244]한다고 하였다. 그러나 이는 3인 소수의견이 지적하는 바와 같이 '정치체제에 대한 불만과 변화 필요성을 거칠고 폭력적인 언사로 표현하는 경우 곧바로 내란선동죄로 처벌할 수 있게 되어 그 처벌범위를 지나치게 확장'시키는 것[245]이다.

항소심, 대법원 전원합의체 다수의견과 같이 이석기를 정점으로 하는 실체가 있고, 이석기가 내란을 선동하였다면 당연히 그에 따른 후속조치가 있었어야 할 것이다. 그러나 선동행위 이후 아무런 후속조치도 없었는바, 이는 내란선동이 없었거나 이석기를 정점으로 하는 실체가 없었다는 말이 된다. 이에 관하여는 대법원 전원합의체 3인 소수의견이 적절히 설시하고 있다. ① 이석기와 참석자들의 관계

---

243 대법원 전원합의체 판결문 48~49면.
244 대법원 전원합의체 판결문 16면.
245 대법원 전원합의체 판결문 56면.

에 관하여는, '피고인 이석기가 회합에 참석한 사람들을 상대로 설득하고 있는 것으로 보일 뿐 어떤 명령을 하는 것으로 보이지 않기' 때문에 '상명하복의 위계질서가 형성되어 있다고 보기 어렵다.'[246]고 하였다. ② 5 ·12 회합 때의 발언내용에 관하여는, "회합 참석자들은 모두 무장하지 아니한 일반인들로서 5 ·12 회합 때 열린 권역별 분반토론 과정에서 국가기간시설에 대한 공격, 무장의 필요성 등 폭력적 방안에 관하여 언급하기는 하였으나, 그 언급 자체가 산발적이고 조직화하지 아니하였을 뿐만 아니라 스스로도 '모두 뜬구름이었다.'고 표현할 정도로 구체성이나 현실성이 결여되어 있어서 언제가 될지 모르는 군사적 충돌상황을 대비한 가정적 · 추상적 의견으로 제시되었을 가능성이 높다."[247]고 하였다.[248]

설사 '내란선동'이 인정된다고 하더라도, 이는 피청구인과 조직 · 재정 · 활동 측면에서 아무런 관련이 없는 행사에서 발언한 이석기, 김홍열 두 사람의 개인적 행위에 불과하므로 피청구인의 해산 사유로 삼을 수 없다. 항소심 판결은 '개연성' 요건, 대법원 전원합의체 다수의견은 '위험성' 요건을 충족한다고 해서 내란선동의 유죄

---

246 대법원 전원합의체 판결문 63~64면.
247 대법원 전원합의체 판결문 64면.
248 대법원 전원합의체 판결의 3인 소수의견은 내란선동을 유죄로 인정한 다수의견에 대해서 "자유민주주의 국가인 대한민국을 수호하는 방안은 내란과 관련된 범죄의 성립을 완화하거나 확장하여 인정함으로써 불온하거나 불순하다는 사상, 태도, 행동을 쉽게 처벌하는 데 있지 아니하다. 우리의 헌법과 형법이 지향하는 죄형법정주의, 책임주의, 비례의 원칙을 엄격하게 적용함으로써 헌법상 보장된 양심과 표현의 자유 등이 부당하게 위축되지 아니하도록 하여, 헌법 전문(前文)이 천명하고 있는 것처럼 자율과 조화를 바탕으로 자유민주적 기본질서를 확고히 하는 것이야말로 대한민국 체제의 우월성을 증명하고 이를 수호하는 합당한 길이다."라고 비판하였다(위 판결문 66면).

를 인정했으나, 정당해산을 위해서는 개별 발언의 '개연성'으로는 부족하고 '구체적이고 실질적이며 명백하고 급박한 위험성'이 인정되어야만 한다.

따라서 이 사건 모임이 민주적 기본질서에 대한 실질적 해악을 끼칠 구체적인 위험이 있다고 인정한 이 사건 결정은 현존성과 임박성 요건을 제대로 고려하지 않은 것으로서 부당하다.

라. 이 사건 모임이 피청구인의 활동에 해당하는지 여부
– 정당 전체 차원에서 방치 또는 승인하였다고 볼 수 없다

1) 다수의견은 이 사건 모임을 피청구인의 활동으로 귀속된다고 인정했다.

> "내란 관련 회합의 개최 경위, 참석자들의 피청구인의 당내 지위 및 역할, 위 회합이 경기동부연합의 주요 구성원 등 피청구인의 핵심 주도세력에 의하여 개최된 점, 위 회합을 주도한 이석기의 경기동부연합의 수장으로서의 지위 및 위 사건에 대한 피청구인의 전당적인 옹호·비호 태도 등을 종합하면, 위 회합은 피청구인의 활동으로 귀속된다."[249]

반면에 소수의견은 이 사건 모임을 피청구인 전체의 책임으로 볼 수 없다고 보았다.

---

[249] 이 사건 결정 124면.

"이석기 등의 … 발언은 피청구인의 기본노선과 현저하게 다르고, 이 사건 모임 참석자들이 피청구인 전체를 장악하였다고 할 수 없으며, 나아가 피청구인이 이 사건 모임 또는 모임에서의 발언을 승인하였다고 볼 수도 없으므로, 이 사건 모임이나 그 모임에서 이루어진 구체적 활동으로 인한 민주적 기본질서 위배의 문제를 피청구인 전체의 책임으로 볼 수는 없다."[250]

2) 다수의견은 경기동부연합이 조직적 실체를 가지고 있고 이석기가 경기동부연합 수장의 지위에 있다고 인정하였으나, 이는 사실관계를 잘못 인정한 것에 불과하다. 피청구인은 이 사건 모임을 사전에 인지하지 못했고, 사후에도 동의하거나 승인한 바 없다. 따라서 위 모임에서의 이석기, 김홍열 발언 내용을 근거로 피청구인의 위헌성을 판단하는 것은 부당하다. 이 사건 모임에서 문제 된 이석기, 김홍열의 발언은 개인적인 것에 불과하여 위 행위에 피청구인의 기본노선이 구현되었다고 볼 수 없고, 당직 선거 출마자 결의대회 등에서 출마자나 지지자가 한 연설의 내용을 피청구인의 공식 입장, 활동이라 할 수도 없다. 피청구인은 민주노동당 창당부터 현재까지 선거를 통해 집권하겠다는 것을 기본노선으로 정하고 이에 따라 합헌적인 활동을 하여 왔으며, 대한민국의 정부를 전복하고 자유민주적 기본질서를 파괴하는 것을 기본노선으로 추구하여 온 바가 전혀 없다.

이석기는 피청구인을 대표하거나 대리하는 지위에 있어 본 적이 없으며, 다만 피청구인 소속 국회의원 1인에 불과하다. 다수의견은

---

[250] 이 사건 결정 301면.

이석기가 언론인터뷰에서 애국가를 국가가 아니라고 부정하는 발언을 하였다는 점도 고려하였다. 이석기가 2012년 6월 15일 기자간담회에서 발언한 내용은 "애국가는 그냥 나라 사랑을 표현하는 여러 노래 중 하나", "독재정권에 의해서 (애국가가 국가로) 만들어졌다.", "애국가를 부르지 말자는 게 아니며, 충분히 부를 수 있다."는 것으로 애국가가 법률에 의해 국가로 규정된 것은 아니라는 취지로 문제를 제기한 것에 불과하다. 또한 위 발언은 피청구인의 공식입장을 설명한 것도 아니다. 그리고 이 사건 모임에서 행한 이석기의 발언은 이석기가 피청구인의 대표나 기관의 지위에서 행한 행위가 아닐뿐더러 피청구인의 기본노선과도 아무런 관련이 없다. 당시 이석기가 개인의 지위에서 정면으로 피청구인 대표의 행위를 반박하였고, 피청구인이 이석기의 행위 자체를 옹호하거나 승인한 적이 없다는 점에서 이석기의 행위는 피청구인의 활동에 귀속될 수 없다.

3) 다수의견은 피청구인이 소위 내란 관련 사건에 대하여 국정원의 조작 등을 주장하면서 전당적 총력대응에 나서면서 검사의 기소를 적극적, 지속적으로 비판하고, 이 사건 모임 참석자들 일부를 지방선거의 후보로 공천한 것을 빌미로 피청구인이 이석기 등을 전당적으로 적극적으로 옹호·비호하였다고 하여 이 사건 모임을 피청구인 활동으로 귀속시키는 주요 논거로 삼았다.

"피청구인 당 대표, 국회의원, 최고위원 등 주요 당직자들은 공개된 녹취록이나 형사재판 과정 등을 통하여 내란 관련 회합의 내용을 알

고 있었을 뿐만 아니라 위 사건을 계기로 피청구인 정당에 대한 비난
이 쏟아지고 이 사건 심판청구가 제기되는 등 정당의 존립이 거론되
는 심각한 상황임에도 불구하고 위 사건의 기소 이후 현재까지 위 사
건이 국정원에 의하여 조작되었다고 주장하고 이석기 등에 대한 무
죄판결 및 석방을 요구하면서 당 조직을 '내란음모조작 국정원 해
체 민주수호 투쟁본부'로 전환하는 등 이석기 등을 전당적으로 적
극적으로 옹호·비호하고 있고, 회합 참석자들을 공직 후보로 추천
하였다."[251]

이정희 피청구인 대표는 이석기 의원에 대한 체포동의안 처리일인
2013년 9월 4일 기자회견을 통해 5·12 모임의 이석기 강연 등에 대
해 "정당의 주요 직책을 맡은 사람들에 대해서는 그 말도 신중하고
진지할 것을 요구받습니다. 정당의 무거운 책임에 더욱 유념하겠습
니다."라고 밝혔다. 소위 내란 관련 사건이 국가정보원을 앞세운 국
면전환용 공안탄압임을 적극적으로 부각하던 그 시점에도, 강연 자
체에 대해서는 책임 있는 공직자, 당직자로서 부적절한 발언이었음
을 전제로 위 입장을 밝힌 것이다. 이 사건에서 있었던 북한과의 연
계설과 같은 허위사실유포, '행동'이 아닌 '말'을 처벌하는 표현의
자유에 대한 과도한 제한, 의원직 제명 시도 등 확정판결 전에 불이익
조치를 감행하려는 무죄추정원칙 침해는 그대로 놓아두어서는 안 되
는 정도로 심각했다. 피청구인은 이 사건을 통해 벌어지는 무분별한
종북 정치공세와 부당한 인권 침해, 민주주의 후퇴를 막으려 했고, 여

---

251 이 사건 결정 124면.

기에는 한국 사회의 많은 양심적 지식인과 종교인들도 공감하고 함께하였다. 그러므로 피청구인의 이러한 행동을 두고 관련자들에 대한 무조건적 옹호나 비호라고 할 수는 없다.

소수의견은 피청구인의 대응에 타당한 이유가 있고, 이를 근거로 해서 이 사건 모임을 피청구인에 귀속시킬 수는 없다고 판단했다.

"당시 피청구인의 주장 취지는, 국정원과 검찰이 국정원 대선개입 의혹이 제기되는 상황에서 피청구인을 탄압할 의도로 불법적인 수사나 사찰을 통하여 획득한 증거에 기초하여, 내란음모나 선동에 해당하지 아니하는 행위에 대하여 그러한 혐의를 적용하여 기소했다는 것이다. 즉, 피청구인 소속 국회의원, 당원에 대하여 내란음모죄 등이 성립하지 않는다는 주장으로, 소속 국회의원이나 당원의 중대한 범죄사실에 대한 부인행위 자체는 재판 계속 중인 상태에서 충분히 가능하다고 볼 것이다. 나아가 피청구인이 전 당조직을 투쟁본부로 전환하고 전당적 총력대응에 나선 것은 이 사안이 정당의 존립을 위협할 수 있는 정도의 중대한 문제였다는 관점에서는 수긍할 수 있는 행동이라 할 것이고, 그것이 이 사건 모임의 발언을 긍정하거나 피청구인의 입장과 같다는 취지로 승인한 것이라고 볼 수는 없다. 또한 위와 같은 상황에서 대부분 기소되지도, 수사의 대상이 되지도 않았던 경기도당 지역위원회의 간부 등이 단지 이 사건 모임 참석을 이유로 지방선거 후보 공천에서 배제되어야 한다고 볼 수는 없으므로, 참석자들 일부에 대한 공천을 근거로 피청구인이 이 사건 모임에서 이루어진 발언을 옹호하거나 승인하였다고 보기도 어렵다. 따라서 피청구인의 위와 같은 활동만으로 피청구인이 이 사건 모임을 정당의 목적 달성을 위해 지향된 활동으로 인정하거나, 정당 전체의 차원에서 이를 방치 또는 승인하였다고 볼 수는 없다."[252]

10. 비례대표 부정 경선, 중앙위 폭력, 야권단일화 여론조작 사건

가. 다수의견과 소수의견의 견해

활동의 민주적 기본질서 위배 여부와 관련하여 청구인 측은 민주노동당 시절의 많은 사건들에 대해서도 주장했지만, 이 사건 결정은 다수의견이든 소수의견이든 피청구인 시기에 발생한 비례대표 부정 경선, 중앙위원회 폭력 사건 및 관악을 지역구 여론 조작사건에 대해서만 판단했다. 다만 정당해산 사유로 인정할 것인지 여부에 대해서는 다수의견과 소수의견의 입장이 갈렸다.

다수의견은 정당해산 사유로 인정했다.

"비례대표 부정경선, 중앙위원회 폭력 사건 및 관악을 지역구 여론 조작사건은 피청구인의 당원들이 토론과 표결에 기반하지 않고 폭력적 수단으로 자신들이 지지하는 후보의 당선을 관철시키려 한 것으로서 민주사회에서는 도저히 있을 수 없는 행태이고, 당내 민주적 의사형성을 왜곡하고 선거제도를 형해화하여 민주주의 원리를 훼손하는 것이다."[253]

---

252 이 사건 결정 300~301면.
253 이 사건 결정 128면.

반면, 소수의견은 정당해산 사유로 보기에는 부족하다고 판단했다.

"비례대표 부정경선 사건이나 중앙위원회 폭력 사건, 야권단일화 여론조작 사건과 같은 피청구인의 일부 구성원의 개별 활동이 당내 민주주의를 훼손하거나, 민주적 의사결정원리를 존중하지 않았거나, 실정법을 위반한 사실은 인정된다. 그러나 피청구인 전체가 조직적, 계획적, 적극적, 지속적으로 위와 같은 활동을 한 것은 아니고, 앞서 살핀 활동들을 제외하면 피청구인은 다른 정당들과 마찬가지로 일상적인 정당활동을 영위하여 온 점, 그간 우리 사회가 산발적인 선거부정 행위나 정당 관계자의 범죄에 대하여는 행위자에 대한 형사처벌과 당해 정당의 정치적 책임의 문제로 이를 해결하여 온 점 등을 고려하면, 위에서 살핀 활동들이 피청구인 자신의 정치적 기본노선에 입각한 것이거나, 거꾸로 피청구인의 기본노선에 중대한 영향을 미치는 것으로서 민주적 기본질서에 실질적 해악을 끼칠 구체적 위험이 있다고 보기에는 부족하다."[254]

나. 검토

– 다른 당과 형평원칙에 크게 어긋나

1) 위와 같은 당내 또는 야권단일화 등의 문제는 통치질서의 문제가 아니다. 따라서 정당해산사유로서의 민주적 기본질서를 통치질서인 자유민주적 기본질서로 보게 되는 경우 위와 같은 사유는 언급될 가치조차 없게 된다.

---

254 이 사건 결정 304~305면.

2) 당내 경선이나 후보 단일화의 경우 공직선거법이나 정당법 등에서 관련 규정이 명확하게 제시되어 있지 않고, 당내경선은 정당의 자율성이 최대한 인정되어야 하는 특수성을 가지고 있다. 대법원은 공직 선거와 정당의 당내경선은 구별된다는 입장에서 당내경선에서의 행위는 '선거운동'에 해당되지 않는 것으로 판단하였고,[255] 헌재도 당내경선 여부는 재량사항이라고 판시하였다.[256]

비례대표 부정경선 사건의 경우 애초에 부정 의혹을 제기한 후보자들과 그 관련자들만 구속되거나 기소되었을 뿐 부정의 당사자로 지목된 이석기, 김재연 의원은 입건조차 되지 않았다.[257] 또한 최초 당내 부정경선 의혹의 핵심은 '비례대표 후보 경선 관련 소스코드 조작'이었으나, 검찰은 피청구인 측의 조직적인 온라인 선거 결과 조작이라든지 선거제도 자체를 무력화시키는 행위에 대해서는 혐의점을 찾지 못해 기소하지 못하였다. 단지 일부 후보자 및 당직자 등 개별 당원들의 성명모용 사례 또는 대리투표 행위만 형법상 업무방해 혐의로 기소했을 뿐이다.[258] 이러한 사정에 비추어 보면, 해당 사건의 실질이 크게 왜곡되어 있다는 사실을 알 수 있다. 오히려 피청구인은 어느

---

255 대법원 2003. 7. 8. 선고 2003도305 판결, 대법원 2012. 4. 13. 선고 2011도17437 판결 등.

256 헌재 2009. 12. 29. 선고 2008헌마141 등 결정.

257 이후 검찰총장 후보자 인사청문회에서 총장 후보자는 "이석기, 김재연 의원에 대한 혐의점을 찾지 못하였고, 개별적으로 부정투표를 하였지만 주모자가 없었다."고 확인하기도 하였다['검찰총장후보자(채동욱) 인사청문 경과보고서' 41면]. 위 청문회에서는 또한 "이렇게 방대한 사건에서 주모자가 없다는 것을 납득하기 어려운데, 실제 부정투표를 한 사람들만 개별적으로 불러 그 많은 사람을 처벌하면서도 전모를 제대로 밝히지 못한 점에서 수사에 아쉬움이 남는다고 생각하지 않는지"라는 질의에 대하여 "전국 검사를 동원해 조사하고, 여러 곳을 압수수색 하는 등 당시 사건 전모를 규명하기 위해 최선을 다했다."고 대답한 바 있다.

258 '대검찰청 비례대표 부정경선 사건 수사결과 보도자료' 1~2면.

정당보다도 당내 민주주의 가치를 실현하였고, 당내 선거제도를 투명하고 공정하게 운영하기 위해 많은 노력을 기울여 왔다.

3) 선거 과정에서의 부정행위나 당내에서의 폭력행위를 정당해산 사유로 인정한다면 우리나라에서 정당해산으로부터 자유로운 정당은 단 하나도 없게 될 것이다. 새누리당이나 새정치민주연합 등 집권 가능성이 높은 정당의 경우 선거 과정에서의 범죄행위는 피청구인보다 훨씬 더 많고 그 위험성도 더 높았다.[259] 선거를 앞두고 금품수수 등 선거부정이 비일비재하게 일어나 형사 사건화되었고, 선거가 끝나고 나면 수많은 선거 관련 사범 재판이 진행되어 다수가 당선무효형을 선고받고 있는 실정이다. 최근에는 국가기관에 의한 선거개입이 이루어져 선거제도 자체를 형해화시키는 상황도 발생하였다. 당내 폭력사태도 오로지 피청구인만의 특수한 문제가 아니고, 오히려 다른 정당들의 경우 보다 심각한 사건들이 자주 발생했다.[260] 그럼에도 이를 피청구인 고유의 문제로 부각시키고 해산사유로까지 인정하는 것은 형평원칙에 크게 어긋난다.

---

259 2006. 4. 지방선거를 앞두고 한나라당 홍성 군수 출마자 2명이 당원을 불법모집하고 당비를 대납했다는 혐의가 불거져 대전지방검찰청 홍성지청이 수사에 나섰고, 수사의 일환으로 한나라당 중앙당사를 압수·수색하고자 하였는데, 당시 한나라당 원내대표인 이재오, 대변인 이계진 등이 강력히 반발하여 결국 무위에 그친 사례가 있다. 이때 한나라당의 주요당직자들이 "야당의 중앙당사 압수·수색은 야당 탄압", "당원명부는 당의 생명이자 근간"이라면서 압수·수색영장을 집행하려던 검찰을 강도 높게 비판했고, 검찰은 결국 한나라당사에 대한 압수·수색을 포기하였다. 정당 내의 경선 과정에서 생긴 문제점, 검찰의 수사 착수, 정당의 조직적 반발까지의 모습만 놓고 보면 피청구인의 2012. 5. 비례대표 부정경선 사건과 동일하다.

260 민주당 유종필 대변인 폭행 사건, 한나라당, 새누리당 대선 후보 경선 폭행 사건, 민주당 전당대회 폭력 사건 등.

4) 피청구인은 2012년 비례대표 경선 과정에서 발생한 대리투표의 문제나 관악을, 인천 남동을 야권단일화 여론조사 과정에서 발생한 문제에 관하여 국민들에게 사과하고, 다시는 이러한 일이 일어나지 않도록 내부시스템을 정비하였다. 또한 피청구인은 진보정당으로서 다른 기성 정당들보다 높은 수준의 도덕성을 요구받고 있음에도 불구하고 중앙위 폭력사태와 같은 불미스러운 사태가 벌어진 것에 대하여 깊은 책임을 통감하고, 대국민 사과문을 발표하여 재발 방지를 약속하였다. 이에 비추어 보면 위와 같은 사례들은 피청구인이 조직적·계획적으로 의회주의나 정당민주주의를 훼손한 것으로 볼 수 없으며, 일부 당원들의 위법행위를 피청구인에 귀속시킬 수는 없다고 할 것이다. 이미 그에 상응한 형사처벌로 충분히 대처하였고, 또한 그것이 가능하다는 점 등에서 이를 정당해산사유로까지 인정할 것은 아니다.

VI. 구체적(명백·임박한) 위험성 및 비례원칙

1. 구체적(명백·임박한) 위험성
가. 다수의견과 소수의견의 견해
나. 검토
- '숨은 목적'이 숨은 상태로 남아 있으면?

2. 비례원칙
가. 다수의견 및 보충의견
- '개미구멍으로 큰 둑이 무너진다'
나. 소수의견
- 해산 결정으로 인한 사회적 불이익이 이익을 능가
다. 검토
- 비판을 불허하는 불행한 전체주의 사회로 전락

1. 구체적(명백·임박한) 위험성

가. 다수의견과 소수의견의 견해

1) 다수의견과 소수의견은 모두 정당해산사유로서의 '위배될 때'에 해당하기 위해서는 단순한 저촉만으로는 안 되고, 민주적 기본질서에 실질적인 해악을 끼칠 구체적 위험이 발생하여야 한다고 했다.

2) 다수의견은 "정당이라는 단체의 위헌적 목적은 그 정당이 제도적으로 존재하는 한 현실적인 측면에서 상당한 위험성을 인정할 충분한 이유가 된다."[261]라고 한 후 피청구인의 진정한 목적이 대중투쟁, 전민항쟁, 저항권 등 폭력에 의한 진보적 민주주의 실현과 이에 기초한 북한식 사회주의 실현이라 했다. 이와 함께 소위 내란 관련 사건, 비례대표 부정경선 사건, 중앙위 폭력 사건 및 관악을 지역구 여론조작 사건 등 피청구인의 활동들은 단순히 일회적, 우발적인 것이 아니라 피청구인의 진정한 목적에 기초한 것으로서 향후 유사 상황에서 반복될 가능성이 매우 크고, 피청구인이 폭력에 의한 집권 가능성을 인정하고 있는 점에 비추어 보면 피청구인의 여러 활동들은 민주적 기본질서에 대한 실질적 해악을 끼칠 구체적 위험성이 발현된

---

261 이 사건 결정 134면.

것으로 보았다.[262]

3) 소수의견도 앞에서 본 바와 같이 이 사건 모임에 대해서는 민주적 기본질서에 실질적 해악을 끼칠 구체적 위험성이 있는 것으로 인정했다. 다만 이 사건 모임으로 인한 민주적 기본질서 위배의 문제를 피청구인 전체의 책임으로 볼 수는 없다고 함으로써 해산요건을 충족하지 못하는 것으로 보았다.[263]

나. 검토
    - '숨은 목적'이 숨은 상태로 남아 있으면?

1) "정당이라는 단체의 위헌적 목적은 그 정당이 제도적으로 존재하는 한 현실적인 측면에서 상당한 위험성을 인정할 충분한 이유가 된다."는 다수의견의 판단은 구체적 위험성 요건을 사실상 형해화하여 위헌정당해산제도의 존재 자체를 부정하는 것이 된다. 이 사건 결정은 정당의 목적과 활동이 민주적 기본질서에 위배된다는 것은 그것이 민주적 기본질서에 대해 '실질적 해악을 끼칠 수 있는 구체적 위험성'을 가지고 있을 때를 의미한다고 하였다. 하지만 정작 그 원칙을 적용하는 단계에서는 정당은 실물적인 힘과 의지를 내포

---

[262] 이 사건 결정 131~135면.
[263] 이 사건 결정 301면. "이석기 등의 그와 같은 발언은 피청구인의 기본노선과 현저하게 다르고, 이 사건 모임 참석자들이 피청구인 전체를 장악하였다고 할 수 없으며, 나아가 피청구인이 이 사건 모임 또는 모임에서의 발언을 승인하였다고 볼 수도 없으므로, 이 사건 모임이나 그 모임에서 이루어진 구체적 활동으로 인한 민주적 기본질서 위배의 문제를 피청구인 정당 전체의 책임으로 볼 수는 없다."

하고 있는 만큼 정당이 위헌적인 목적을 가지게 되면 자동적으로 '현실적인 측면에서 상당한 위험성을 인정할 충분한 이유'가 된다고 해버렸다. 정당은 그 존재만으로 '실질적 해악을 끼칠 수 있는 구체적 위험성'을 가진다고 인정한 것이다. 그렇다면 '실질적 해악을 끼칠 수 있는 구체적 위험성'이라는 요건은 아무런 의미도 없게 된다. 스스로 물질적인 집행력과 실천력을 가지는 정당이기에 뭔가 불순한 의도만 가지는 순간, 그 정당에는 민주적 기본질서에 대한 '실질적 해악을 끼칠 수 있는 구체적 위험성'이 의제(擬制)되거나 그 존재함이 간주되고 만다.[264]

2) 다수의견은 피청구인이 공식적 목적인 진보적 민주주의 이외의 '숨은 목적'을 추구한다고 인정하였는데, '숨은 목적'은 숨은 상태로 남아 있으면 민주적 기본질서를 위태롭게 할 구체적 위험에 해당하지 않는다. '구체적 위험'이라는 것은 숨은 목적이 특정한 행위나 계획으로 공식화되고 현재화될 때 비로소 현실적 위험(real threat)을 구성하는 것이기 때문이다.[265]

정당해산사건에서 '위험성'은 시민사회에서 발생한 현재의 위험에 있는 것이고, 그 내용은 다원적 사회를 폭력적으로 지배하여 경쟁을 파괴하거나 다양한 의견과 이익이 조화되는 정치과정을 폭력의 사용을 선동하는 방식으로 자기의 이념과 목적을 일방적으로 실현하려고 시도하는 "다원적 민주주의에 대한 침해"에 있는 것이다. '위험

---

264 한상희, 앞의 글, 46면.
265 한상희, 앞의 글, 42면.

성의 판단대상'은 정당이 추구하는 기본적인 가치와 그 가치가 현재의 역사적 조건에서 구체화된 개별적인 목적과 그 목적을 실현하려는 수단에 있다. 기본적 정치노선이 역사적 전개에 따라 발현된 정당이 현재 설정한 목적과 그 목적을 실현하려는 수단, 바로 이것이 시민사회에 미치는 영향이 바로 위험성의 판단 대상에 해당한다. 그런데 피청구인이 국가권력을 획득하여 실현하려고 하는 청사진 또는 정치적 프로그램이 민주주의와 자유와 평등에 기초한 법치주의에 의한 통치질서를 부정하거나 침해하였다고 볼 어떠한 논증도 증거도 없다. 피청구인이 '진보적 민주주의', '자주적 민주정부', '민중주권의 실현', '연방제 통일노선' 등과 피청구인의 활동들에서 확인할 수 있는 피청구인의 노선은 북한식 사회주의를 추구하는 것도, 그 노선과 유사한 점도 전혀 없고, 자유민주적 기본질서와 양립할 수 없다는 어떠한 논증과 증거도 없다. 피청구인이 현재의 역사적 조건에서 설정한 목적과 그 목적을 실현하기 위하여 선택한 의회전술 및 대중투쟁 병행의 정치적 수단도 폭력을 사용하거나 폭력의 사용을 선동하는 것이 아니어서 시민사회에 어떠한 위험도 발생시킨 바 없다. 특히 피청구인은 이 사건 심판청구를 제기당한 이후 헌재의 재판권을 존중하면서 성실하게 심판절차에 응해 왔다. 피청구인은 이 사건 심판절차 진행 중에 실시된 6·4 지방선거에도 정상적으로 참여하여 국민들의 심판을 받았다. 이러한 사정들은 피청구인을 해산하여야 할 구체적 위험성이 더는 존재하지 않음을 의미한다.

3) 한편, 소수의견도 이 사건 모임이 민주적 기본질서에 위배된다

고 인정했다. 그러나 이 사건 모임에서는 말뿐이었고 실제적인 준비에 나아가지는 못했으므로 그 논의 내용이 민주적 기본질서에 실질적 해악을 끼칠 구체적 위험성이 있었다고 볼 여지가 있다고 하더라도, 이를 '명백하고 급박한 위험'으로 인정할 수는 없다고 할 것이다.

2. 비례 원칙

이 사건 결정은 앞에서 본 바와 같이 청구인의 주장과는 달리 정당해산 결정에 있어 비례원칙 적용에 대해 적극적인 견해를 채택했다. 다만 이 사건 심판청구가 비례원칙을 충족하였는가 하는 점에 대해서는 다수의견과 소수의견이 달리 판단했다.

가. 다수의견 및 보충의견
– '개미구멍으로 큰 둑이 무너진다'

1) 다수의견은 피청구인에 대한 정당해산 결정이 비례원칙에 어긋나지 않는다고 판단했다. 그 근거로는 첫째, 피청구인의 목적과 활동에 내포된 위헌적 성격의 중대성, 둘째, 대한민국이 처해 있는 특수한 상황, 셋째, 다른 대안적 수단의 부존재로 인한 피해의 최소성, 넷째, 해산 결정을 해야 할 사회적 필요성(법익 형량) 등을 들었다.[266]

---

266 이 사건 결정 137~142면.

2) 다수의견은 비례원칙을 판단하는 기준으로 위험의 '중대성'을 들었으나, 정당을 해산할 정도로 위험이 중대하고 심각할 것을 요구하는 것은 당연하지만, 그 요건을 중대성에만 한정하는 것은 '실질적 위해를 끼칠 구체적 위험'의 요건에 해당하지 않는다. 헌재는 표현의 자유를 제한하기 위해서는 '명백하고도 급박한 위험'의 요건을 충족해야 한다는 견해를 취해왔다. 헌법의 특별한 보호를 받는 정당을 해산하기에는 그 요건은 더욱 엄격하여야 한다. 명백성 및 급박성 요건이 더욱 강조되어야 하는데, 다수의견은 위헌적 성격의 중대성을 비례원칙 판단의 요소로 삼음으로써 그 요건을 완화시켜 버렸다.[267]

3) 대한민국의 특수한 상황이 입헌주의의 보편적 원칙을 유보하기 위해 사용될 수 없다는 점은 앞에서 설명했다.

4) 피해의 최소성과 관련하여 다수의견은 "목적이나 활동에 관하여 일정 부분의 위헌적 성격을 가지는 정당에 대해서 설령 현재 우리 사회의 정치적 공론장이 적절하게 작동함으로써 그 정당의 정치적 위험성을 상당 부분 견제할 수 있다 하더라도, 그 정당의 목적이나 활동의 중대한 위헌성을 지니는 것이라면 정당해산제도의 예방적 성격에 비추어 정당해산의 필요성은 인정된다."고 한다.[268] 다수의견은 급박성의 요건을 배제하였다. 정당의 위헌적 성격이 지금 현재 어떠

---

267 한상희, 앞의 글, 47면.
268 이 사건 결정 138면.

한 현실적 위협이 되지 않는다 하더라도 또는 사회가 그러한 위헌성을 감당해 낼 수 있는 능력이 충분하여 그 위험의 발생을 충분히 차단하거나 예방할 수 있다 하더라도 정당을 강제해산시키는 형태의 국가개입은 허용된다고 보았다. 이는 침해의 최후성과 보충성 피해의 최소성이라는 비례원칙을 정면으로 위반하는 것이다. 국가의 개입은 다른 수단이 없을 때 한하여 최후로만 하여야 한다는 원칙이 무시되었다. 사적 결사로서의 정당의 위헌성을 치유하는 최선의 방식은 유권자들의 민주적 통제방식이다. 사회가 그러한 능력을 충분히 갖추고 있다면 국가는 개입하지 않는 것이 헌법의 요청이요, 정당의 강제해산과 관련한 각국의 제도와 관행들을 통람하였던 베니스위원회가 이 제도를 두고 일종의 '소극적 안전판'(passive safety valve)이라 규정한 것도 이런 고려에 입각하였기 때문이다.[269]

5) 다수의견은 개별적인 형사처벌이나 국회의원 제명으로는 한계가 있기 때문에 정당해산 결정 이외에는 다른 대안이 없다고 한다.

> "개별적인 형사처벌의 경우 위법행위가 확인된 개개인에 대해 형사처벌이 가능할 뿐이고, 정당 자체의 위험성은 제거되지 않기 때문에, 나머지 당원들은 계속하여 그 정당을 통해 위헌적 활동을 할 수 있게 된다. 또한 개별 당원의 제명이나 자격심사는 단순한 인적 교체에 불과할 뿐만 아니라, 2차 분당 사태까지 초래했던 비례대표 부정경선 사건과 관련된 피청구인 주도세력의 행태에 비추어 볼 때 이는 사실

---

[269] 한상희, 앞의 글, 48면.

상 기대하기 어렵다. 그리고 우리 헌법상 문제 된 행위나 발언을 한 국회의원에 대하여 국회가 제명시킬 수 있는 제도적 장치가 마련되어 있으나(헌법 제64조 제3항), 그 동안의 역사적 경험에 비추어 볼 때 이 역시 기대하기 어렵다. 피청구인 주도세력은 언제든 그들의 위헌적 목적을 정당의 정책으로 내걸어 곧바로 실현할 수 있는 상황에 있다. 따라서 합법정당을 가장하여 국민의 세금으로 상당한 액수의 정당보조금을 받아 활동하면서 헌법상 최고 가치인 민주적 기본질서를 파괴하려는 피청구인의 고유한 위험성을 제거하기 위해서는 결국 정당해산 결정 외에는 다른 대안이 없다."[270]

다수의견은 개별적인 형사처벌의 경우 "정당 자체의 위험성은 제거되지 않기 때문에 나머지 당원들은 계속하여 그 정당을 통해 위헌적 활동을 할 수 있게 된다."고 판단했으나, 다수의견은 피청구인 자체가 위헌적임을 인정했다기보다는 피청구인 주도세력이 위헌적임을 인정했다. 그렇다면 피청구인의 위헌성은 주도세력을 제거함으로써 얼마든지 치유될 수 있다. 사정이 그러하다면 헌재는 정당해산 결정을 하기보다는 보충적인 방법, 즉 주도세력에 대한 형사처벌이나 국회의 자격심사 등의 방법에 호소하도록 하는 것이 비례원칙에 합치되는 판단이다.[271]

다수의견은 정당해산제도는 최후적·보충적인 수단이므로 우리 사회의 정치적 공론장이 제대로 작동하는 한 정당해산 결정을 통한 정치과정에의 개입은 최대한 자제되어야 한다는 견해에 대해서는 그

---

270 이 사건 결정 139면.
271 한상희, 앞의 글, 49면.

취지는 옳지만 지나친 낙관으로 일관하는 자세로서 적절한 태도라고 볼 수 없다고 한다. 그러면서 나치당의 집권사례를 예로 든다.

"세계 제2차 대전의 발발에 결정적인 원인을 제공했고 집권기간에 비인도적 범죄를 저질러 인류에 큰 상처를 안겼던 독일 나치당의 전례는 시사하는 바가 적지 않다. 나치당은 1928년 5월 선거에서 2.6%의 득표에 그쳐 고작 12석의 의석을 확보하는 수준이었다. 그러나 불과 2년 후인 1930년 9월 선거에서 18%를 득표했고, 107석의 의석을 가져갔으며, 다시 2년이 지난 1932년 7월에 있었던 선거에서 나치당은 전체 투표자 중 37.2%의 지지를 얻었고, 230석의 의석을 획득함으로써 제1당으로 부상하였다. 이처럼 나치당은 불과 4년 만에 2.6%의 지지율을 보인 군소정당에서 37.2%의 득표에 성공한 제1당으로 변모한 것이다. 비록 이를 흔한 일로 볼 수는 없을지라도, 현실 정치의 역동적인 성격에 비추어 볼 때 향후에 결코 다시 발생하지 않을 일이라고 단언할 수도 없다."[272]

다수의견은 소수당에서 4년 만에 다수당의 지위를 차지한 히틀러 나치당의 전례를 들어 그 위험의 심각성을 논증한다. 하지만 이는 수많은 조건이 충족되어야만 가능한, 따라서 급박성 및 명백성이 결여된 사례라는 점에서 여기에 예시되기에는 부적절하다. 그뿐만 아니라, 당시 패전국인 바이마르의 정치적 상황과 현재 안정된 국가체제를 구축하고 있는 우리나라의 상황은 전혀 다르다.[273] 다수의견의 위

---

272 이 사건 결정 140면.
273 한상희, 앞의 글, 48면.

논거는 시대착오적인 논리 비약의 극치다. 제왕적이라는 대통령이나 의회 권력을 거의 놓친 적이 없는 집권 정당도 마음대로 입법을 할 수 없는 현행 체제에서 교섭단체도 구성하지 못하는 정당이 짧은 시간에 민주적 기본질서에 위배되는 체제를 수립할 위험을 현실화할 것이라고 합리적으로 예측할 수는 없다.[274]

6) 나아가 다수의견은 정당해산 결정으로 얻을 수 있는 이익이 그로 인한 불이익에 비하여 월등히 크다고 판단했다.

> "피청구인에 대한 정당해산 결정으로 얻을 수 있는 이익은 피청구인이 파괴하려고 한 우리 헌법상의 최고가치인 국민주권원리, 기본권 보장, 복수정당제, 권력분립 등의 민주적 기본질서 수호이다. 나아가 피청구인에 대한 정당해산 결정이 한 알의 밀알이 되어 이 땅에 전체주의나 북한의 이념과 체제를 추종하지 않으면서도 진보적 사상과 이념을 지향하는 진보정당이 터 잡고 성장할 수 있는 자리를 마련함으로써 민주주의의 다원성과 상대성을 보장할 수 있다. 이러한 민주적 기본질서의 수호와 민주주의의 다원성·상대성 보장이라는 사회적 이익은 정당해산 결정으로 초래되는 피청구인의 정당활동의 자유에 대한 근본적 제약이나 민주주의에 대한 일부 제한이라는 불이익에 비하여 월등히 크고 중요하다."[275]

비례원칙은 '구체적 위험성'을 심사하는 도구적 개념이고, 정당

---

274 김종철, 앞의 글.
275 이 사건 결정 142면.

해산을 정당화할 수 있는 유일한 헌법적 도구다. 정당해산제도가 가지는 전통적 패러다임은 정당이 권력을 획득하여 국가권력을 정당의 정치적 프로그램을 실현하는 수단으로 이용하게 되는 경우에 발생하는 위험성에 있다고 본다. 다수의견은 이러한 패러다임을 정당이 정치과정에 진입하여 활동하게 되는 경우 공중에 미치는 위험의 개연성 문제로 대체한 것으로 보인다. 개연성의 문제로 환원하여 버리면 판단자의 논리적 추론이 기준이 되는 자의적 판단이 얼마든지 가능하기 때문이다.[276]

7) 보충의견은 『한비자(韓非子)』「설림상편(說林上篇)」의 "아주 작은 싹을 보고도 사태의 흐름을 알고 사태의 실마리를 보고 그 결과를 알아야 한다(見微以知萌 見端以知末[277])."는 구절을 원용하였다. 우리의 미래와 생존에 관한 판단에는 무엇보다 선입견이나 편견을 배제한 통찰이 필요하다는 것이다.[278] 그러나 위 구절은 예언가나 정치가라면 귀감으로 삼아야 하겠지만, 헌법재판관이 엄격한 판단을 해야 할 정당해산심판 사건에 원용할 수 있는 구절은 아니다. 싹이 나지도 않았고, 아무런 위험성도 발현되지 않았는데, 선제적으로 그 가능성의 씨앗을 죽여 버리는 것은 엄격한 증거재판주의 원칙, 명백하고 현존하는 위험 원칙, 정당해산의 최후수단성 원칙에 정면으로 반하는 것이다. '선무당이 사람 잡는 우'를 범할 수 있다.

---

276 전영식, 앞의 글, 26면.
277 견미이지맹 견단이지말.
278 이 사건 결정 345면.

한편, 한비자는 사물이 아직 일어나기 전에 행하고 이치가 아직 밝혀지기 전에 움직이는 것을 가리켜 '전식(前識)'이라 하고, 전식은 근거 없이 제멋대로 헤아리는 억측이라면서[279] 『노자』의 '전식이란 도의 화려한 수식에 불과하고 어리석음의 시작이다(前識者 道之華也 而愚之始也)'란 구절을 인용했다. 섣불리 넘겨짚는 것은 어리석음의 시작이라는 것이다. 다산 정약용이 강조한 바와 같이 재판관은 '삼가고 또 삼가야[欽欽]' 한다. 다수의견이 위의 '견미이지맹 견단이지말'이란 구절을 인용한 것만 보아도 다수의견이 먼저 통합진보당을 해산하여야 한다는 결정을 내린 후 이를 합리화하기 위한 명분으로 재판절차를 진행한 것이 아닌가 의심하기에 충분하다.

황교안 법무부 장관은 최종 변론에서 역시 『한비자(韓非子)』의 '제궤의혈(堤潰蟻穴)', 즉 "개미구멍으로 큰 둑이 무너진다."는 구절을 원용했다. 통합진보당 일부 세력의 활동을 개미구멍으로 본 것이다. 둑에 개미구멍이 있으면 개미구멍을 막으면 되지, 그렇다고 해서 둑을 허무는 것은 누가 보더라도 과잉이다. 일부 세력에 대해 형사적으로 대처하는 것이 아니라 통합진보당을 해산하는 것은 개미구멍을 막는 것으로 충분함에도 둑을 허무는 격이다. '모기 보고 칼을 뽑는(見蚊拔劍)', '빈대 잡기 위해 초가삼간 태우는', '쇠뿔 바로잡으려다 소를 죽이는(矯角殺牛)' 또는 '참새 잡기 위해 대포 쏘는' 우(愚)를 범하는 것이다.

---

279 先物行先理動之謂前識 前植者 無緣而忘意度也. 『한비자』「해로편(解老篇)」.

나. 소수의견
– 해산 결정으로 인한 사회적 불이익이 이익을 능가

1) 반면에 소수의견은 이 사건에서 정당해산이 비례원칙을 충족하지 못하는 것으로 판단했다. 소수의견은 우선 정당해산 결정의 실효성에 의문을 제기한다. 피청구인에 대한 해산 결정은 그것을 통해 달성할 수 있는 사회적 이익이 통상적인 관념에 비해 크지 않을 수 있는 반면, 피청구인의 해산 결정으로 인해 초래될 사회적 불이익은 민주사회의 순기능에 장애를 줄 만큼 크다는 것이다.

"정당해산 결정은 실효성 면에서 원래 의도하였던 목적을 달성하는데 그다지 효과적이지 못하다. 첫째, 강제적 정당해산은 민주주의 체제의 가장 중요한 요소인 정당의 자유 및 자율적 의사결정원리에 대한 중대한 제약을 초래한다. … 둘째, 피청구인에 대한 해산 결정은 우리 사회가 추구하고 보호해야 할 사상의 다양성을 훼손하고, 특히 소수자들의 정치적 자유를 심각하게 위축시킬 수 있다. … 셋째, 피청구인에 대한 해산 결정은 우리 사회의 진정한 통합과 안정에도 심각한 영향을 준다."[280]

2) 민주주의 사회에서 소수의견의 가치와 성숙한 민주주의 사회를 위해 소수의견을 보호해야 한다는 점을 강조하는 김이수 재판관의 논지는 우리 사회가 깊이 새길 가치가 있다.

---

[280] 이 사건 결정 307~311면.

"사회의 소수의견은 다수의견이 건강하게 유지되는 데에도 필수적이다. 사회의 주류적 견해가 언제나 옳다면 다행스러운 일일 것이나, 실상 인간들이 모여 살아가는 사회는 잠재적인 오류들로부터 자유롭지 못하다. 소수의 생각과 주장은 다수의 의견이 혹시 그릇된 것인지, 만약 그릇된 것이라면 어떤 측면에서 오류를 가지는 것인지를 지속적으로 성찰하게 하는 거울과 같은 것이다. 따라서 성숙한 민주주의 사회라면, 다수가 언뜻 보기에 불온하고 선뜻 수긍하기 힘들며 경우에 따라서는 정서적으로 불편하게 만들기도 하고 때로는 무의미한 주장이라고 외면해 버릴 수도 있을 그러한 이례적인 주장마저도 우리 사회를 잠재적인 오류로부터 구해 줄 수 있는 소중한 자원으로 대해야 한다. … 다양한 종들이 각자의 존재를 과시하며 자연계의 아름다움을 만들어 가는 것과 마찬가지로 소수의 지지를 받는 정당들도 우리 사회의 정치적 역량과 상상력, 민주적 실천을 다채롭고 풍부하게 만드는 정치적 자산이다. 자연계에서 다양한 종의 보존이 중요하듯이 민주 사회에서 다양한 생각의 보존 또한 중요한 것이다. 따라서 우리의 민주주의가 성장하기 위해서는 다수라는 수적 우위와 보편적 정서라는 이름으로 포장된 주류적 사고로 인해 소수의 생각이 주눅 들어 사멸되지 않도록 해 주어야 한다."[281]

3) 나아가 소수의견은 정당해산은 그 필요성이 인정된다고 하더라도 최대한 최후적이고 보충적인 용도로만 활용되어야 한다면서 피청구인 소속 당원들 중 북한의 대남혁명론에 동조하여 대한민국의 민주적 기본질서를 전복하려는 세력이 있다면, 형법이나 국가보안법

---

[281] 이 사건 결정 309~310면.

등을 통해 그 세력을 피청구인의 정책 결정 과정으로부터 효과적으로 배제할 수 있고, 그 세력 중 일부가 국회의원이고 그 지위를 활용하여 국가질서에 대한 공격적인 시도를 더욱 적극적으로 행하고 있다면, 국회는 이를 스스로 밝혀내어 자율적인 절차를 통해 그들을 제명할 길도 열려 있다고 보았다.[282] 나아가 정당해산 여부는 원칙적으로 정치적 공론의 장에 맡기는 것이 적절하다는 점을 지적했다.

"모름지기 동서고금을 막론하고 널리 다양한 견해와 새로운 발상을 포용하고 받아들인 나라는 융성하였고, 문을 닫고 한 가지 생각만 고집한 나라는 결국 쇠락의 길을 걸었다. 바다는 작은 물줄기들을 마다하지 않음으로써 그 깊이를 더해 갈 수 있는 법이다(河海不擇細流 故能就其深[283]). 민주주의야말로 바로 바다와 같아서 다양한 생각들을 포용해 가는 것을 그 제도의 본질로 한다. 우리 헌정질서의 한 축을 이루는 법치주의 원리를 포기하지 않는 한, 국가의 안보를 위해하는 개인 내지 집단에 대한 제재는 기본적으로 형사절차의 엄정한 집행을 통해서 하여야 할 것이고, 헌정질서의 다른 한 축을 이루는 민주주의 원리를 경시하지 않는 한, 공당에 대한 준엄한 질책은 선거라는 정치적 심판을 통해 함이 마땅하다. 또한 당의 기본노선에 어긋나는 일부 소속 당원들의 일탈행위에도 불구하고 피청구인의 자기비판역량과 부단한 변화와 발전의 가능성을 배제할 수 없다. 피청구인의 목소리를 우리의 정치적 공론의 장에 수용하는 것이야말로 관용과 다원성을 핵심으로 하는 민주주의의 참된 정신이라 할 것이다. 민주적 기본질서를 수호하려는 자는 민주적 기본질서의 우월성과 장점이 어디

---

282 이 사건 결정 314면.
283 『전국책(戰國策)』「이사간축객서(李斯諫逐客書)」.

에 있는지를 망각하여서는 안 된다. 헌법이라는 탐조등으로 우리 사회의 갈 길을 찾아 나설 때, 우리는 민주주의와 법치주의를 두 축으로 하는 민주적 기본질서의 바탕이자 토대가 되는 '자율과 조화'의 정신을 발견할 수 있다. 이것이야말로 헌법 전문의 근본정신이다. '합리적 보수'와 '합리적 진보'를 찾기 어렵고 서로를 겨누는 거친 언사들이 난무하는 우리의 삭막한 현실에서, 진정한 의미의 '사회의 통합'과 '화해'를 갈구하는 이들에게 주는 우리 헌법의 가르침도 바로 이것이다."[284]

4) 소수의견은 해산 결정으로 초래되는 불이익이 해산 결정을 통해 획득할 공익을 능가하여 이 사건 심판청구는 비례원칙을 준수하지 못한다고 결론지었다.

"피청구인에 대한 해산 결정으로 초래되는 사회적인 불이익은 해산 결정을 통해 획득할 수 있는 공익을 능가한다고 보인다. 또한 이석기 등 소위 내란 관련 사건의 관련자들에 대한 형사적 제재 등을 통해 그들로 인해 초래되는 사회적 위험성을 많은 부분 해소할 수 있다고 보이고, 나아가 이 사건 심판청구가 이루어진 후 우리 사회의 정치적 공론의 흐름을 보면 피청구인이 보여준 일부 문제점들에 대한 자율적 비판과 정치적 견제가 상당 부분 이루어지고 있음을 알 수 있다. 위와 같은 사정들을 종합적으로 고려할 때, 피청구인에 대한 해산은 정당해산의 정당화 사유로서의 비례원칙 준수라는 헌법상 요청을 충족시키지 못한다."[285]

---

[284] 이 사건 결정 326~327면.
[285] 이 사건 결정 316~317면.

다. 검토
- 비판을 불허하는 불행한 전체주의 사회로 전락

피청구인은 대중정당으로서 모든 활동을 공개하였으므로 피청구인의 활동으로서 국가안위에 위협이 될 만한 내용이 있다면 정부는 형사적 · 행정적으로 충분히 즉시 대처할 수 있었다. 또한 피청구인의 구성원 중에서 국회의원이나 지방자치단체장 또는 지방의회의원의 활동은 공개적으로 이루어지기 때문에 그 직분에 위배되거나 국가의 안위를 해하는 내용이 있다면, 그에 상응하여 각 소속기관에서의 자격심사나 수사기관에의 고발 등을 통해서 얼마든지 대처하는 것이 가능했다.

소위 내란 관련 사건의 경우 항소심 판결에 의하면 단 2명의 당원에 의한 일방적 '선동' 행위가 있었을 뿐이고, 130여 명의 집단적인 '내란음모'로 평가하기에 부족한 사안이다. 일부 당원들의 행위에 대하여 형법 등의 다른 대체적 수단에 의한 위험의 대처가 오히려 올바른 것이다. 소위 내란 관련 사건에 대한 기소 이후 새로운 형태의 추가적인 위협요인이 발생한 바는 전혀 없다. 피청구인은 그동안 위 사건에 대한 입장을 발표하고 항의의 의사표시를 하였지만, 언제나 우리 헌법과 법률이 허용하는 범위를 준수하였다. 사정이 이러함에도 정당 자체를 해산하여 비판의 목소리 자체를 제거하거나 침묵시키겠다는 것은 최후수단이며 예외적인 조치인 정당해산제도에 부합하지 않는다.

이 사건 심판청구는 법익의 균형성 관점에서도 그 필요성이 인정될 여지가 없다. 이 사건 청구가 인용될 경우의 효과는 단지 피청구인의 해산에 그치는 것이 아니라 전 사회적으로, 그리고 장래에 대해서도 심각한 영향을 미칠 수밖에 없다. 국민들의 정치적 표현의 자유가 심각하게 제한되고, 정당 활동뿐만 아니라 시민단체의 활동도 크게 위축되며, 결국 정부 정책에 비판적인 야당 활동이나 시민단체의 활동은 그 껍데기만 남게 될 것이다. 다양한 계층을 대변하는 다양한 복수 정당이 존재했을 때 국민의 기본권이 지켜질 수 있다는 점을 고려해야 한다. 피청구인과 같이 노동자, 농민, 중소상공인, 사회적 약자들의 이익을 대변하는 활동을 계속하면서 어렵사리 원내에 진입하여 현실 정치 속에서 활동하고 있는 정당이 해산된다면, 결국, 우리 사회에서 약자들의 이익을 대변하기 위한 정당 활동이 봉쇄될 것이므로 이는 국민의 기본권을 중대하게 침해하는 결과를 초래하게 된다. 반면, 피청구인이 해산되지 않음으로 인해 야기될 민주적 기본질서에 대한 위험성은 사정기관의 활동과 국민의 여론에 의해 얼마든지 대처할 수 있어서 그 정도가 심각하지 않다.

헌정사상 처음으로 피청구인이 이 사건 심판청구에 의해 해산됨으로써 우리 사회는 민주주의를 수호하는 것이 아니라 정부에 대한 일체의 비판을 불허하는 불행한 전체주의 사회로 전락하게 되었다.

VII. 국회의원 자격 상실

1. 다수의견
  – 해산 정당 의원의 국민대표성은 부득이 희생될 수밖에 없다

2. 검토
  – 법률 근거 없고, 삼권분립 원칙에 위배

1. 다수의견

– 해산 정당 의원의 국민대표성은 부득이 희생될 수밖에 없다

다수의견은 피청구인 소속 국회의원 전원, 지역구 의원이든 비례대표 의원이든 불문하고 국회의원 자격을 상실하는 결정을 했다. 소수의견은 정당해산 자체를 인정하지 않았기 때문에 국회의원 자격 상실에 대해서는 판단할 필요가 없어 그에 대해 아무런 판단도 하지 않았다.

실정법상의 아무런 근거 규정이 없어 치열한 논리 싸움과 의견 대립이 있을 것으로 예상했으나, 다수의견은 너무도 간단히 아무런 이견 없이 일치된 견해를 취했다. 적어도 지역구 국회의원의 경우 국민들이 직접 선출한 대표기관이기 때문에 그러한 민주적 정당성이 없는 헌재가 그 자격을 상실시킬 권원이 있다고 보기 어렵다. 비례대표 국회의원의 경우에도 국민이 정당을 투표한 것이기 때문에 민주적 정당성이 취약한 헌재가 그 자격을 상실시킬 권한이 없다고 보는 것이 타당하다. 그럼에도 다수의견은 정당해산제도의 본질이라는 애매하고 추상적인 논리로 국민이 선출한 국회의원의 자격을 상실시켰다.

"어떠한 정당을 엄격한 요건 아래 위헌정당으로 판단하여 해산을 명하는 것은 헌법을 수호한다는 방어적 민주주의 관점에서 비롯되는 것이고, 이러한 비상상황에서는 국회의원의 국민대표성은 부득이 희생될 수밖에 없다. … 헌재의 해산 결정으로 해산되는 정당 소속 국회의원의 의원직 상실은 정당해산심판 제도의 본질로부터 인정되는 기본적 효력으로 봄이 상당하므로, 이에 관하여 명문의 규정이 있는지 여부는 고려의 대상이 되지 아니하고, 그 국회의원이 지역구에서 당선되었는지, 비례대표로 당선되었는지에 따라 아무런 차이가 없이, 정당해산 결정으로 인하여 신분유지의 헌법적인 정당성을 잃으므로 그 의원직은 상실되어야 한다. 정당해산심판제도의 본질적 효력에 따라, 그리고 정당해산 결정의 취지와 목적을 실효적으로 확보하기 위하여, 피청구인 소속 국회의원들에 대하여 모두 그 의원직을 상실시키기로 한다."[286]

2. 검토

– 법률 근거 없고, 삼권분립 원칙에 위배

다수의견은 다음과 같은 이유로 부당하다.

첫째, 국회의원직 상실은 헌법기관의 지위를 상실시키는 것이므로 이를 위해서는 반드시 법적 근거가 있어야 하는데, 그러한 근거 규정이 전혀 없다.

국회의원직 상실은 단순히 기술적이거나 결과적인 불이익에 그치는 것이 아니라 적법한 선출절차를 통해 부여된 헌법기관의 지위를

---

286 이 사건 결정 144~145면.

박탈한다는 것을 의미한다. 그런데 이에 관하여 헌법은 물론 법률에도 근거 규정이 전혀 없다. 1963년 헌법은 제38조에서 국회의원은 "소속정당이 해산된 때에는 그 자격이 상실된다."라는 규정을 두고 있었지만, 현행 헌법이나 법률에는 정당해산 시 국회의원의 자격상실에 대하여 아무런 규정도 없다. 이는 헌법제정권력자 및 입법자의 의사가 이전의 명문규정과는 반대로 바뀐 것으로 보아야 한다. 그럼에도 불구하고 해석론에 근거해서 국회의원 자격을 상실시키는 것은 해석의 범위를 넘어서서 새로운 입법을 하는 것과 마찬가지다. 헌재에 이와 같은 입법권한을 수여하는 민주적 정당성은 어디에도 없다.

정당법은 정당이 정당해산심판으로 해산되거나 자진 해산되는 경우의 효과에 관하여 제45, 47, 48조에서 신고, 공고, 잔여재산 처분 등 제반 절차에 관하여 비교적 상세한 조항들을 두고 있다.[287] 이들 조항에는 더욱 중요한 문제라고 할 수 있는 소속 의원들의 의원직 상실 여부에 관한 규정이 포함되어 있지 않다. 이를 반대해석하면 정당해산 시 그 소속 의원들의 의원직은 상실되지 않는 것으로 정했다고 보아야 한다.

---

[287] 정당법 제45조(자진해산) ① 정당은 그 대의기관의 결의로써 해산할 수 있다. ②제1항의 규정에 의하여 정당이 해산한 때에는 그 대표자는 지체 없이 그 뜻을 관할 선거관리위원회에 신고하여야 한다.
제47조(해산공고 등) 제45조(자진해산)의 신고가 있거나 헌법재판소의 해산 결정의 통지나 중앙당 또는 그 창당준비위원회의 시·도당 창당승인의 취소통지가 있는 때에는 당해 선거관리위원회는 그 정당의 등록을 말소하고 지체 없이 그 뜻을 공고하여야 한다.
제48조(해산된 경우 등의 잔여재산 처분) ① 정당이 제44조(등록의 취소)제1항의 규정에 의하여 등록이 취소되거나 제45조(자진해산)의 규정에 의하여 자진해산한 때에는 그 잔여재산은 당헌이 정하는 바에 따라 처분한다. ②제1항의 규정에 의하여 처분되지 아니한 정당의 잔여재산 및 헌법재판소의 해산 결정에 의하여 해산된 정당의 잔여재산은 국고에 귀속한다. ③제2항에 관하여 필요한 사항은 중앙선거관리위원회 규칙으로 정한다.

공직선거법 제192조 제4항[288]은 "정당의 합병·해산 또는 제명 외의 사유로 당적이 변경된 경우 비례대표의원은 퇴직한다."라고 명문으로 규정하고 있다. 정당해산의 경우 소속 국회의원의 자격이 상실되지 않도록 규정하고 있는데, 지역구 의원은 물론이고 전국구 의원의 경우에도 마찬가지이다. 이렇게 된 것은 군사독재정권 시절 정당들이 해당(害黨) 행위자의 의원직을 박탈시켜 버리기 위해 일부러 정당을 해산하고, 그 해당 행위자를 당원으로 받아들여 주지 않음으로써 그 해당 행위자의 국회의원직을 상실시켜 버리는 편법이 이용되었는데, 그러한 폐단을 막기 위해서 보호규정을 도입한 것이었다. 그래서 현행 공직선거법은 정당이 해산되는 경우에도 지역구 국회의원 및 전국구 국회의원이 의원직을 상실하지 않도록 하고 있다. 그럼에도 다수의견은 이 규정 중 '해산'은 '자진해산'만을 의미한 것이라고 해석하는 논리를 폈다.[289] 자진해산이 아닌 헌재 결정에 의한 강제해산의 경우에는 자격 상실되어야 한다는 것이다. 그러나 법리적으로 권리의 상실과 관련된 규정은 법에 명문화되어 있어야 하며, 그 규정이 모호할 때는 최대한 권리박탈자의 이익을 옹호하는 방향에서 해석해야 한다. 그래야 공권력으로부터 최대한 인권을 보호할 수 있기 때문이다.

---

288 제192조(피선거권상실로 인한 당선무효 등) ④비례대표국회의원 또는 비례대표지방의회의원이 소속정당의 합당·해산 또는 제명 외의 사유로 당적을 이탈·변경하거나 2 이상의 당적을 가지고 있는 때에는 국회법 제136조(退職) 또는 지방자치법 제78조(의원의 퇴직)의 규정에 불구하고 퇴직된다. 다만, 비례대표국회의원이 국회의장으로 당선되어 국회법 규정에 의하여 당적을 이탈한 경우에는 그러하지 아니하다.
289 이 사건 결정 144면.

둘째, 국회의원직 상실이 정당해산심판 제도의 본질로부터 당연히 도출되는 것이라고 볼 수 없다.

다수의견은 국회의원의 국민대표성보다 방어적 민주주의 관점을 우월하게 평가하여 정당해산을 명하는 비상상황에서는 국회의원의 국민대표성이 부득이 희생될 수밖에 없다고 한다. 그러나 국회의원은 헌법 이론상으로 일차적으로는 국민의 대표이지 정당의 대표가 아니고, 국민대표의 지위가 정당 대표의 지위보다 더욱 우월하다고 해석하여야 한다.[290] 우리 헌법과 공직선거법, 국회법 등 정치관계법은 정당 공천을 받지 않은 이른바 '무소속' 입후보와 국회의원을 허용하고 있으며(공직선거법 제48조), 국회법 제114조의2는 "의원은 국민의 대표자로서 소속정당의 의사에 기속되지 아니하고 양심에 따라 투표한다."는 이른바 '자유투표' 원칙을 천명하여 소속 정당 없이도 얼마든지 국민을 대표하여 의정활동을 계속할 수 있음을 정하고 있다.

현대국가의 '정당국가화' 또는 '정당제 민주주의'를 이유로 정당해산의 경우 그 소속 국회의원직도 상실되어야 한다는 견해도 있으나, 정당국가화 또는 정당민주주의는 그것이 우리에게 주어지고 구체화된 헌법 현실이라는 의미이지 민주주의 원리, 대의제 원리와 평등원칙 등의 헌법상 제 원칙들에 비해서 등가적이거나 우월한 헌법적 원리가 결코 아니다.[291] 따라서 이러한 '현실'을 근거로, 대의제 원리에 위반하여 헌법적 대표기관 지위를 박탈하는 것은 본말이

---

290 이성환 등, 앞의 글, 266면.
291 이종수, '정당제 민주주의의 현안문제의 검토', 『헌법학연구』 제13권 제2호, 106면.

전도된 것이다.

셋째, 헌재가 국회의원 자격을 상실시키는 것은 국회의 자율권을 침해하여 삼권분립원칙에도 반한다.

헌법 제64조 제2항은 "국회는 의원의 자격을 심사하며, 의원을 징계할 수 있다."라고 하여 국회의원의 자격에 관한 심사권을 국회에 전적으로 위임하고 있고, 국회법은 윤리특별위원회의 심의로 제명에 이르는 징계를 할 수 있도록 정하고 있다(제14장, 제155~164조). 또한 국가보안법 위반 등 형사처벌을 받는 경우에는 국가공무원법 등 관련 법령에 따라 자동으로 의원직을 상실하게 된다. 이러한 조항들은 이에 의하지 않고는 의원직을 상실하지 않도록 한 것임과 동시에, 해산정당의 소속 국회의원이 개별적으로 헌법상 의무 등을 위반한 경우에는 징계 절차를 통해 얼마든지 그 의원직을 상실시킬 수 있음을 보여준다. 헌법 제64조 제4항은 국회의 자율권에 의한 국회의원에 대한 자격심사 및 제명 처분에 대하여는 법원에 제소할 수 없다고 하여, 사법심사의 대상이 되지 않는다고 규정하고 있다. 국회의원의 자격심사권은 국회에만 주어진 권한일 뿐 사법부의 심사대상이 아니다. 따라서 법원과 마찬가지로 사법기관이라고 보아야 할 헌재 역시 위 헌법 조항이 유추 적용되어야 한다. 헌재가 통합진보당 국회의원에 대한 자격심사를 함께한 것은 자기 기관에 대한 권한을 확대하여 해석한 잘못이 있다.

독일 연방헌법재판소는 사회주의제국당 해산 판결에서 헌법상 근거 규정이 없었음에도 불구하고 소속 의원들의 의원직 상실 결정을 한 바 있다. 독일에서 1950년대에 의원직 상실 결정을 한 것은 기본법상 국회의원에 대한 자격심사 제도가 없었기 때문이라는 측면이 강하다. 또한 위 결정과 이를 반영한 독일의 연방 및 주의 선거법상의 규정들에 대해서는 독일에서조차 헌법적인 관점에서 많은 비판이 제기되고 있는 실정이다. 우리 헌법은 국회의 자격심사제도를 도입하고 있으므로 정당해산 결정이 된 경우 그 소속 국회의원들에 대해서는 국회에서 개별적 심사를 거쳐 의원직 상실의 징계를 할 수 있다.

넷째, 헌재가 국회의원의 자격상실, 그것도 피청구인 소속 모든 국회의원의 자격상실을 선고한 것은 비례원칙에도 반한다.

다수의견은 해산되는 정당 소속 국회의원들이 위헌적인 정치이념을 실현하기 위한 정치활동을 계속하는 것을 우려하지만,[292] 국회의원이 위헌적인 활동을 하는 것은 입법활동인 만큼 위헌법률심판제도를 이용하여 그 위헌성을 제거하면 충분하다. 또는 국회의 다단계식 입법절차들은 이런 위헌성을 제거하기 위한 일종의 여과장치가 되기도 한다. 그 국회의원들을 의회로부터 제거하지 않더라도 그들이 위헌적인 활동을 할 가능성은 시스템적으로 제거되게 마련이다. 사정이 그렇다면 최소침해의 원칙에 따라 헌재는 국회의원직에 대한 판단을 하지 않는 것이 타당하다.[293]

터키의 경우 헌법에 정당해산 결정을 할 경우 해산을 초래한 당사자의 의원직 상실 및 5년간 정당활동 금지 규정이 있음에도, 복지당

---

292 이 사건 결정 145면.
293 한상희, 앞의 글, 50면.

사건에서 157명의 의원 중 정당해산의 원인을 제공한 5명만의 의원직을 상실시켰다. 그런데 다수의견은 개별 국회의원들의 사정을 고려하지 않고 모든 국회의원에 대해 일률적으로 자격상실을 선고했다. 개별 국회의원이 민주적 기본질서에 반하는 행위를 하였을 때에는 형사처벌로 인하여 피선거권을 상실하여 국회위원 직을 당연히 상실하거나, 아니면 형사처벌과 관계없이 자격심사나 징계에 의하여 자격을 상실시킬 수 있다. 헌법이나 법률에 의원직 상실에 관한 아무런 근거 규정도 없는 우리나라에서 일률적 의원직 상실을 인정하는 것은 개별적 자격심사의 기회를 박탈하는 것으로서 침해의 최소성에 반하여 비례원칙을 위반한 것이다.

Ⅷ. 해산 결정에 대한 우려

1. 다수의견 및 보충의견
 – 소위 대역(大逆)행위로서 이에 대해서는 불사(不赦)의 결단을

2. 소수의견
 – 헌법 정신의 본질을 수호하기 위해 기각해야

1. 다수의견 및 보충의견

– 소위 대역(大逆)행위에 대해서는 불사(不赦)의 결단을

1) 다수의견은 이 사건 결정으로 민주주의가 후퇴하고 진보정당 활동이 위축될 것이라는 우려가 있음을 알고 있다면서 이 결정을 통해 향후 민주적 기본질서의 존중 아래 한층 더 성숙한 민주적 토론과 우리 사회의 이념적 다양성이 실현될 수 있기를 희망한다고 밝혔다.

"우리 재판소는 이 결정으로 인해 우리의 민주주의가 후퇴하고 진보정당의 활동이 위축될 것이라는 우려가 있음을 알고 있다. 그러나 이 사건 해산 결정은 북한식 사회주의 이념을 추구하는 정당이 다원적 세계관에 입각한 우리의 민주 헌정에서 보호될 수 없음을 선언한 것일 뿐이며, 민주적 기본질서에 위배되지 않는다면 우리 사회에서 새롭고 대안적인 생각들이 얼마든지 제기되고 논의될 수 있다는 점을 분명히 하고 있다. 오히려 이 결정을 통해 북한식 사회주의 이념이 우리의 정치영역에서 배제됨으로써, 그러한 이념을 지향하지 않는 진보정당들이 이 땅에서 성장할 수 있는 계기가 될 수 있으리라 믿는다. 한편, 우리는 피청구인의 해산이 또 다른 소모적인 이념 논쟁으로 비화될 가능성을 경계한다. 피청구인 주도세력이 북한식 사회주의를 추구한다는 우리의 결론은 많은 시간과 노력을 투입한 지난 1년간의 오랜 심리 끝에 나온 것이고 우리 재판부에서도 다른 시각이 있는 만큼, 과거에 위 주도세력과 무관했던 피청구인의 일반 당원들 및 경우에 따라 피청구인과 우호적인 관계를 맺기도 했던 다른 정당들에 대한 사회적 낙인과 이념 공세는 있어서는 안 될 것이다. 이 결정을 통해 향후 민주적 기본질서의 존중 아래 한층 더 성숙한 민주적 토론과 우리 사회의 이념적 다양성이 실현될 수 있기를 희망한다."[294]

　다수의견이 소위 진보진영의 건전한 발전에 기여하게 하기 위함임을 명분으로 삼은 것은 '비겁' 하며, 이는 아무리 좋게 해석해 보려 해도 우리 헌정사의 경험과 정면으로 배치되는 지나치게 낙관적인 인식에 기초한 것이라는 비판이 있다. 또한 다수의견이 이 사건 결정으로 무의미한 이념 대결을 종식하자고 한 것은 '무책임' 하다는 비판도 있다.[295] 헌재는 헌법 정신을 철저히 지켜서 헌법분쟁을 종결시켜야 그 존재 의의가 있는데, 국가권력의 자의적 권력남용을 통제한다는 존재 이유를 스스로 포기하였다. 그리고 강력한 법 집행권과 일방적인 사회적 편견 속에 있는 정치적 소수파를 그 일부의 정치적 오류만을 이유로 공존하지 못할 반체제세력으로 단정함으로써 국론을 끊임없는 종북논쟁으로 이끌 공간을 무책임하게 제공했다는 것이다.

　2) 보충의견은 피청구인의 활동을 대역행위로 단정하고 불사의 결단을 내릴 수밖에 없다고 비장하게 선언했다. 왕조시대에 왕이 반역죄인(反逆罪人)에게 사약(死藥)을 내리는 듯한 어투다.

---

294 이 사건 결정 146~147면.
295 김종철, 앞의 글.

"민주주의는 자유로운 의견과 비판, 모든 사상과 문화를 허용하고 보장하며, 또 반드시 그렇게 해야 한다. 이것이야말로 우리 인류가 발전시켜온 민주주의의 최고의 장점이고 가치이기도 하다. 그러나 민주주의 자체를 부정하고 그 근본을 무너뜨리려는 행위에 대해서는 단호히 대처해야 한다. '우리들과 우리들의 자손의 안전과 자유와 행복'의 바탕인 자유민주주의의 존립 그 자체를 붕괴시키는 행위를 관용이라는 이름으로 무한정 허용할 수는 없는 것이다. 뻐꾸기는 뱁새의 둥지에 몰래 알을 낳고, 이를 모르는 뱁새는 정성껏 알을 품어 부화시킨다. 그러나 알에서 깨어난 뻐꾸기 새끼는 뱁새의 알과 새끼를 모두 둥지 밖으로 밀어낸 뒤 둥지를 독차지하고 만다. 둥지에서 뻐꾸기의 알을 발견하고 적절한 조치를 한 뱁새는 자신의 종족을 보존하게 되지만, 둥지에 있는 뻐꾸기의 알을 그대로 둔 뱁새는 역설적으로 자기 새끼를 모두 잃고 마는 법이다. 피청구인 주도세력에 의해 장악된 피청구인 정당이 진보적 민주주의 체제와 북한식 사회주의 체제를 추구하면서 대한민국의 자유민주주의 체제를 부정하고 그 전복을 꾀하는 행동은 우리의 존립과 생존의 기반을 파괴하는 소위 대역 (大逆)행위로서 이에 대해서는 불사(不赦)의 결단을 내릴 수밖에 없다. 이는 단순히 옳고 그름이나 좋고 나쁨의 문제가 아니라, 존재와 본질에 관한 문제이기 때문이다."[296]

여기에 이르러서는 합리적이고 상식적인 법리나 논리는 찾을 수 없고, 오로지 적대감과 증오심만이 남아 있을 뿐이다. 현재 대한민국 정부와 국민의 수준을 자기 새끼인지 뻐꾸기 새끼인지도 구분 못하

---

296 이 사건 결정 345~346면.

는 뱁새 정도로 평가하고 있다. 재판 진행 과정에서도 수차 지적했지만 청구인 대리인들에게 대한민국 정부와 국민을 지나치게 자학적으로 평가하지 말고 자신감을 가지라고 지적한 바 있다. 보충의견이야말로 대한민국 정부와 국민의 능력에 대한 지독한 불신에 근거하고 있다. 또한 뻐꾸기 알도 함께 품은 뱁새가 있다고 해서 뱁새가 멸절되지는 않는다. 공생이 가능한 것이다. 사상과 이념의 문제도 마찬가지다. 정당해산은 정당 지지자가 많은지 적은지를 따지는 다수결의 문제가 아니라 우리 사회에서 소수의견의 포용 문제이다.[297]

2. 소수의견
– 헌법 정신의 본질을 수호하기 위해 기각해야

1) 소수의견은 다수의견이 몰고 올 파장과 혼란에 대하여 심각한 우려를 표현했다. 다수의견의 논리에 따를 경우 피청구인은 국가보안법상의 반국가단체에 해당하고, 피청구인 당원 전체는 반국가단체의 구성원, 피청구인을 지지했던 국민들은 반국가단체의 지지자가 되며, 그에 따라 엄청난 공안탄압이 뒤따라올 수 있다는 점을 지적했다.

"법정 의견은 소위 내란 관련 사건에서 드러난 이석기의 발언 등에서 찾아낸 북한식 사회주의를 피청구인의 주도세력의 목적, 나아가

---

297 김준현, '정당해산 결정을 바라보는 시각', 「한국기자협회」 2015. 1. 9.

피청구인의 '숨은 목적', '진정한 목적'으로 단정하였다. 이 결론은 피청구인 자체를 반국가단체로, 그리고 당원 전체를 반국가단체의 구성원으로, 더 나아가 피청구인을 지지했던 국민들을 반국가단체의 지지자로 규정하는 것에 다름 아니다. 그리고 법정 의견이 설정한 주도세력에 속한 당원은 국가보안법에 의한 형사처벌의 대상이 된다는 점을 공인해 주는 것이 된다. 과거 독일에서 공산당 해산심판이 청구되고 해산 결정이 이루어진 후 다시 독일 공산당이 재건되기까지, 12만 5천여 명에 이르는 공산당 관련자가 수사를 받았고, 그 중 6천~7천 명이 형사처벌을 받았으며, 그 과정에서 직장에서 해고되는 등 사회 활동에 제약을 받는 문제가 발생하였던 것에 비추어 보면, 이 결정으로 우리 사회에서 그와 같이 붉은 낙인을 찍는 결과가 나타나지 않으리라는 보장이 없다."[298]

실제로 이 사건 결정이 선고된 후 극우단체가 통합진보당의 모든 당원들을 국가보안법 위반 혐의로 고발했고, 검찰에서 대대적인 검토에 들어갔다는 보도가 나왔다. 소수의견의 위 우려가 현실화됨으로써 우리 사회를 극단적인 대립과 혼돈의 상황으로 몰고 가는 것은 아닌지 심히 걱정스럽다.

2) 소수의견은 이 사건 결정이 우리 사회가 1987년 헌법 개정 이후 꾸준히 진전시켜 온 민주주의를 퇴보시키고 진보의 흐름을 위축시키는 계기가 될 것을 우려하였다. 그러면서 우리가 오랜 세월 피땀 흘려 어렵게 성취한 민주주의와 법치주의의 성과를 훼손하지 않기

---

298 이 사건 결정 324~325면.

위하여, 또한 대한민국 헌정 질서에 대한 의연한 신뢰를 천명하기 위하여, 헌법 정신의 본질을 수호하기 위하여 이 사건 심판청구가 기각되어야 한다고 결론을 맺었다.

"나는, 근자에 이르러 민주주의의 후퇴라고 일컬어질 수 있는 몇 가지 징표들이 나타나는 상황에서 민주주의의 방어를 목적으로 한 해산 결정이 87년 헌법 개정 이후 꾸준히 진전된 민주주의를 퇴보시키고 우리 사회의 균형을 위한 합리적 진보의 흐름까지 위축시키는 하나의 계기가 되는 것은 아닌가 하는 우려를 금할 수 없다. 소수자나 사회적 약자를 대변하고 그들의 이익을 옹호하는 진보정당들의 미약한 전통은 우리 민주주의의 질적 도약을 가로막는 장애물 중 하나였다고 할 수 있다. 사회적 약자를 대변하는 정당이 존중되지 않는다면 그 사회 속 약자들의 정치적 이익은 공적인 가치를 인정받기가 쉽지 않을 것이다. 따라서 장구한 민주주의의 역사를 가진 서구의 많은 국가들과 비교해 볼 때, 진보정당의 정치적 역할이 미약했던 우리 사회의 민주주의는 그만큼의 한계를 가질 수밖에 없었다. 비록 피청구인의 주장이 소수의 지지를 받는 것에 불과할지도 모르고 누군가에게는 언뜻 보기에 고개를 젓게 만드는 것이라 하더라도 이역시 우리 사회의 정치적 역량을 성장하게 만드는 자원임은 재차 강조해도 부족함이 없다. 그리고 이 주장들이 인류의 지성사에서 오래도록 전수되어 온 유력한 지적 전통에서 비롯되었고, 현재에도 다양한 변주들을 통해 꾸준히 통용되는 정치적 입장임을 감안하면 더욱 그러하다."

"나는, 헌법 제8조 제4항이 요구하는 정당해산의 요건을 충족하지 못한 이 사건 정당해산심판청구를 기각하여야 한다고 본다. 이는 피청구인의 문제점들에 대해 면죄부를 주고 피청구인을 옹호하기 위해서가 아니라, 바로 우리가 오랜 세월 피땀 흘려 어렵게 성취한 민주주의와 법치주의의 성과를 훼손하지 않기 위한 것이고, 또한 대한민국 헌정질서에 대한 의연한 신뢰를 천명하기 위한 것이며, 헌법 정신의 본질을 수호하기 위한 것이다."[299]

이 사건 결정이 정당에 대한 부정적이고 공격적인 태도를 부추기고 나아가 광범한 부수적인 폐해를 불러올 것이라는 점을 지적한 견해도 있다. 피청구인이 반체제 위헌정당이라면 피청구인과 관계를 맺은 여러 정당들 역시 문제가 있는 것으로 해석될 수 있어 이 사건 결정은 한 정당의 해체에 그치는 것이 아니라 민주주의의 중심제도로서 정당을 부정시하는 부수적 효과를 갖는다는 것이다.[300]

또한 민주주의의 커다란 장점은 제도가 건강하게 작동할 때 개인이든 정당이든 그들의 가치, 이념, 행태가 민주주의 제도에 순응하는 '탈 급진화'의 방향으로 변한다는 점을 지적한다. 이는 다른 체제와는 달리 민주주의가 특별하게 지닌 교육적 효과라고 할 수 있다. 극단주의 정당을 체제 밖 저항세력으로 남게 하는 것보다 일정한 정치적 역할을 할 수 있도록 의미 있는 체제 참여자로서 의식과 행태를 갖

---

299 이 사건 결정 326~327면.
300 최장집, 앞의 글. "(피청구인의) 반체제적 이념, 급진적 변혁사상의 원류는 모두 민주화운동 시기로 거슬러 올라간다. 결정문에서 나타나는 민주화운동의 이미지는 급진좌파적 변혁 이념의 소유자이거나 혹은 자유민주주의의 가치보다는 북한 체제를 더 긍정적으로 평가하는 반체제운동 같은 어떤 것이다. 그로 인해 민주화운동에 대한 부정적 이미지와 함께 정당 일반, 특히 야당과 진보적 정당들에 대해 부정적인 태도를 불러올 수 있게 한다."

게 하는 효과가 있으며, 민주주의를 안정화하고 건강하게 발전시키는 결과를 가져온다.[301] 그런데 이 사건 결정은 그와는 반대의 결과를 가져오게 될 우려가 크다.

---

301 최장집, 앞의 글.

IX. 헌재 구성의 다양성 문제

1. 이 사건 결정의 획일적 의견 분포
   - 8 : 1의 의미

2. 헌재 구성의 현황
   - 집권·주류세력 입장 대변하는 고위법조인으로 구성

3. 헌재 구성의 다양화 방안
   - 재판관 전원을 국회에서 선출하는 것이 바람직

1. 이 사건 결정의 획일적 의견 분포

– 8:1의 의미

헌재의 해산 결정 자체도 심각한 문제였지만 더욱 국민들을 놀라게 한 것은 그 의견 분포였다. 소수의견을 택한 재판관이 단 1명밖에 없었고, 또한 국회의원직 상실에 대해 다수의견 내에서 다른 의견이 전혀 없었다는 것이다. 그만큼 헌재 구성이 획일적으로 이루어졌다는 의미다. 소수자 보호, 인권 옹호, 국가권력 남용 견제라는 헌재의 본래 기능을 제대로 수행할 수 있는지 의문이 들지 않을 수 없다.[302] 헌재가 다수자의 견해를 법적으로 정당화하는 역할에 그친다면 굳이 존재할 필요가 있는지 의문이다.

한편, 보충의견은 피청구인의 해산에 반대하는 의견을 가진 사람들을 '쓸모 있는 바보'들로 희화화(戲畵化)했다.

> "그들(피청구인 주도세력)의 가면과 참모습을 혼동하고 오도하는 광장의 중우(衆愚), 기회주의 지식인·언론인, 사이비 진보주의자, 인기영합 정치인 등과 같은, 레닌이 말하는 '쓸모 있는 바보들'이 되지

---

[302] 한홍구, 앞의 글. "민주화의 산물인 헌법재판소가 민주주의 발전, 소수파 보호, 기본권의 신장을 위해 기여할 것이라는 기대와는 달리 헌법재판소는 기득권의 옹호, 지배체제의 유지를 위해 기능하고 있다. 국민 전체의 의견이 팽팽하게 갈린 사안에서 예단과 편견으로 가득찬 채 8:1이라는 압도적 편향 판결을 내린 헌법재판소는 지배세력의 이데올로기적 억압 기능을 대행하는 국가기구라는 벌거벗은 모습을 고스란히 드러냈다."

않도록 경계를 하여야 한다."[303]

헌재 재판관들 사이에 어떤 분위기가 형성되어 있었는지, 김이수 재판관이 소수의견을 유지한 것이 얼마나 큰 용기가 필요했는지 충분히 짐작할 수 있는 대목이다. 법리에 기초한 합리적인 토론이 아니라 선입견과 편견에 기초한 편 가르기를 강요한 것으로 보인다. 피청구인 대리인들도 보충의견을 피력한 재판관들이 보기에는 '바보들'로 보였을 것이다. 그런 상황에서 정상적인 재판이 가능했겠는가 의문이다.

2. 헌재 구성의 현황
– 집권 · 주류세력 입장 대변하는 고위법조인으로 구성

우리나라에서 헌재는 4 · 19혁명 후 제2공화국 헌법에서 처음 도입되었다가 5 · 16쿠데타 이후에 폐지되었다. 그 후 헌법재판은 대법원 또는 헌법위원회 등에서 담당하다가 시민 민주화 투쟁에 의해 개정된 1987년 헌법에 의해 다시 도입된 헌재가 담당하고 있다. 1987년 헌법이 헌재를 도입한 것은 우리 역사에서 헌법재판 담당 기관들이 제 기능을 전혀 하지 못한 것에 대한 반성에 따른 것이다. 헌재는 시민들의 민주화 투쟁의 소산으로 탄생한 것이다. 국가권력과 다수

---

303 이 사건 결정 345면.

파의 권한남용과 횡포를 견제하여 소수파의 인권과 민주주의를 수호하라는 것이 헌법이 헌재에 명한 사명이다. 그런데 헌재가 그런 역할을 제대로 수행하기에는 그 자격이나 구성 그리고 대표성에 심각한 하자가 있다.

헌재는 법관의 자격을 가진 9인의 재판관으로 구성하며, 재판관은 대통령이 임명한다. 재판관 중 3인은 국회에서 선출하는 자를, 3인은 대법원장이 지명하는 자를 임명한다. 재판소장은 국회의 동의를 얻어 재판관 중에서 대통령이 임명한다(헌법 제111조 제2, 3, 4항). 국회에서 선출하는 자 3인은 여당 추천 1인, 야당 추천 1인, 여야 추천 1인이고 국회 본회의 의결을 거친다. 대법원장은 국민의 선거에 의해 선출되는 것이 아니라 대통령에 의해 임명되는 임명직 공무원이다. 이러한 헌법재판관 임명 구조에서는 대통령이 소속된 집권당이 헌법재판관 7명을 임명할 수 있다.

대법원장이 지명하는 3인과 대통령이 임명하는 3인에 대해서는 국회에서 인사청문회를 거치나 국회의 동의를 얻을 필요가 없다. 대법관이 모두 국회의 동의를 얻어 임명하는 것에 비추어 보면, 민주적 정당성에서 대법관보다 취약하다고 할 수 있다. 대법원장이 헌재 재판관을 지명할 합리적인 타당한 근거가 없다. 임명직 공무원에 불과한 대법원장이 헌법재판관 3명에 대한 지명권을 갖는 것은 민주적 정당성의 관점에서 문제가 아닐 수 없다. 헌재의 위상에 비추어 보아도 대법원장이 헌법재판관의 지명권을 갖는 것은 부적절하다.[304] 대법원

---

304 김하중, ‘헌법재판관의 도입에 다양성 도입해야’, 「경향신문」 2014. 12. 26. 자.

장 지명 몫 재판관 자리는 대법관이 되지 못한 고위법관들에 대한 예우 차원에서 활용되고 있다는 것이 일반적인 평가다. 헌재는 정치적 사법기관으로서 형식적인 법리에 매몰되어서는 현실을 따라가지 못할 가능성도 있어 재판관의 자격을 법관 자격을 가진 자로 제한하는 것도 문제다. 평생 법조인으로만 살아온 사람들이 우리 사회의 다양한 이념과 가치를 균형 있게 반영할 수 있을지 의문이다.[305] 헌법재판은 때로는 고도의 정치적 판단을 요하는 국가작용으로서 법의 의미와 내용에 대한 사법적 판단에 그치는 일반재판과 그 법적 성격이 다르다. 결국, 현행 헌법상 헌재는 야당 추천 1인 또는 여야 공동 추천 1인을 제외하고는 집권·주류세력의 입장을 대변하는 고위법조인으로 구성되는 구조다.

헌재의 모든 권한의 원천은 국민이다. 헌재는 우리 사회의 다수파를 대변하는 기관이 아니라 소수파의 인권을 수호하는 것을 사명으로 하는 기관이다. 다수파에 하나의 동조의견을 보태는 역할에 머문다면 그러한 헌재는 존재의의를 상실하게 될 것이다.[306] 헌재가 제 기능을 올바로 수행하기 위해서는 약자와 소수자의 인권에 대한 감수성과 정부와 다수세력에 대한 견제 의지가 있는 인사들이 재판관으로 임명되어야 한다.

---

305 한스 켈젠은 "유럽 국가들의 경우 조문 중심의 법적 체계를 갖고 있기 때문에 일반 법원이 갈등 해결의 메커니즘을 갖지 않은 상태에서 특정 법조문의 위헌성을 따질 경우 일관성을 유지하기 어렵다. 유럽은 법대 졸업자들로 구성된 사법 관료체제 안에서 직위와 서열에 따라 승진하는 제도를 가진다. 이로 인해 가치 지향적이고 유사 정치적 기능을 수행하는 데 심리적으로 적합하지 않은 판사들이 배출될 수밖에 없다."라고 본다. 최장집, 앞의 글.
306 김선수, '헌법재판소, 실질적 위상 제고를', 「대한변협신문」 514호.

3. 헌재 구성의 다양화 방안
- 재판관 전원을 국회에서 선출하는 것이 바람직

이 사건 결정에서도 헌재 구성의 문제점이 적나라하게 드러났다. "순전히 법조계 출신으로서 단지 지명되었을 뿐인 재판관들의 손에 대한민국 민주주의의 큰 틀인 정당민주주의의 근간이 손상되었다는 것이 통탄스럽다. 선출이 아닌 고시공부로 최고 권력에 도달한 이들이 국가정치의 현실 문제에 어떻게 대응하는지를 이보다 더 여실하게 보여주는 전례가 없다."라고 지적하는 견해가 적실하다.[307]

헌법 개정의 기회에 헌재 구성방법을 변경해야 한다. 독일 연방헌법재판관(임기 12년 단임)은 연방하원과 연방상원이 반수인 8명씩 선출한다. 연방하원은 헌법재판관 선출위원회를 별도로 두고 여기서 3분의 2 이상 찬성을 얻어 선출한다. 대통령이 임명하는데, 대통령의 임명권은 명목상의 것이다. 프랑스 헌법원 재판관은 대통령, 국민의회 의장, 상원의장이 각 3명씩 임명한다. 미국의 연방대법관(9인)은 법무부장관의 추천을 받아 대통령이 지명한 후 상원의 청문과 동의를 얻어 대통령이 임명한다.

재판관 전원을 국회에서 선출하는 것이 바람직하다. 국회 다수파에 의해 일방적으로 재판관이 선임되는 것을 방지하기 위하여 재적

---

[307] 홍윤기, 앞의 글.

의원 3분의 2 이상의 찬성을 얻거나 아니면 야당이 최소한 4인의 재판관을 추천하도록 하여야 할 것이다. 헌재에서 중요한 결정을 하려면 6인 재판관의 찬성이 필요한데, 적어도 야당 추천 재판관 1인이 동의할 수 있는 정도가 되어야 헌재 내에서 공정하고도 합리적인 토론과 그에 기초한 결정이 가능할 것이기 때문이다. 또한 재판관의 자격을 법률전문가뿐만 아니라 학계, 정치계, 시민사회 전반의 조류를 반영할 수 있는 대표 인물로 확대해 국민의 일반의지를 헌재가 구현할 수 있도록 해야 할 것이다.[308]

---

308 최장집, 앞의 글. "미국이든 독일이든 헌법해석권을 갖는 연방법원 또는 헌재가 보여주는 매우 중요한 특징은, 정치적 정체성을 가진 재판관들에 의해 역설적으로 자율적이고 독립적인 역할을 수행할 수 있다는 점이다. 정당들은 재판관들의 충원 과정에서 중심적인 영향력을 행사하고 있으며, 그 결과 재판관 구성은 사회의 광범한 이념적 스펙트럼을 반영하고 있다. 그 때문에 정치적 자율성을 유지하며, 견제와 균형에 의해 그들의 결정에 책임을 부과할 수 있다."

X. 맺음말

"이 사건 결정으로 우리 사회는
빅 브라더가 지배하는 오세아니아가 되고 말았다.
헌재의 백송(白松)은 후세에 매카시즘의 광기 어린 판결이
대한민국 민주주의를 크게 후퇴시켰다고
전할 것이다."

매카시즘 판결이
대한민국 민주주의 후퇴시켜

필자는 최종 변론을 하면서 조지 오웰의 작품 『1984년』 중 두 장면을 떠올렸다.[309]

"소설 초반부에 '2분 증오(Two Minutes Hate)' 장면이 나옵니다. 매일 11시경에 인민의 적인 임마누엘 골드스타인의 얼굴이 텔레스크린에 나오고, 모든 사람들은 스크린 앞에 모여서 광적으로 고함지르고 펄쩍펄쩍 뛰면서 골드스타인에 대한 증오를 표출합니다. 이 광란의 저주에 참여하지 않거나 소극적인 태도를 보이면 불온한 사상을 소지한 것으로 의심받아 비밀경찰에 끌려가서 어떻게 사라져 버릴지 모를 위험을 감수해야 합니다. 청구인이 북한에 대한 태도를 우리 사회에 강요하는 양상이 바로 그와 같은 '2분 증오'와 유사하여 등골이 오싹해집니다. 북한 체제에 대해, 3대 세습에 대해, 북한주민의 인권문제에 대해, 핵무기 개발에 대해 강력한 톤으로 비판하지 않으면 종북(從北)으로 매도되고, 이 사회에서 퇴출대상으로 낙인찍히

---

[309] 제18차 변론조서.

게 됩니다. 소극적으로 침묵하는 것은 곧 북한을 찬양하고 적극적으로 동조하는, 종북이 됩니다. 침묵이 곧 동의가 아님에도, 적극적 동조로 의제됩니다. 피청구인은 북한에 대한 '2분 증오'에 적극적으로 참여하지 않았다는 이유로 '종북'으로 매도되고 있는 것입니다."

"빅 브라더가 지배하는 오세아니아에서는 과거도 새롭게 창조되고, 언어도 의식적으로 폐지되거나 새로운 용어가 만들어집니다. 이미 우리 사회에서는 북한이 먼저 사용하고 있다는 이유로 사실상 금지어(禁止語)가 된 좋은 단어들이 많습니다. 그런데 이 사건에서 만약 해산 결정이 내려진다면 우리 사회에서 매우 중요한 가치를 내포하는 '자주, 민주, 통일' 그리고 '진보적 민주주의'라는 단어가 폐기될 위기에 처할 것으로 보입니다. '자주, 민주, 통일', '진보적 민주주의'를 말하는 것은 곧 북한을 추종하는 것이 되고, 이를 위한 활동은 민주적 기본질서에 위반되어 정당조차도 해산시킬 정당한 이유가 되기 때문에, 우리 사회 구성원 어느 누구도 떳떳하게 그러한 단어들을 사용할 수 없게 될 것이기 때문입니다."

필자는 최종 변론을 마무리하면서 천연기념물 백송이 후세에 전할 결정을 해주길 바라는 뜻을 전했다.[310]

"헌법재판소 대심판정 입구에는 천연기념물인 수령 600년의 백송(白松)이 자리 잡고 있습니다. 이 백송은 지금까지 그래 왔듯이 오늘 이 재판의 결과를 후세에 길이 전할 것입니다. 후대에, 엄혹했던 그

---

310 제18차 변론조서.

시절에 헌법재판소가 정의의 관점에서 다수파의 횡포를 적절하게 견제해 주어서 그나마 민주주의가 유지될 수 있었다는 역사적 평가를 받을 수 있도록 현명한 결정을 하여 주시기를 마지막으로 간절히 호소 드립니다."

그러나 이러한 기대는 무참하게 깨졌다. 사마천(司馬遷)이 2,100여 년 전에 통탄한 "만약에 이러한 것이 하늘의 도라면, 옳은 것인가 그른 것인가?(儻所謂天道 是邪非邪)"라는 상황이 발생했다. 통합진보당은 헌재의 결정으로 해산되었고, 소속 국회의원들은 전원 의원직을 상실했다. 해산 결정 후 중앙선거관리위원회는 지방의회 의원 중에서 비례대표 의원들의 의원직마저 상실시켰다.

이 사건 결정으로 우리 사회는 빅 브라더가 지배하는 오세아니아가 되고 말았다. 헌재의 백송(白松)은 후세에 매카시즘의 광기 어린 판결이 대한민국 민주주의를 크게 후퇴시켰다고 전할 것이다.[311] 이 사건 결정에 대한 사회적 논의는 이제부터 시작이다. '한국적 특수성'이라는 이유로 '입헌주의의 보편적 원리가 유보' 되는 야만적인 상황을 하루라도 빨리 극복하는 것이 국민 모두의 행복과 자존을 위해 필요하다.

---

311 오시영, '오시영의 세상의 창-통합진보당의 해산 결정, 과연 진정한 헌법 정신과 가치는 무엇인가?', http://www.lec.co.kr/news/articleView.html?idxno=35454 "오늘의 시점에서 그들은 자신들이 내린 결정이 대한민국의 헌법을 수호하고 대한민국의 정체성을 확보하기 위한 유일한 합법적 방법이었다고 믿으면서 자신들을 스스로 자랑스러워하겠지만, 먼 훗날 역사가들과 국민들은 그들의 판단이 지나치게 편협되고 보수적일 뿐만 아니라 시대정신을 제대로 읽지 못한 우물 안 개구리 재판관에 불과했다고, 대한민국의 헌법 정신을 오히려 후퇴시켰다고, 그래서 헌법적 가치인 민주주의의 활성화와 정당정치의 발전 및 집회와 결사의 자유 등을 저해하였다고 역사적 비판을 가하지 않을까 싶은 것이다."

헌재의 통합진보당 해산 결정, 무엇이 문제인가?

"대한민국은 입헌주의의
갈라파고스 섬이 됐다"

한상희 교수
현 건국대학교 법학전문대학원 교수(헌법, 인권법, 법사회학)
경성대학교 법정대학 교수 역임
서울대학교 법학 박사
참여연대, 인권재단 사람, 공익인권법재단 공감 등에서 활동

정태호 교수
현 경희대학교 법학전문대학원 교수(헌법학)
국무총리 행정심판위원 역임
독일 레겐스부르크 대 헌법학 박사
헌법재판소 초빙연구위원, 헌법재판연구원 연구위원 역임

이재화 변호사
현 민주사회를 위한 변호사 모임(민변) 사법위원장
국민권익위원회 비상임 위원 역임
통합진보당해산심판사건 소송대리인
제38회 사법시험 합격(사법연수원 제28기)

날짜 : 2015년 1월 13일
장소 : 변호사교육문화관 (낮은합동법률사무소)
진행 · 정리 : 신석진
사진 : 백운종

차 례

01. 헌재 결정에 대한 소감

이재화 __ 헌법 재판소가 2014년 12월 19일 통합진보당 해산을 결정했습니다. 먼저 헌법재판소 결정에 대해서 느낀 소감을 말씀해 보실까요?

한상희 __ 백주 대낮에 강도당했다는 느낌? 어쨌든 87년 민주항쟁으로 우리는 적어도 절차적인 민주주의는 성취했다고 자부하고 있었잖아요. 헌데 그 모든 것들이 이 결정 하나로 인해 무위로 돌아간 것은 아닌가 하는 그런 느낌을 받을 정도였습니다. 절차적 민주주의라고 해서 반드시 정권교체에 한정할 필요는 없어요. 헌법이 살아있고, 법에 따라서 법치가 확립되는 것도 포함합니다. 그리고 이것이 민주화의 가장 기본적인 전제인데요. 헌법재판소가 바로 그런 민주화의 전제라고 할 수 있는 법치를 정면으로 부정하고 나선 것은 아닌가, 그래서 이 결정을 TV로 시청하면서 이제 다시 1958년 진보당 시절 혹은 유신정권의 긴급조치 시절로 되돌아가는 것은 아닌가 하는 생각이 들었습니다. 우리 헌법이 저렇게 '귀에 걸면 귀걸이 코에 걸면 코걸이' 식으로 해석될 수 있고, 그것에 따라서 헌법재판소가 스스로 민주주의에 가장 핵심적인 장치라고 이야기했던 정당까지도 자의적으로 해산시킬 수 있는 체제, 그래서 민주주의의 기본적인 흐름이 이렇듯 무너질 수 있는 그런 체제로 변형되어 버렸나? 퇴화되어 버렸나? 그런 느낌을 받았습니다.

헌법 이름만 차용했지, 행정처분으로 해산시킨 격

이재화 __ 1958년에 이승만 정권에서 행정처분으로 조봉암의 진보당을 해산시켰잖아요? 이번 통합진보당 해산은 헌법의 이름만 차용한 것이지 행정처분으로 해산시킨 것이나 다름이 없다고 봅니다. 엄격한 증거에 의해서 헌법 제8조 제4항의 사유가 있는지를 따져보지도 않고, 실질적으로는 정부 측 청구서를 그대로 원용해 버렸어요.

정태호 __ 사실 저는 헌재 내지 우리 사법부에 대해서 별로 기대를 하지 않았습니다. 역사적으로 보면 정권 차원에서 밀어붙인, 특히 권위주의 시절이나 군사독재 정권에서 밀어붙였던 공안사건에서 사법부 구성원들이 독립해서 올바른 판결을 내렸던 적이 극히 드물어요. 더군다나 이 사건은 이미 여론재판이 끝난 상황에서 과연 헌법재판관들이 사회적 정치적 압력으로부터 독립해서 재판할 수 있을지 저는 굉장히 우려를 했고, 그 우려가 현실이 된 것입니다. 다만 일말의 기대를 하고 있었다면, 좀 더 치밀하고 정연한 논증으로 개인의 행위와 조직의 활동을 엄밀히 구분하는 가운데 판단이 이루어질 줄 알았죠. 그런 면에서 굉장히 실망했습니다. 결정문을 읽으면서 설득이 되지 않았죠. 결정 나기 며칠 전, 제가 급히 우리 어두운 사법의 역사를 헌법재판소가 단절해 줬으면 하는 기대를 담아 글을 썼어요. '혹시나 했는데 역시나'로 끝났습니다. 저는 그동안 헌법재판소를 위해 많은 일을 해왔기 때문에 이 현실을 받아들이기 힘듭니다.

이재화 __ 어떤 일을 하셨나요?

정태호 __ 재판연구원으로도 활동했고, 나중에는 연구위원으로도 있었죠. 그밖에 헌법재판소로부터 용역을 받아 정당해산심판제도에 대한 보고서도 냈습니다. 최근에는 헌법재판소에서 주석서 작업을 진행 중이었고요. 공교롭게도 작년에 제가 맡았던 부분이 정당해산심판 부분입니다.

한상희 __ 그때 쓰신 것 많이 고치셔야겠네요.

정태호 __ 이 사건 부분은 안 들어갑니다. 사실인정(事實認定)에 관한 부분은 주석서 작업에 별로 영향을 주지 않는 거니까요. 이번 결정문을 보면, 이론 부분은 얼핏 보기에 국제적 수준에 맞춘 것으로 보입니다.

이재화 __ 그렇지만 실제 판단하는 부분에서는 앞부분의 총론과는 전혀 다르게 판단했다는 느낌을 지울 수가 없던데요.

'택일의 정치학', 왜 12월 19일이냐

정태호 __ 헌법재판소가 선고일을 예고했을 때 이미 짐작을 했었지요. 헌법재판소장이 작년 10월 국정감사 때 새누리당 의원들에게 "올해 안에 선고하겠다."고 그랬죠.[1] 정권의 압력에 못 이기고 기어이 작년 말 12월 19일에 서둘러 결정을 내린 겁니다.

---

1 박한철 헌법재판소장은 2014년 10월 17일 헌법재판소에 대한 국정감사장에서 "금년 말까지는 선고를 하려고 한다."고 발언했다.

이재화 __ 국정감사 때 그랬죠. 사실 저희도 그 애기 듣고 설마 했는데, 12월 19일로 선고기일이 정해지면서 '이건 해산 결정하겠다는 신호다.'라는 생각이 들었습니다. 보통 재판을 하면 일반 형사재판이든 민사재판이든 결심한 이후에 쌍방의 주장이 실제로 맞는지 꼼꼼하게 확인하기 위해 다시 기록을 보거든요. 결심한 지 한 달도 되지 않았는데 선고기일을 지정한다는 것은 재판부가 기록을 안 보겠다는 것 아니겠어요? 아무리 개발새발 쓴다고 하더라도 결정문 쓰는데 최소한 2~3주는 걸리거든요. 결국, 변론종결과 동시에 기록도 보지 않고 결론을 내렸다는 겁니다. 결심할 때부터 바로 판결문을 쓰기 시작했다는 것인데, 그렇게 되면 종전의 선입견과 자기들의 편견 가지고 판단을 했다는 겁니다. 날짜 택일도 절묘해요. 한홍구 교수가 '택일의 정치학'이라고 하셨죠. 하고 많은 날 중에 왜 12월 19일이냐는 겁니다. 박근혜 대통령 당선 2주년 되는 날이잖아요. 결국은 정윤회 문건 파동으로 굉장히 코너에 몰려있고, 사상 최저의 지지율 37퍼센트 정도로 떨어져 있던 박근혜 대통령에게 통합진보당 해산이라는 선물을 준 것이 아니냐는 생각을 할 수밖에 없습니다.

02. 차관회의 생략, 대통령 외유 중 전자결재, 심판권 남용 아닌가?

이재화 __ 통합진보당 대리인단은 두 가지 점에서 정당해산 심판청구가 심판권 남용이라고 문제를 제기했습니다. 첫 번째는 대통령이 6일간 해외순방 나갔을 때 국무회의에서 정당해산 건을 의결했어요. 그런데 국무회의에 상정하려면 차관회의를 거쳐야 하는데, 차관회의도 생략하고 긴급안건으로 의결한 이후에 대통령이 전자결재를 했습니다. 우리 헌법이 국무회의를 거치도록 한 것은 대통령이 정당해산 심판을 청구하더라도 국무회의를 거쳐서 신중하게 결정하라는 취지예요. 이런 헌법 취지에 위반해 심판 청구를 한 것이니 심판권 남용이라고 문제제기를 했습니다. 그런데 헌법재판소는 이에 대해 내란음모 사건이 갑자기 터져서 긴급하게 차관회의를 생략할 수밖에 없었다는 이상한 논리를 제시했고, 대통령 순방은 '사고'에 해당하기 때문에 국무총리가 대리할 수 있다고 판단해버렸습니다. 아무런 문제가 없다는 거였죠. 이 부분 판단에 대해 어떻게 생각하십니까?

급하다고 판단했으면 대통령 순방 전에 했어야

한상희 __ 철저하게 형식논리지요. 우리 헌법에서 국무회의 제도를 둔 이유가 무엇이냐 하면, 대통령 권한을 견제해서 균형을 잡겠다는 것이지요. 제왕적 대통령제라고 하지만 국무회의 제도를 통해 대통령의 자의적인 판단을 막고 신중하게 판단할 수 있도록 하는 틀을 가진 것이지요. 그렇게 대통령을 견제하는 시스템인데, 그 점을 헌법재판소가 무시한 셈입니다. 그리고 이석기 내란음모 사건 때문에 긴급하였다는 이유를 달고 있는데, 이석기 내란음모 사건이 내란 실행에 들어간 것도 아니고, 강연장에서 이야기 몇 번 했다는 것을 가지고 사법처리한 것이거든요. 이것은 긴급성이 있다고 할 수가 없죠.

이재화 __ 이른바 내란음모 사건은 2014년 8월에 터진 거잖아요. 만약에 그것이 그렇게 중요하다고 생각하면 순방 가기 전에 국무회의를 하든지, 순방을 마친 후에 국내에 들어와서 하더라도 국무회의 안건으로 처리해도 되는 문제인데 말이죠.

"하고 많은 날 중에 왜 12월 19일이냐는 겁니다.
박근혜 대통령 당선 2주년 되는 날이잖아요.
결국은 정윤회 문건 파동으로 굉장히 코너에 몰려 있고,
사상 최저의 지지율 37퍼센트 정도로 떨어져 있던
박근혜 대통령에게 통합진보당 해산이라는
선물을 준 것이 아니냐는 생각을
할 수밖에 없습니다."

한상희 __ 그렇지요. 급하다고 판단했으면 순방 전에 했어야죠. 거기다가 정당해산심판 청구는 우리 헌정사에서 초유의 사건으로 굉장히 중요한 것인데 적어도 국민들한테 내놓고 이러이러한 문제가 있다는 것을 알렸어야죠. 그런데 그냥 긴급안건 형식으로 토론도 거의 없이, 아무도 모르게 일사천리로 진행한다는 것은 말이 안 되지요. 이것은 권력분립의 원칙에도 어긋나고, 요즘 말하는 국정 정보를 공개한다는 정부 3.0 원칙에도 어긋나는 것이죠.

이재화 __ 필요적 국무회의를 거치게 하는 헌법조항에 대한 실질적인 위반으로 보아야 하는 것 아닌가요?

한상희 __ 사실 그렇죠. 단순히 형식논리로만 대통령은 대리했으니까 되었고, 국무회의는 심의기관이니까 대충 거치기만 하면 된다는 이런 논리인데, 그것은 헌법 정신에 어긋나는 것이지요.

이재화 __ 심의기관은 자문기관하고 달리 실질적 심의가 이루어져야 하는 것 아닌가요? 정 교수님 생각은 어떠신지요?

정태호 __ 한 교수님께서 적절하게 말씀을 해주셨는데, 헌법재판소 결정이 헌법 정신을 살리는 해석이라고 하기는 어렵겠죠. 저는 절차 위반이 이 청구의 적법성을 부정할 정도가 되겠느냐 하는 데 대해서는 의문을 가지고 있습니다. 그렇지만 헌법재판소가 청구의 적법성을 인정한다 하더라도 충분한 논증을 해야 했는데, 설득력이 떨어졌다는 비판을 면하기 어려울 것으로 생각합니다.

정당해산 청구의 직접적인 계기

이재화 __ 대통령이 외유 가기 전에도 결재할 수 있었고, 갔다 와서도 할 수 있었는데, 왜 순방 중에 국무회의 의결을 하고 전자결재 형식을 취했을까? 여기에는 법률적인 측면을 떠나서 대통령의 마음에 걸리는 것이 있다고 봅니다. 속내가 걸렸던 것이죠. 사실은 2012년 대통령 선거 때 이정희 후보가 TV토론에서 아버지 박정희 전 대통령의 일본 이름인 다카키 마사오를 언급하고 그의 친일경력을 폭로한 뒤 "당신(박근혜 후보) 떨어뜨리려 나왔다."라고 한 것이 정당해산의 직접적인 계기가 되었을 것이라는 게 국민들의 일반적인 생각이죠. 대통령이 국내에 있을 때 자신이 국무회의를 주재해서 정당해산 심판 건을 의결하기에는 마음에 걸려서 외유 중에 처리하라고 한 것이 아닌가, 저는 이 생각을 지울 수가 없더라고요.

정태호 __ 특히 이 정권에서는 대통령에게 부담스러운 일은 대통령 외유 중에 다 처리한다는 것 아닙니까.

이재화 __ 그렇죠. 대체로 보면 자신이 정치적 부담이 있을 때에는 초연한 지위에 있는 것처럼 보이기 위해서 그런 형식을 취했다고 봅니다.

한상희 __ 그것은 현 정권의 가장 큰 한계입니다. 대통령이 논쟁이나 논란의 중심에 들어가서 스스로 지도력을 발휘하거나 해결하는 것이 아니라 항상 그곳에서 떠나 있어요.

이재화 __ 스스로 책임을 지고 법적으로든 정치적으로든 책임지는 자세가 없었죠. 제왕 흉내를 내왔지요.

한상희 __ 그렇죠. 스스로 영도자나 초월적인 존재인 것처럼 행세해 왔지요.

03. 형평성 원칙에 반하는 것 아닌가?

이재화 __ 심판청구권 남용과 관련하여 또 하나를 주장한 것이 있어요. 형평성의 원칙입니다. 통합진보당에 들이대는 잣대로 본다면, 지금 새누리당이 더 위헌적인 것이 아닌가 싶어요. 왜냐하면, 통합진보당 정당해산 심판 청구의 계기가 된 게 이석기 내란음모 사건인데요. 새누리당의 역사를 되짚어가면 12·12 군사반란으로 집권한 전두환과 노태우가 만든 민주정의당이 그 출발이거든요. 정리해보면 민자당, 신한국당, 한나라당, 새누리당 이렇게 물적 인적 자산이 승계된 정당이잖아요. 그 정당은 내란을 실행한 정당이죠. 그리고 새누리당은 변론 과정에서도 주장했지만 차떼기 선거라든지 국회 내 폭력이라든지 이런 것들이 역대 어느 정당보다 더 심했다는 것이죠. 그런 정당을 두고 당원 두 명이 내란을 선동했다는 이유로 통합진보당을 해산청구 하는 것 자체가 형평성의 원칙에도 반하는 것이 아니냐, 이 사건 정당해산심판 청구는 그런 관점에서 보면 형평성에 반하는 것이라고 주장했지요. 그런데 이 헌법재판소 결정문에는 그 부분에 대해서는 한 줄도 판단해놓지 않았습니다.

피청구인의 주장에 대해 판단하는 것이 원칙인데, 헌법재판소가 형평의 원칙에 반하지 않는다고 해명하기가 어려워서 피청구인이 이 부분을 주장하지 않은 것처럼 처리해버린 것이 아닌가 하는 생각이 들었습니다.

같은 기준 적용하면 새누리당과
새정치민주연합은 더 위헌적

한상희 __ '불법의 평등'은 없다고 그러잖아요? 그런 법리를 적용한다고 하더라도 적어도 기존 정당, 주요 정당들의 그동안의 불법성이나 파행성을 넘어서는 그런 것들과는 다른 통합진보당만의 불법성을 지적할 수 있는 법리를 헌법재판소가 개발해야 하는 것이죠. 사실 이 결정에서 적용한 기준을 새누리당에 적용하면 새누리당도 똑같이 위헌입니다. 새정치민주연합도 마찬가지일 것이고요. 어떻게 보면 아무것도 아닌 잣대를 가지고 어느 두 정당은 봐주고, 통합진보당만 해산시킨 셈이거든요. 사실 피청구인 측에서 그런 주장을 했을 때, 헌법재판소가 그것을 면해가려고 한다면 적어도 다른 두 정당에는 적용되지 않을 아주 심각한 사실인정의 잣대라든지 법리라든지 이런 걸 개발해서 적용했어야 합니다. 그러니까 통합진보당은 대한민국의 민주적 기본질서를 위해하는 어떤 특별한 존재였다, 그런 특별한 존재였기 때문에 어떠어떠한 법리에 의해서 이것은 처리가 되어야 한다고 해야 하는데, 그 부분의 논의가 빠져있는 것이죠.

이재화 __ 그러니까 사실은 교과서적인 의미에서 위헌정당 여부를 판단하는 것이 아니라 대한민국의 헌정 역사를 기본 토대에 두고, 이 정도의 정당은 그냥 놔두어서는 안 된다는 특별한 이유가 있었어야지요. 당내 민주주의도 사실은 비례대표를 당 대표가 선정하는 것이야말로 가장 비민주적이고, 통합진보당은 나름대로 민주적 절차로서 하려다 보니 부작용이 생긴 것이거든요. 부작용이 생긴 것을 문제 삼는다면 오히려 아예 시도도 하지 않은 기성 여야 정당, 새누리당과 새정치민주연합은 더 위헌적이라고 생각합니다.

정태호 __ 그 논증 자체가 현실로부터 추상화돼 있죠. 우리 민주주의 현실에 대한 고민이 별로 담겨있지 않죠. 통합진보당의 어떤 구체적 위험성을 입증하기 위해서 경선과정에서의 불법성이라든가 폭력성 등등을 끌어들였는데, 사실 그런 것은 지금 말씀하신 대로 이미 다른 정당에서도 볼 수 있는 현상이거든요. 그뿐만 아니라 우리 민주주의 현실에서 당내 민주주의의 실현 정도는 정당학자들이나 전문가들이 문제가 있다고 지적하는 과두제 정당이거든요. 그런데 이런 현상들에는 다 눈을 감고, 애꾸눈 논증을 한 것이죠. 그리고 통합진보당이 우리 민주화 운동의 역사에서 어떤 역할을 수행해 왔는지 이런 것을 고려했어야 합니다. 투쟁이니 혁명이니 이런 용어 자체를 추상화시켜놓고 보면, 프롤레타리아 사회주의 혁명을 추구하는 세력의 생각과 똑같은 것처럼 읽힐 수도 있지요. 엔엘(NL)−피디(PD) 논쟁에서 사용되었던 용어나 사상적 배경들을 충분히 제대로 평가할 수 있는데도 그런 것을 맥락에서 떼어놓고 논증해버린 거죠. 그런 점에서 이번 결정에는 많은 문제점이 있다고 생각합니다.

이재화 __ 설렁탕을 예로 들어보면, 설렁탕 자체를 보고 이 집 설렁탕이 맛있고 양도 풍부하다고 평가해야 하는데, 설렁탕 위에 있는 기름만 숟갈로 떠서 그것만 가지고 평가하는 거예요. 그 내용물을 다 빼버리고 이념적인 기름만 떠서 평가하면서 "이건 우지다.", "기름 함량이 너무 많은 것 아니냐?" 이렇게 따지는 거라고 할 수 있죠.

국정원의 대선 개입도 단죄 못 하는
한국의 민주주의

정태호 __ 헌재 결정문을 보면, 우리 한국이 굉장히 모범적인 민주주의 국가라는 전제를 깔고 있습니다. 그런데 한국의 민주주의는 사실 절차적 민주주의 면에서도 너무나 후퇴했습니다. 대선 과정에서 NLL 대화록 유출이라든가 국정원의 대선 개입 사건, 이런 것들은 자유민주주의의 최소한인 선거민주주의를 위협한 것이거든요. 민주주의를 위기에 빠뜨린 폭거가 자행되었음에도 불구하고 제대로 단죄하지 못하는 것이 한국의 민주주의입니다. 그런데 이런 구체적인 맥락은 사라지고 추상적인 이념만 남겨놓았어요. 그것도 역사적인 배경에 대한 고민은 전혀 담겨있지 않은 가운데 특정 정당에 대한 단죄가 이루어진 어처구니없는 상황이죠.

한상희 __ 설렁탕 이야기하셨는데, 통합진보당이 그동안 이룬 성과들이 적지 않거든요. 그런 것들이 헌재 결정문에 전혀 반영되어 있지 않아요. 예를 들어서 통합진보당이 어떤 법을 통과시켰다면 그것이 북한식 사회주의 하고 어떤 연관이 있는가, 정말 그것의 숨은 목적은 무엇인가를 밝혀내야 하는 것 아닙니까?

이재화 __ 그래서 저희 소송대리인은 2000년 민주노동당 시절부터 지금까지 민주주의와 경제민주화와 노동자들을 위해서 어떤 법안들을 발의했고 어떤 정책을 펼쳤는가를 준비서면으로 몇백 페이지를 써 냈어요. 자료도 다 제출했고요. 그런데 대부분의 재판관은 관심을 가 지지 않았어요. 그것을 설명하려 하면 '시간 없는데 왜 설명하느냐?' 는 식이었어요. 사실 그 속에 모든 것이 다 녹아 있는데도 보려고도 하지 않았어요. 재판정에서 제가 이야기했어요. "원래 진보정당은 현 재 질서에 대해서 도전한다. 현재 지배세력의 시각으로 보면 진보정 당의 행동은 항상 위험해 보인다. 그것을 용인하지 못하면 우리는 한 발짝도 못 나간다."라고 말입니다. 예컨대 여성의 선거권 같은 경우 에는 1900년대에는 상상을 못 했던 것이잖아요? 그 당시는 여성에게 선거권을 주자고 말하면 불온세력이었지요. 그런데 오늘날 여성의 선 거권은 당연한 것이 됐잖아요. 무상급식도 그렇죠. 진보세력이 제기 했기 때문에 가능해졌죠. 그런데 헌법재판소의 기본적인 시각은 현 재 다수세력의 지배이데올로기를 가지고 통합진보당을 판단해버린 거죠. 진보정당의 사회적 역할을 무시한 결정입니다. 헌법재판관들 은 결정문에서는 그런 말을 사용하지 않았지만, 결국은 진보세력 자 체를 용납하지 않겠다는 발상이 아닌가 하는 생각이 듭니다.

04. 한국적 특수성, 입헌주의 포기해야 하는가?

이재화 __ 헌법재판소의 다수 의견을 보면 깜짝 놀랄 논리가 나옵니 다. 정당해산 심판에서 입헌주의의 보편적 원리는 분단 상황이라는 한국의 특수성 때문에 수정되어야 한다는 이야기를 하고 있거든요. 재 판관들이 한국은 보편적인 입헌적 민주주의를 추구할 수 있는 나라가 아니라는 굉장히 위험한 사고를 하고 있다는 것에 놀랐습니다.

한상희 __ 이 주제 답변 드리기에 앞서 궁금한 것이 있어서요. 왜 헌법재판소 판결문에 뜬금없이 공화주의가 나와요? 우리 헌법학자들 사이에서 공화주의 이야기하는 사람들이 몇 사람이나 있어요? 이 사건은 민주주의와 법치주의 혹은 입헌주의 정도로 얼마든지 판단 가능한 것이거든요. 어쩌면 헌법재판관들이 스스로도 제대로 이해조차 하지 못한 공화주의를 언급함으로써 민주주의에 대한 논의를 우회하려는 생각에서 그렇게 한 것은 아닐까 싶기도 해요. 어쨌든 그 의도를 도무지 알 수가 없어요.

왜 판결문에 뜬금없이 공화주의가 나와요?

이재화 __ 입헌주의의 보편적 원리라는 것은 각 나라의 특수성과 관련 없이 다 적용된다는 것 아니겠어요? 정 교수님께서 헌법재판소에서 참고인으로 출석해 진술하셨듯이 다른 생각과 사상을 존중하고, 기본적 인권을 보장하는 것이 입헌주의의 보편적 원리라고 알고 있습니다. 그런데 헌법재판소는 이 입헌주의의 보편원리가 보편적이지 않은 것이라고 선언한 것 아니겠습니까? 유신 때 한국식 민주주의라는 게 이래서 생겨난 것 아닙니까?

정태호 __ 뭐 이런 것까지는 이해할 수도 있겠죠. 한반도 분단상황의 특수성을 형량 과정에서 법익의 무게를 잴 때 고려를 한다든가 하는 것은 법학적인 견지에서 이해가 가요. 헌데 이 결정의 문제는 표면적으로는 국제적 스탠더드를 제시해 놓고, 실질적으로는 한반도의 특수성을 내세우면서 제대로 요건들을 적용하지 않았다는 것이죠.

이재화 __ 결정문 다수의견 16쪽에 보면 "민주적 기본질서를 부정하지 않는 정당은 각자가 옳다고 믿는 다양한 스펙트럼에 이념적 지향을 자유롭게 추구할 수 있다. 오늘날 정당은 자유민주주의 이념을 추구하는 정당으로부터 공산주의 이념을 추구하는 정당에까지 그 이념적 지향이 다양하고 이것은 보장되어야 한다."라고 적시하고 있는데, 이것이 조금 전에 말한 입헌주의의 보편적 원리죠. 그러다가 다수의견은 갑자기 분단 상황이고 아직도 냉전 상황이니까 그것은 수정돼야 한다, 우리 사회에서는 이런 사회주의적 부분은 아직 용납할 수 없다고 이야기하고 있거든요. 결국, 다수의견은 우리나라는 입헌주의를 추구할 수 없는 나라라고 선언한 셈이거든요. 박정희 유신의 부활이죠. 저는 '분단 상황이기 때문에 아직 입헌주의를 할 수 없다.' 는 다수의견에 경악했습니다.

한상희 __ 그렇죠. 한국적 민주주의라는 용어는 자기 파괴적인 것이지요. 유럽인권재판소에서는 특히 정당해산요건에 관해서는 가맹국들의 재량 여지가 없다고 봐요. 각 나라별 특수성이 적용되지 않는 영역이라는 것이죠. 비례의 원칙 적용할 때는 모르겠는데, 적어도 요건에 해당되느냐 안 되느냐, 이런 부분에 대해서는 아주 엄격한 기준, 실질적인 증거에 의해서 뒷받침되어야 한다고 합니다. 그것은 어느 나라든 바뀌지 않는다는 것이죠. 보편적 원리니까요.

헌법 위에 국가보안법이 있고, 그 위에 북한의 언행이 있다?

이재화 __ 참고인으로 출석한 전북대 법학전문대학원 송기춘 교수도 말씀하셨어요. 헌법 위에 국가보안법이 있어서는 안 된다. 국가보안법은 시대의 변화에 따라, 헌법관이 바뀌면서 개폐될 수 있는 문제이다. 그런데 헌법재판소 결정문 다수의견의 논리는 결국 헌법 위에 국가보안법이 있고, 그 위에 북한의 언행이 있다고 본 겁니다. 북한의 대남혁명전략을 상위에 놓고, 그것과 이른바 NL 계열의 변혁전략이 유사한지 여부로 정당의 위헌성을 판단했잖아요? 이것은 헌법재판소가 스스로 우리 헌법의 고유 가치를 부정하는 것이라 할 수 있지요.

정태호 __ 헌법재판소가 이 부분을 고려한다 하더라도, 보편적인 해산 요건들을 설명한 바로 뒷부분에서 이 이야기를 할 것은 아니었다는 것이죠. 만일 이 부분을 고려한다고 했을 때, 어떻게 수정돼야 하는가는 또 없어요. 고려해야 한다는 것뿐이지, 그 특수 사정을 어떤 여건에서 어떻게 고려하겠다는 것인지, 이에 대한 논증은 전혀 없어요.

05. 공개된 대중정당과 '숨은 목적'[2] 양립 가능한가?

이재화 __ 숨은 목적, 헌법재판관들의 '숨은 목적'이 있었어요. (웃음) '냉전이라는 특수한 사정이 있다. 북한은 우리의 적이 아닌가. 북한식 사회주의를 추구하는 것은 그래서 허용되지 않는다.' 이런 목적이 숨어 있는 것이지요. 사회주의와 북한식 사회주의가 어떻게 차이

---

2 헌법재판소는 통합진보당 주도세력이 추구하는 '진보적 민주주의'의 숨은 목적을 '북한식 사회주의'로, 북한의 대남혁명전략과 일치한다고 판단했다. 또한 헌법재판소는 "통진당 강령의 '진보적 민주주의'는 용공정부 수립과 연방제 통일을 위한 북한식 사회주의"라며 "이를 실현하기 위해 폭력을 동원할 수 있다는 점이 이석기 등의 내란 관련 사건으로 현실로 확인됐다."라고 판단했다.

가 있는 것인지, 북한식 사회주의가 입헌적 보편원리상 왜 안 되는지 그 논증이 없지요. 지난번에 해산된 통합진보당 국회의원 네 분과 함께 외신기자 간담회를 했어요. 그 자리에서 터키 기자가 물었습니다. "지금 통합진보당은 북한식 사회주의를 추구하는 정당이 아닌데도 헌법재판소가 잘못 판단했다고 말했는데, 만약에 실제로 북한식 사회주의를 추구하는 정당이 있다면 그것까지 용인되어야 한다고 생각하는가?" 라고 물었어요. 저는 "그것은 우리 사회 공론의 장에 붙여 봐야 한다. 그것이 우리 특수성만 고려할 것이 아니라 민주주의 보편적 원리에 비춰볼 문제다. 속단할 문제는 아니다."라고 답했습니다. 사회주의는 되고 공산주의도 되는데 북한식 사회주의는 안된다는 것은 일관성이 없는 논리이지요. 그야말로 국가보안법적 사고라고 할 수 있죠.

정태호 __ 그렇지요. 저도 헌법재판소에서 참고인 진술할 때 그런 질문 받지 않았습니까? 그때 제가 "폭력에 의해서 자신의 정치적 이념이나 그런 것을 관철하려고 하지 않는 한 어떠한 정치적 견해나 주의주장도 정치무대에 올릴 수 있는 것이 자유민주주의다."라고 말했지요.

어떠한 견해도 허용해야 자유민주주의

이재화 __ 그 질문은 강일원 재판관이 했죠. 북한식 사회주의를 추구해도 폭력혁명만 추구하지 않으면, 북한식 사회주의를 추구하는 것도 용인해야 하느냐고 물었죠. 그랬더니 정태호 교수님께서는 "용인해야 한다."라고 이야기하셨죠.

한상희 __ 매카시즘이 한층 고조되어 있을 때 미국의 마이클 존이란 사람이 미국 상원에 가서 증언하면서 "영국이나 독일이나 러시아보다 미국의 체제가 더 좋다고 이야기할 자유가 있다면, 영국이나 독일이나 러시아가 미국 체제보다 더 좋다고 이야기할 자유도 있어야 한다."라고 말했어요. 이게 바로 헌법재판소가 결정문 앞부분에서 이야기한 공화주의적 틀의 자유예요. 자기 지배의 원리를 바탕으로 해서 정치적인 발언은 누구나 다 자유롭게 할 수 있어야 해요. 그게 북한이든 옛 소련이나 러시아든 얼마든지 그 체제를 추구한다고 말할 수 있는 자유가 있어야 한다는 것이죠. 그런데 우리나라 같은 경우에는 애당초 그것은 금기로 설정해놓고 절대로 말하면 안 되는 것으로 만들어놓았죠. 그게 국가보안법이고, 그게 반공국가체제 아닙니까? 그것을 그대로 헌법재판소가 가져온 것에 불과하다는 것이죠.

이재화 __ 국가보안법은 헌법 아래 하위법률인데, 대법원은 그렇다 치더라도 헌법을 수호하는 헌법재판소는 달라야지요. 국가보안법 판결은 어쨌든 엄격한 증거에 의해 사실인정을 하잖아요. 그런데 이번 헌법재판소 결정은 국가보안법 판결에서 증거능력이 배제된 것들을 다 끌어모아서 판결했다는 점에서 국가보안법 판결보다 못한 판결이에요.

한상희 __ 사실 독일 공산당 해산 과정에서도 사회적으로 정치적으로 논쟁이 붙었던 게 뭐냐면, 독일 공산당은 프롤레타리아 혁명을 당의 목적으로 추구했지 않습니까? 그래서 프롤레타리아 혁명이나 프롤레타리아 독재가 반민주적이냐 민주적이냐, 이것 가지고 싸웠거든요. 그쪽 입장에서는 프롤레타리아 혁명이 가장 민주적이죠. 대중권

한상희 교수

력의 행사니까요. 그런 의미에서 이것은 민주주의적이라고 했었고, 아데나워 행정부에서는 이것은 혁명이니까 폭력이라고 이야기했었죠. 마찬가지로 북한식 사회주의라는 것도 그 자체로서 반민주적이고 폭력적이냐, 그것에 대해서는 적어도 헌법재판소가 심판 과정에서 한번은 고민했었어야 했거든요. 북한식 사회주의의 어떤 요소가 폭력적이고 반민주적이냐, 그리고 통합진보당의 숨은 목적은 이런 요소들을 추구하고 있느냐는 것을 밝혀내야 하는데, 그 부분에 대해서는 이야기가 전혀 없었거든요. 그 부분에 대해서는 이 사람들도 몰랐을지 몰라요.

이재화 __ 북한 대남혁명전략과 관련한 정부 측 증인으로 남파간첩 김동식(곽인수의 본명)이 나왔는데요. 김이수 재판관은 증인에게 일반적 사회주의 하고 북한식 사회주의 하고 어떻게 차이 나느냐 물었는데, 김동식은 대답을 제대로 못 했어요. 뭐 그냥 수령론과 일당독재에 대해 뻔한 이야기만 하고 구체적인 차이에 대해서 설명하지 못했죠. 헌법재판관들은 헌법적 관점에서 북한을 어떻게 봐야 하고, 북한이 우리 민주주의에 대해서 어떤 영향을 미치는지에 대해서 고민한 흔적이 전혀 없었어요.

정태호 __ 내용적인 기준에 의거해서 어떤 정당이 민주적 기본질서에 반하는지 그렇지 않은지 판단하다 보면, 불가피하게 어떤 회색 지대가 발생할 수밖에 없거든요. 판단 주체의 자의가 개입될 수밖에 없고요. 독일 공산당 금지 판결도 내용적 기준을 가지고 판단한 것이 아니라 어떤 방식으로 실현하려고 했느냐, 거기에 초점을 맞춘 것이죠. 그러니까 독일 공산당 판결에서 금지된 것은 마르크스 레닌주의에 입각한 공산주의, 즉 폭력혁명을 이념의 수단으로 고수하고 있는 공산주의지요.

이재화 __ 헌법재판소 결정의 첫 번째 키워드가 '숨은 목적'이고, '숨은 목적'을 찾기 위해서는 퍼즐 맞추기를 해야 한다는 것입니다. 그 논리를 제공한 것이 정부 측 참고인으로 출석하여 진술한 고려대학교 장영수 교수입니다. 장 교수는 외관상으로는 숨은 목적이 없어 보이는데 은폐하고 있을 수 있기 때문에 숨겨진 목적을 찾아야 한다, 숨겨진 목적은 당원들의 행위나 발언에서 비슷한 퍼즐들을 찾아서 숨겨진 목적을 찾고 그걸 가지고 위헌 여부를 판단해야 한다, 이런 논리를 폈습니다. 저는 아무리 생각해도 공개된 정당이 일시적이면 몰라도 민주노동당부터 통합진보당까지 15년 동안 계속 숨은 목적을 추구하면서 정당활동을 한다는 것은 불가능하다고 생각합니다. 공개정당이 숨은 목적을 갖고 있다는 논리는 형용모순이지요.

정태호 __ 그렇죠. 소수 인원으로 구성되는 전위정당이라든가 한다면 몰라도 불가능한 일이죠.

숨은 목적이 있다면
비밀강령 찾아내야 하는 것 아닌가?

이재화 __ 전위정당, 비합법 정당인 경우에는 강령과 규약을 다 숨겨둘 수 있다고 생각합니다. 옛날 각종 공안사건들을 보면 비밀 강령 이런 것들이 있었지요. 숨은 목적이 있다면 비밀강령 이런 것을 찾아내야 하는 것 아닌가요? 역사적으로 봐도 위헌정당으로 결정된 독일의 사회주의제국당과 독일 공산당, 터키의 복지당은 모두 강령에 자신들이 추구하는 목적을 공개했잖아요? 목적을 공개하는 이유는 공개적 활동을 통해서 자신들의 지지를 획득하려고 한 것 아니겠어요?

정태호 __ 일단 통합진보당의 공개된 강령이나 이런 것은 민주적 기본질서에 위배된다고 볼 수가 없기 때문에 통합진보당을 해산시키려는 정부로서는 불가피한 선택이었겠죠. 숨은 목적을 정당이 추구하는 게 가능하다면 아마 두 가지 가능성을 생각해 볼 수 있을 텐데요. 소수 인원으로 된 전위정당이나 1인 지배, 혹은 소수가 지배하는 상명하복이 뚜렷하고 명령체계가 일사불란하게 작동하는 정당이라면 혹시 모르겠습니다. 그런데 통합진보당은 그런 소수인으로 구성된 전위정당도 아니고 한국정당 중에 당내 민주주의가 가장 활성화된, 너무나 활성화되어서 문제가 되는 그런 정당이라는 점을 고려해보면, 숨은 목적을 통합진보당의 목적으로 보는 것은 무리가 많이 따르죠. 그러다 보니 주도세력이 등장할 수밖에 없었겠죠.

이재화 __ 그러니까 통합진보당에 숨은 목적이 있다고 상정하는 것 자체가 문제라는 말씀이시죠? 한 교수님은 그 점에 대해서 어떻게 생각하십니까?

한상희 __ 사실 숨은 목적을 이야기하려면 오픈 퀘스천(Open Question)이 되어서는 안 되거든요? 어떠한 답도 가능할 수 있는, 열린 방식으로 추구해서는 안 되죠. 숨은 목적이라는 것은 해석 나름의 문제거든요. 어떤 행동이나 발언을 가지고 어떻게 해석하느냐에 따라서 어떤 숨은 목적을 발견하느냐가 달라지는 것이에요. 바로 그 때문에 숨은 목적을 설령 이야기한다고 해도 숨은 목적이 구체적인 공식 강령하고 어떤 연관이 있는지를 따져봐야 하죠. 독일 공산당 같은 경우에는 재무장 반대 데모하고, 독일 재통일 운동하고 했던 것들의 밑바닥에 공식적인 장기목적으로 설정했던 프롤레타리아 혁명을 추구하고자 하는 숨은 목적이 깔려있었다, 이런 것 아닙니까? 이미 정해져 있는 장기 목적과의 연관성 속에서 봐야 하거든요. 그런데 이 결정 같은 경우에는 그 두 개의 연관성을 찾기 위해서 숨은 목적론을 이야기한 게 아니고, 그냥 어떤 사건 하나 발언 하나를 두고 자기들이 원하는 결론을 이끌어 내기 위해서 숨은 목적을 가져온 거죠.

이재화 __ 그러니까요. 숨은 목적론을 이야기하는 것은 결국 통합진보당의 강령상 목적은 합헌이라는 것을 역설적으로 설명해주는 것이지요.

한상희 __ 비유하자면 남편이 지나가는 여자를 흘깃 한 번 쳐다봤는데, 부인이 이것을 빌미를 잡아 당신은 바람 피울 생각이 있다, 그러니까 이혼하자, 이러는 것과 똑같거든요. (웃음) 그 행동 하나에 깔려 있는 무의식이 엄청나게 많은데, 그 무의식중에 어떤 특정한 요소 하나만 딱 끄집어 내 가지고, 당신 그전에도 그렇게 예쁜 여자 봤고, 그전에도 다른 예쁜 여자 봤으니까, 조합해보면 당신은 날 싫어하는 것이다. 바람 피운다. 이렇게 나가는 것과 논리가 똑같거든요.

의심스러울 때는 국가안보를 우선시해 버린 다수의견

이재화 __ 설령 숨은 목적이 있다고 하더라도, 숨은 목적은 엄격한 증명의 대상이죠. 허접한 간접증거들을 모아서 증명할 수 있는 것이 아니라 제대로 된 직접증거를 가지고 입증해야 합니다. 김이수 재판관도 말했지만 숨겨놨던 비밀강령을 찾았다든지, 그런 게 있어야 비로소 증명됐다고 할 수 있어요. 이 사건에서는 그러한 직접증거는 하나도 없는데도 다수의견은 짜깁기한 증거로 숨은 목적을 찾았다고 주장하는데, 증거법칙으로도 말이 안 되는 것이지요. 헌법재판소의 다수의견은 '의심스러울 때는 자유를 우선시하는 것이 근대 입헌주의의 원칙'이라고 하면서도 실제로는 '의심스러울 때는 국가안보를 우선시하는 원칙'으로 판단해버린 겁니다.

한상희 __ 그래서 '양두구육 판결'이라고 이야기했죠. 겉으로는 양고기를 내걸고 속에는 개고기만 내놓은 판결이죠.

이재화 __ 그 '양두구육'(羊頭狗肉)이라는 사자성어는 제1회 변론기일에 정부 측 대리인 중 한 명인 권성 변호사가 통합진보당을 빗대어 이야기했던 겁니다.[3] (웃음)

한상희 __ 사실 이 결정에서는 아주 자의적인 기준이 세 가지가 있습니다. 숨은 목적이 있다고 판단하는 것, 이것도 자기들 마음대로 판단하는 것이고요. 주도세력론이라는 것 자체도 누가 주도세력인지는 귀에 걸면 귀걸이, 코에 걸면 코걸이죠. 거기에다가 퍼즐 맞추기는 더욱더 짜 맞추기인 셈이죠.

06. 짜깁기의 다른 이름 '퍼즐 맞추기'[4]

이재화 __ 숨은 목적은 그 정도로 하고, 퍼즐 맞추기 이야기를 해보죠. 퍼즐 맞추기는 먼저 결론을 내리지 않으면 할 수 없는 것 아닌가요?

한상희 __ 수없이 많은 조합이 가능한 것이 퍼즐이거든요. 그래서 모

---

3 2014년 1월 28일 열린 '통합진보당 해산 심판 사건' 1차 변론기일에서 정부 측 대리인으로 출석한 권성 변호사는 '양두구육(羊頭狗肉)'과 '정명가도(征明假道)'라는 두 말로 청구취지를 설명했다. 그는 "(통합진보당은) 선량하고 성숙한 시민이라면 받아들일 수 없는 상품을 진보와 민주주의로 포장해서 유인·강요하고 있다."며 "한마디로 비유해서 양두구육이라고 할 수 있겠다."고 주장했다. '양두구육'은 '양의 머리를 걸어놓고 개고기를 판다.'는 뜻의 고사성어로, 겉과 속이 다르다는 뜻이다. 달리 말해 통합진보당의 정강 정책은 겉으로는 민주주의를 지향하는 것 같지만 속은 그렇지 않다는 주장이다.

든 퍼즐은 짜 맞추기에 앞서 먼저 목표를 설정합니다. 기본 틀이 있고, 거기에 맞춰서 짜 맞춰가는 것입니다.

이재화 __ 결론을 미리 내리지 않으면 맞춰갈 수가 없잖아요. 어린이 장난감 '레고'와 똑같은 것이죠. 엄마가 아이들에게 레고 주면서 '오늘은 뭘 만들어 볼까?'라고 과제를 주지 않으면 애들이 만들지 못하죠. 원래는 만들고 보니 호랑이다, 고양이다 이렇게 되어야 하는데, 이 사건에서는 재판관들이 '쟤들은 북한식 사회주의를 추구할 거야. 그것을 한 번 맞춰보자.'는 식이었지요.

헌법재판소의 반헌법적 사고

한상희 __ 그 자체가 자의적 기준에 의해서 짜 맞추어 편집한 것이죠.

정태호 __ 엉뚱한 사람을 희생시킬 수 있는 아주 위험한 입증방법이라고 생각합니다. 그래서 제가 참고인 진술 할 때도 말씀을 드렸습니다만 진짜 엄밀한 논증, 입증이 이루어졌어야 해요. 헌법재판소가 숨은 목적을 인정하려고 했다면, 그럴수록 이번 변론이나 증거조사 기일의 횟수는 훨씬 많이 잡았어야 한다. 정부는 엄청난 분량의 자료를 제출했는데, 이 증거들을 시간에 쫓겨서 대충대충 훑고 지나가

---

4 '퍼즐 맞추기'라는 말은 재판 초기 2차 변론기일에서 청구인(정부) 측 참고인으로 나온 장영수 교수(고려대 법학전문대학원)가 진술한 것이다. 당시 장 교수는 정당의 '숨겨진 목적'이 있을 수 있고, 이것은 핵심인물들의 발언과 행동 등 정당의 활동을 분석하여 '퍼즐 맞추기'를 해서 위헌정당에 해당하는지 여부를 판단해야 한다는 취지로 진술하였고, 이것이 그대로 헌법재판소 결정에 반영되었다.

면서 그것을 대충 인정해버리고 숨은 목적을 인정해버리는 것, 이게 과연 법치주의적인 입증이라고 볼 수 있는지, 그런 점에서 참 개탄스러운 결정입니다.

한상희 __ 두 가지 점을 덧붙이면, 헌법재판소가 정말 순수하게 퍼즐 조합을 맞췄다고 한다면, 퍼즐은 A라는 조합이 나올 수도 있고, B라는 조합이, C라는 조합이 나올 수도 있습니다. 헌법재판소가 결정을 내린다면 이런 것들이 가능하다, A, B, C가 있는데 B, C보다 특별히 A가 더 가능성이 높다, 그래서 우리는 이 조합된 퍼즐을 선택하겠다, 이런 이야기를 해줘야 해요. 그런데 그런 이야기는 아예 없죠. 그냥 짜 맞추니까 북한식 사회주의더라, 이렇게 이야기를 하죠. 다시 말하면 북한식 사회주의에 맞게 짰다는 이야기에요.

이재화 __ 퍼즐에 사용되는 '조각'도 문제입니다. 이 사건에서 퍼즐 맞추기에 사용된 조각을 보면 황당합니다. 그 조각의 대표적인 것이 1980년대, 1990년대 국가보안법 전력입니다. 그 사람들은 현행법상 정당 활동의 자유가 제한되는 사람들이 아니란 것입니다. 김영환처럼 전향하지 않았다는 이유로 그들의 처벌 전력이 '북한식 사회주의 추구'라는 결론을 도출하는 퍼즐 조각이 되어버린 것이죠. 헌법상으로 굉장히 문제 있지 않습니까? 양심과 사상의 자유와 인간의 존엄성을 침해하는 반헌법적 사고 아닌가요? 이 사건에서 청구인(정부) 측 대리인은 진보정책연구원 박경순 부원장이 당직을 갖기 전인 2007년에 개최된 토론회에서 한국 사회는 식민지반자본주의[5] 사회라고 발언한 것을 문제 삼았어요. 박경순은 민주노동당 당직을 가진 후에는 식민지반자본주의라고 보는 것은 잘못된 것이라며, 자신의 저서에 한국 사회를 '예속적 신자유주의 사회'라고 규정했거든요. 박경순이 법정에서 "당에 들어오니까 실제 생각이 바뀌더라. 옛날에 생각했던 것은 잘못되었다고 생각이 들었다."라고 증언했지요. 그런데 이정미 재판관과 안창호 재판관은 박경순과 일면식도 없는 이종화 증인에게 "박경순이 당에서 활동하면서 생각이 바뀌었다고 하는데, 진짜 바뀔 수가 있습니까?"라는 식으로 질문하는 겁니다. 생각이 어떻게 바뀌었는가를 본인에게 묻지 않고 왜 다른 사람에게 묻습니까? 그것도 민주노동당에서 활동하지 않은 제삼자에게 묻는다는 것은 있을 수 없지요. 그런 반헌법적인 사고를 하는 사람이 헌법재판관을 맡고 있다는 것 자체가 서글펐습니다

"민주주의를 살해한 날이다"

한상희 __ 권영국 변호사가 고함질렀잖아요.[6] 그 심정이 참….

이재화 __ 공개 안 된 일화인데, 제4회 변론기일에서 서증조사의 방법과 관련해서 박한철 헌법재판소 소장하고 저하고 30분 동안 언쟁을 벌인 적이 있어요. 소장은 청구인이 제출한 갑1호증부터 갑492호증을 하루에 다 증거조사를 하려고 했어요. 박 소장은 중요한 서증에 대해서 꼭 필요한 부분만 설명하라고 말했지요. 저는 "그렇게 할 수

---

5 1980년대 사회구성체 논쟁을 할 때 이른바 NL 계열이 펼친 한국 사회 성격론을 말한다. 한국은 미국의 식민지이고 제국주의로부터 이식된 기형적 자본주의 체제라는 것이다. 그후 북한이 작성하였다는 '주체의 한국 사회 변혁운동론'에서도 한국 사회를 식민지반자본주의 사회로 기술했다.

6 권영국 변호사는 2014년 12월 19일 헌법재판소에서 열린 통합진보당에 대한 정당해산심판 선고기일에, 박한철 헌재 소장이 해산을 선고하는 주문을 읽자 "민주주의를 살해한 날이다. 역사의 심판을 받을 것이다."라고 외치다 방호원들에게 끌려 나갔다.

정태호 교수

는 없다. 청구인이 증거를 철회하지 않은 한 피청구인 측은 일일이 설명하겠다."고 했지요. 그러자 박 소장은 "서증조사를 해야 할 분량이 많으니 자세한 내용은 준비서면으로 써내면 보겠다."고 하는 겁니다. 그래서 저는 "공개재판을 왜 하느냐. 공개재판은 양쪽 대리인들이 재판관들에게 충분히 설명하고 청구인이 주장하는 사실의 오류 부분에 대해서 반박할 기회를 주려고 하는 것 아니냐, 준비서면 읽고 말 거면 재판을 왜 하느냐, 연구실에서 재판 끝내면 되는 것 아니냐?"고 따져 물었지요.

정태호 __ 더더군다나 시간도 많이 안 주잖아요.

이재화 __ 그랬더니 재판관들이 "증거조사를 할 게 어마어마하게 많다. 그렇게 하면 어느 세월에 재판 끝날지 모른다."고 말했죠. 제가 "그게 우리 때문이냐? 증거조사 할 것이 많은 것은 쓰레기 같은 증거를 트럭으로 제출한 청구인의 잘못인데, 왜 우리가 피해를 봐야 하느냐?"라고 말했죠. 저는 퇴정 당할 각오를 하고 목소리를 높였지요. 그러자 재판관들이 먼저 퇴정하더라고요. 휴정 후 재판이 속개되었는데, 결국 우리 방식대로 서증조사가 이뤄진 것입니다. 변호인들이 그렇게 했기 때문에 그나마 재판이 12월까지 간 것이어요. 그렇지 않았더라면 아마도 6월 지방선거 전에 재판이 끝났을 겁니다.

정태호 __ 이것은 변론 횟수나 이런 것을 보면 이석기 내란음모 사건보다 더 적게 한 것 아닙니까? 이석기 내란음모 사건이 42회인가 그렇게 한 것으로 알고 있는데요. 불과 18회밖에 안 했으니까요.

이재화 __ 이석기 의원 내란사건의 제1심만으로도 400~500시간 정도 재판을 했는데, 이 사건은 150시간 정도밖에 안 했습니다.

정태호 __ 퍼즐 맞추기를 한다고 하면서 증거조사를 허술하게 하고 반론권을 제대로 주지 않은 것 자체가 이 재판이 국제적인 기준에 맞지 않는다는 증거죠.

한상희 __ 원래 퍼즐을 맞추려면 퍼즐이 딱딱해야 되는 거죠. 그것을 맞출 때마다 그 모양을 바꿀 수 있어서는 안 되는 것이죠. 그런데 사실인정 과정에서 보면 자기들이 원하는 것만 골라서 맞춘 것이죠. 더구나 세모가 필요하면 세모를 찾는 것이 아니고 만들어서 끼워 넣었어요.

07. 민사소송절차에 따르기로 한 2014년 2월 27일 결정이 의미하는 것[7]

이재화 __ 찰흙 가지고 조몰락조몰락 해서 끼워 넣는 것이죠. 그래서 판결문 낼 때는 굳도록 해 둔 것이죠. 그러니까 숨은 목적을 찾아낸 것이 아니라, 그려낸 것이라고 저는 봅니다. 여기서 한 발 더 나가면, 이 숨은 목적의 밥상은 결국 정부 측에서 차려준 것이잖아요? 1톤 트럭 세 대 분량을 주면서 그중에 골라 쓰시라고 한 거잖아요? 그 문을 열어준 게 저는 민사소송 절차에 따라서 재판하겠다고 결정한 것으로 생각합니다. 정 교수님도 아시겠지만 헌법재판소가 국회에 헌법재판소법에 대한 입법개정을 청원한 적이 있는데, 정당해산심판을 형사소송법 절차에 따르도록 개정해달라는 취지였잖아요. 그러면서도 이 사건에서는 자신들이 청원한 내용과 정반대로 판단해 버린 거죠. 법문상으로도 말이 안 돼요. 헌법재판소법 제40조 제1항이 "헌법

---

7 정당해산심판절차에 민사소송에 관한 법령을 준용할 수 있도록 규정한 헌법재판소법 제40조 제1항 전문 중 '정당해산심판의 절차'에 관한 부분이 청구인의 공정한 재판을 받을 권리를 침해하는지에 대해 통합진보당 소송대리인은 헌법소원을 제기했다. 이에 대해 헌법재판소는 2014년 2월 27일 "준용조항은 헌법재판에서의 불충분한 절차진행규정을 보완하고, 원활한 심판절차진행을 도모하기 위한 조항으로, 그 절차보완적 기능에 비추어 볼 때, 소송절차 일반에 준용되는 절차법으로서의 민사소송에 관한 법령을 준용하도록 한 것이 현저히 불합리하다고 볼 수 없고, 청구인의 공정한 재판을 받을 권리를 침해한다고 볼 수 없다."고 판시했다. 이에 대해 김이수 재판관은 "다른 헌법재판이나 민사소송과 구별되는 정당해산심판의 특수성을 고려할 때, 민사소송법령의 준용범위는 제한적으로 해석되어야 한다. 특히 정당해산심판의 청구인인 정부가 제출하는 수사서류 대부분은 공문서이고, 이에 대한 진정성립 추정 시 정당의 방어권 행사에 상당한 지장을 초래하는 점을 고려하면, 적어도 민사소송법상 공문서의 진정성립 추정에 관한 규정은 준용될 수 없으며, 형사소송법상 전문증거의 증거능력 제한이나 위법수집증거와 임의성이 의심되는 자백의 증거능력을 배제하고 범죄사실의 인정은 합리적인 의심이 없는 정도의 증명에 이르러야 한다는 규정 등을 준용해야 할 것이다. 이러한 제한 해석을 전제로 준용조항은 헌법에 위반되지 아니한다."는 별개 의견을 냈다.

재판 성질에 반하지 않는 한 민사소송법을 준용한다."라고 되어 있는데, 정당해산심판이라는 것은 정당에 대한 국가형벌권 행사로 봐야하는 것 아닙니까? 적어도 정당에 대한 퇴출 내지 탄핵의 성질을 갖고 있고, 탄핵 절차는 형사소송법을 준용하도록 돼 있거든요. 그런데이 헌법소원 결정문 보면 알맹이는 없어요. 우리가 잘 알아서 정당해산의 성질에 반하지 않게 잘하면 되는 거 아니냐, 그렇게 해서 민사소송법을 준용하면 그렇다고 재판청구권 침해하는 것이 아니라고이야기하는데, 저는 이 결정이 매우 의도적이었다고 봅니다. 정부 쪽의 입증책임 부담을 덜어주기 위한 것이라는 거죠. 형사소송법을 준용하게 되면 입증을 못 할 수 있으니 입증부담을 완화시켜주려는 의도가 아니냐는 의심이 드는 겁니다.

한상희 __ 사실 그 헌법재판소 소관 사건 중에서 다른 것은 모두 헌법의 해석으로 끝날 수 있는 것들이지만, 탄핵심판과 정당해산심판은사실관계의 조사가 필요한 부분이거든요. 사실관계 조사는 헌법재판사안이 아니죠. 엄밀히 본다면, 사실관계를 바탕으로 해서 헌법을 해석하는 것이 헌법재판이죠. 그래서 다른 부분은 민사소송법을 준용한다고 하더라도 사실인정에 관해서는, 이 사실인정의 결과가 무엇을 야기하는지를 보면, 단순히 권리 의무의 획정이 아니라 누군가를쫓아내거나 그렇지 않으면 정당 하나를 죽여 버리는 것이잖아요. 처벌이거든요. 그렇다면 이것은 형사소송법을 준용하는 것이 맞죠. 또하나 민사소송법을 적용한다 하더라도, 양 당사자의 주장에 대해서누가 옳고 누가 그른지 판단을 내려야 하거든요. 그 판단을 내려줘야죠. 청구인 측 주장은 무엇이고 피청구인 측 주장은 무엇인데, 이러이러한 이유로 어떤 것을 선택한다는 것이 있어야 하는데 결정문에

는 그런 것이 완전히 빠져있는 것이죠.[8]

2014년 2월 27일 헌법소원 결과도 8:1

이재화 __ 헌법재판소가 그렇게 판단 안 한 이유는 피청구인 측의 주장을 논리적으로 반박할 수가 없었기 때문이라고 생각합니다. 그래서 자신들의 입장만 일방적으로 써 버린 것이죠.

한상희 __ 그러니까 어떻게 보면 소송법을 하나도 적용하지 않은 것이죠.

이재화 __ 헌법재판소는 2014년 2월 27일 헌법재판소법 제40조 제1항 관련 헌법소원에 관해 8:1로 기각 결정했는데, 결국 그 8:1의 구도가 본 결정문의 구도로 굳어진 것입니다. 어쩌면 헌법소원에 대해 결정할 때 2014년 12월 19일의 본 결정문을 다 쓴 셈이지요. 판결문을 보니까 더욱 그런 확신을 할 수 밖에 없었습니다. 그 이후의 재판은 보여주기식 '쇼'였던 거지요.

한상희 __ 헌법재판소 설립되고 초기에 결정문이 나왔을 때 결정의 이유가 상당히 짧았어요. 한 페이지, 두 페이지 정도로. 그래서 저희 지도교수인 최대권 교수(전 서울대 법대 교수)께서 논문을 썼어요. 헌재 결정이라는 것은 중요한 국사 문제인데 이것은 논거가 분명해야 한다고요.

---

8 결정문에는 청구인의 주장은 무엇이고 피청구인의 주장은 무엇이고, 이에 대해 재판부는 이렇다는 서술방식을 전혀 취하지 않았다.

이재화 __ 초기라 하면 언제를 말하는가요?

한상희 __ 1990년인가, 아주 초기였어요. 국민들한테 설명을 해줘야 하는 것이죠. 그래서 헌법재판소 결정은 자세해야 하고 길어야 한다고. 지금은 지도교수께서 후회하시더라고요. 너무 길다고. (웃음) 어쨌든 이렇게 중요한 사건 같은 경우는 모든 논점, 문제 하나하나에 대해서 설명을 해줘야 하거든요. 그래야지 이렇게 중요한 결정에 정당성이 확보되고, 국민들도 그에 따라서 행동지침을 정할 수 있지 않겠습니까? 그런데 전혀 그것도 없이. 옛날에 포르노를 어떻게 판단하느냐고 했더니 미국연방대법원의 대법관 한 명이 "내가 보면 압니다." 라고 했다는 거예요. 바로 지금 그 식이죠. 한마디로 말하면, 내가 보니까 쟤들은 나쁘더라. 그래서 없어져야 되겠다, 이게 골자예요.

이재화 __ 그게 '관심법' 아닐까요? 궁예의 관심법. (웃음)

정태호 __ 민사소송법령 준용하도록 한 법이 만들어진 역사를 살펴보면, 예전에 2공화국 시절 헌법재판소법 처음 만들어졌을 때, 그때에도 민사소송법을 준용하도록 했어요. 그런데 그 당시에는 그래도 그나마 어떤 생각까지 했는가 하면, 민사소송법을 준용하면 변론주의가 적용이 될 수 있고, 그러면 변론주의에 입각한 여러 규정들도 따라서 적용이 될 텐데, 그것은 이 절차의 본질에 반하지 않느냐 해서 민사소송법 준용을 명시적으로 배제했어요.

이재화 __ 그런 논의가 있었던 후에 명시적으로 배제하는 규정을 두었나요?

정태호 __ 네. 명시적으로 배제하는 규정을 두었어요. 변론주의에 입각했다고 볼 수 있는 민사소송법의 규정들을. 현행법은 그마저도 없는 겁니다. 이른바 헌법재판의 본질에 반하지 않는 한 민사소송법을 준용한다는 규정은 절차 참여자들에게는 굉장히 예측 가능성이 떨어지는 것이거든요. 어떤 규정은 적용하면 정당해산심판절차의 본질에 부합하는 건지 안 하는 건지 일일이 따져봐야 하거든요. 그런데 사실 실제 재판과정에서 그러기는 어려운 거죠. 이 사건의 심리도 변론은 18회 열렸지만, 사실 헌법재판소 내부 평의 과정에서 중요한 사항들은 다 결정이 된 겁니다. 이때에 입증정도를 어느 정도로 해야 하는지, 부분적으로 위법수집증거는 배제하겠다는 결정은 내려지긴 했지만, 핵심적인 결정들의 채택 여부나 그것의 증거로서의 가치 등은 전체 참여자들이 참여하는 과정에서 결정되는 것이 아니라 재판관들끼리 판단한 것이죠. 그런 점에서 법치국가적인 관점에서 매우 의문스러운 그런 재판절차였다고 볼 수밖에 없습니다.

이재화 __ 일심회 사건이나 왕재산 간첩단 사건 등에서 수사기관이 일방적으로 작성한 수사보고서, 특히 국정원이 작성한 수사보고서 같은 것은 확인도 안 된 그 사람들의 주장이 담겨 있거든요. 이러한 증거는 그 형사사건에서는 증거로 채택되지 않았던 것입니다. 그런데 헌법재판소가 이것을 증거로 받아들였어요. 민사소송법에 의하면 공문서는 진정성립[9]이 추정되어 버려요. 국정원이 작성한 수사보고서를 보면, 북한에서 지령을 어떻게 했다는 이런 이야기가 다 있고, 이러한 내용은 피고인도 몰라요. 당해 형사사건에서 배제된 증거가 이

---

9 문서의 진정성립이라고 함은 문서가 작성권한이 있는 자에 의해서 작성되었다는 것을 말한다.

번 정당해산심판 사건에는 증거로 채택된 거예요. 소송대리인은 문서에 기재된 내용이 진실한 것인지에 대해 확인할 수 없고, 그렇기 때문에 방어할 수 없는 거예요. 그런 것을 정당해산심판의 증거로 사용했다는 것 자체가 법치주의 파괴라고 할 수 있는 겁니다.

정태호 __ 공문서는 성립의 진정성이 추정되면, 내용도 특별한 사정이 없는 한 인정되는 것으로 추정되어 버립니다. 독일 문헌을 보면 정당해산심판 절차에서 공문서 성립의 진정성을 추정하면 안 된다, 그 규정 적용하면 안 된다고 주장한 학자가 분명히 있거든요.

이재화 __ 헌법재판소가 형사소송법상의 전문법칙을 적용하지 않자, 청구인들은 극우언론의 찌라시 같은 것을 무작위로 골라 증거로 제출하기 시작했고, 재판관들은 극우 신문들의 사설과 칼럼 등을 볼 수 있게 되었고, 보수적인 재판관들은 그러한 증거에 의해 잘못된 심증을 형성하게 되었던 것이죠. 특히 전형적인 예가 극우세력과 보수언론들이 이석기 내란음모 사건이 터지자 경기동부연합이 통합진보당을 다 장악한 것처럼 보도하고, 당원들이나 대의원들을 다 꼭두각시인 것처럼 매도해 버렸잖아요. 그러한 언론보도가 증거로 제출되면서 보수언론이 주장한 것이 마치 사실인 양 헌법재판관의 뇌리에 박혀버린 것이죠.

정태호 __ 독일의 경우에 정당해산심판절차에 대한 모든 절차 모든 문제에 대해서 형사소송법이 적용되는 것은 아니고요. 형사소송법 준용되는 사안에 관해서는 명문의 규정이 있습니다. 나머지는 재판부가 구체적 절차에 본질에 맞게 형성하도록 만들어놨죠. 그렇다고 해서 독일연방헌법재판소가 과거 정당해산 절차에서 민사소송법령에 의거해서 처리를 했다든가 그런 게 아녜요. 거기는 나름대로 사전에 변론을 어떻게 진행할 것인지 계획서를 다 담당 주심재판관이 짜게 되어있죠. 그게 재판부에 의해 수용이 되면 그것에 입각해서 심리가 진행되도록 되어 있거든요. 나름대로 예측 가능성이 있는 거죠. 그런데 우리는 그런 게 없는 가운데 정당해산절차의 본질에 맞지 않는 민사소송 법령이 사실상 이번 재판 전체를 지배해버린 거죠.

조선시대 원님재판

한상희 __ 정말 조선 시대 원님재판 식이죠.

정태호 __ 심지어 소수의견을 낸 김이수 재판관도 입증의 정도와 관련해서 민사소송 입장에서 이야기하잖아요.

이재화 __ 김이수 재판관 이야기는 민사소송법 준용하는 것까지는 반대하지 않는데, 형사소송법상의 전문 법칙은 준수되어야 하고, 민사소송법상 공문서의 진정성립 추정 규정은 적용되어서는 안 되고, 위법수집증거 배제의 원칙은 지켜져야 한다는 것이었어요. 이 사건 재판에서는 위법하게 수집된 증거나 진정성립이 인정되지 않는 증거는 증거로 채택되지 않았습니다. 문제는 청구인 측에서 그러한 증거를 참고자료로 제출하는 것을 재판부가 방치한 것입니다. 저희가 참고자료로 제출한다는 것은 재판부가 볼 가능성이 열려 있는 것 아니냐고 문제를 제기하니까 재판부는 "우리를 믿어달라"고 하더라고요. 그래서 전부 다 제출되었어요. 고양이에게 생선가게를 맡겨달라는 것이었을지도 모르지요.

정태호 __ 결정문 147쪽[10]에 보면 김이수 재판관께서 정당해산요건
을 엄격하게 해석해야 하고 엄격하게 적용해야 한다면서, 민사소송
에서의 사실 입증은 특별한 사정이 없으면 경험칙에 비추어 모든 증
거를 종합 검토하여 어떠한 사실이 있었다는 것을 시인할 수 있는 고
도의 개연성을 증명하는 것이고, 그 판정은 통상이라면 의심을 품지
않을 정도에 이르러야 한다는 대법원 판례를 언급했어요. 이렇게 민
사소송법을 준용하는 이 사건에서 일반인이 의심을 품지 않을 정도
로 입증돼야 한다고 것이지요. 이 사건에서 김이수 재판관도 재판부
가 이런 입장을 취했기 때문에 이것에 입각해서 논증을 했다고 보거
든요. 하지만 애초부터 사실은 정당이 현대 민주주의에서 차지하고
있는 중요한 비중이라든가 정당 활동 자유의 중요성이라든가 이것
을 감안하면, 이런 민사소송에서 통용되는 입증의 정도를 가지고 정
당을 죽이고 그래서는 안 되는 거죠. 합리적 의심을 배제할 정도가 되
어야 우리도 오늘 같은 모임을 할 필요가 없는 것이죠.

사법연수원생이 이런 결정문 작성하면 낙제 점수

한상희 __ 어찌 보면 헌재가 정당해산요건을 엄격하게 해석하지 않
아서 안타깝게도 오늘 우리가 하나하나 따져 볼 게 많아요. 사실은 고
도의 개연성이라는 것도요, 환경소송이라든가 이런 것에서는 법원의

---

10 헌재 결정문은 1쪽에서 147쪽이 법정의견(다수의견)이고, 147쪽에서 327쪽까지가 김이수
재판관의 소수의견이며, 327쪽에서 346쪽까지가 안창호, 조용호 재판관의 다수의견에 대
한 보충의견이다.

고도의 개연성이라면서 절대 안 받아 주잖아요. 증거들이 나와도 "아니야, 담배는 폐암하고 관계없어." 이러잖아요. 그러면서 여기에서는 말은 고도의 개연성이라고 하면서 아주 사소한 연결고리 하나만 있으면 인정해 주는 거 아닙니까. 그런 의미에서 보면 민사소송법조차도 준용이 안 된 거죠.

이재화 __ 그래서 제가 한 토론회에서 사법연수원생이 이와 같은 결정문을 작성해 왔다면 낙제 점수를 면하기 어려울 것이라고 말한 적이 있습니다.

한상희 __ 사법연수원생들도 이 정도의 판결문을 내지는 않아요.

이재화 __ 이 정도면 교수들이 그냥 낙제시킬 겁니다.

한상희 __ 교수한테 얻어 터질까 봐 내지도 않을 거예요. (웃음)

08. 91번 등장한 정체불명의 '주도세력'[11] 개념

이재화 __ 결정문 다수의견에는 피청구인의 주도세력이라는 단어가 무려 91차례나 반복됩니다. 그런 정도로 핵심 키워드라고 할 수 있겠는데요. 이에 대해서 이야기를 해볼까요?

---

11 헌법재판소 다수의견은 통합진보당의 주도세력이 누군지를 확정하고, 그들이 이념적 지향점을 밝힌 다음 그들이 인식하는 진보적 민주주의 숨은 목적으로 도출해냈다.

한상희 __ 주도세력의 선정 기준이 무엇이었을까요? 지금 갑자기 경기동부연합, 부산울산연합. 원래 부산울산경남인데 또 부산울산만 이야기하던데….

이재화 __ 원래가 전국연합 산하에는 부산연합, 울산연합 따로 있었는데, 부울경연합이라는 것은 없었어요.

한상희 __ 왜 갑자기 그것이 나왔는지, 그 자체도 상당히 자의적이고.

'주도세력'은 법률가가 사용할 수 없는 개념

이재화 __ '주도세력'이라는 게 원래 법률용어가 아니잖아요? 주도세력이라는 것은 뭘 주도했는지를 우선 판단해야 합니다. 주도세력의 논증을 끌어내기 위해서는 당의 의사결정 구조는 이렇게 되어 있는데, 의사결정을 관철하는 시스템 자체가 특정인, 특정세력에 의해서 지속적으로 관철되었다는 식의 논증을 한 후에 끄집어내야 할 개념인데, 다수의견에는 그런 논증이 전혀 없어요. '경기동부연합이 당을 장악하고 있다.'는 식의 편견에 기초한 개념입니다. 법률가들이 사용할 수 있는 것이 아니지요.

한상희 __ 원래 법의 특징이라는 게 제도나 구조를 가지고 개인의 행동을 규제하는 것이거든요. 그래서 주도세력을 이야기하려면, 조금 전에 말씀하셨듯이 통합진보당의 전체 구조와 의사결정과정은 어떻고, 어떤 논의과정을 통해서 당론이 결정되고 행동이 결정되는지, 이런 것을 밝히면서, 여기에서 어떤 특정한 사람들이 처음부터 끝까지 모든 것들을 다 지배를 한다, 경기도에서 말 안 듣는 사람은 뒷골목에 가서 패기도 하더라, 이런 이야기들이 나와야 되거든요. 그런데 그런 것 전혀 없이 그냥 어떤 특정한 이름으로 지을 수 있는 무슨 무슨 연합, 그것 하나를 끄집어 내서 이 사람들이 주도세력이라고 단정부터 하는 것이거든요. 이게 아까 퍼즐 맞추기에서 퍼즐을 마음대로 골라내는 것과 똑같은 느낌이거든요.

이재화 __ 어떤 대의원 대회에서 회의 안건이 다섯 개였는데, 회의에 주도세력이 있다면 1안부터 5안까지 찬반 표결수가 동일하게 나와야 할 것 아닙니까? 그런데 실제로는 다섯 개 안건마다 찬반 표결수가 모두 달랐습니다. 그래서 통합진보당 대리인은 이러한 문서들을 증거로 제출하고 "이것은 민주노동당 통합진보당 자체가 특정인들의 지시를 받고 이렇게 찬반 표결하는 것이 아님을 오히려 보여주는 것이다. 주도세력이 있다면 이러한 결론이 날 수가 없다."라고 설명했어요. 그런데 재판관들은 이 부분을 하나도 듣지 않았던 것 같습니다. 민혁당 잔존 세력이 경기동부연합을 장악하고 경기동부연합이 2004년부터 민주노동당을 장악했다고 하는데, 민혁당 사건으로 당원들 중에 형사처벌 된 사람은 이석기 의원 등 극소수이고요. 전향한 김영환 씨가 민혁당원이었다고 진술한 이상규, 김미희 의원은 당시 수사조차 받지를 않았어요. 그런데 다수의견은 김영환 말만 믿고 이처럼 판단해버렸어요. 민혁당은 반국가단체로 처벌되었던 조직인데, 우리나라 대한민국의 국가정보원과 경찰은 해체된 지하당이 공식적인 제3당을 장악할 동안 뭐했냐는 겁니까? 경기동부연합, 부산연합과 울산연합은 민주노동당에 들어올 때 조직이 그냥 들어온 것

이재화 변호사

이 아니라 개인 자격으로 가입했어요.

정태호 __ 전국연합은 사회활동가들 모임 아니었습니까?

이재화 __ 그렇죠. 전국연합이라는 것은 시민단체조직이고, 그것이 반국가단체나 이적단체로 처벌된 적이 없어요. 특히 경기동부연합은 경기도 동부 쪽에 위치해 있는 지역시민단체의 연합체에 불과해요. 강령이 있는 것도 아니고, 강령상 목적이 있는 것도 아니에요. 또 하나는 이 사람들이 당에 들어와서 체계를 갖춰 조직적으로 활동했다는 증명이 하나도 없어요. 원내대표라든지 사무총장이라든지 당 대표라든지 당직과 공직 후보 선거를 할 때 그런 경향에 있는 사람들이 어떤 후보를 지지했다는 정황밖에 없어요. 그것은 이념적인 행동이 아니기 때문에 그것을 주도세력이라고 할 수 없지요. 예컨대 '친노'라는 사람들이 새정치민주연합의 당 대표 선거에서 문재인 후보를 찍는다는 게 이념적인 행동은 아니잖아요. 그냥 그런 경향성이죠. 그래서 노회찬 전 의원이 민주노동당이나 통합진보당을 '운동권 동창회'라고 이야기했던 것이고, '다함께' 김인식 운영위원이 "이것은 80년대의 그림자에 불과하다." 라고 이야기했던 거죠. 저희가 수백 번 이야기했는데도 재판관들은 조중동 등 보수언론에서 이야기하는 대로 민혁당 잔존세력, 경기동부연합이 통합진보당을 장악했다고 판단해 버렸어요. 그래서 저는 이 헌법재판소 다수견해의 결정문을 이정미 재판관(주심재판관)이 쓴 게 아니라고 봐요. 이정미 재판관이 비교적 꼼꼼히 기록을 읽어봤거든요. 마지막 선고할 때 방청석 측에서 보면 기록을 두 군데로 나눠서 쌓아놨잖아요? 좌측에 있던 포스트잇 붙어져 있는 기록이 이정미 재판관이 읽은 것이고, 우측에 있던 포스트잇이 하나도 붙어 있지 않은 기록은 박한철 소장이 자기들이 그 방대한 양을 많이 봤다는 것을 과시하기 위해 카메라용으로 갖다 놓은 거죠. 이정미 재판관이 이렇게 허술하게 썼을 리가 없는데, 연구관이 대필한 거라는 생각이 듭니다.

엉터리 결정문을 누가 썼을까?

정태호 __ 원래 헌재 결정문이 만들어지는 과정을 보면, 평의에서 결론 내려진 뒤 거기에 입각해서 연구관한테 지시하거든요. 연구관이 결정문의 초를 잡으면, 재판관들이 오케이 여부를 판단하는데, 이 사건처럼 큰 사건은 주심재판관이 있다고 하더라도 헌재 내부에서 별도로 연구팀이 가동되지요. 거기서 이미 해산 결정문을 하나 만들고, 반대쪽 답도 하나 만들어놓고 재판관들이 선택해요. 주심재판관이 결정문을 직접 쓰는 경우는 이례적이죠.

이재화 __ 그렇지만 이처럼 중요한 사안에서는 1년 동안 심리했다면, 초안을 재판연구관이 쓴다 하더라도 주심재판관이 가필하고 수정하고 해야 하지 않나요?

한상희 __ 설령 재판연구관이 썼다 하더라도 이렇게 엉성하게 썼을 리가 없다는 거죠. 통상적인 재판연구관들은 이 기록을 읽을 수 있는 훈련이 안되어 있죠. 보통 연수원 나와서 바로 그리로 가는 경우가 많고, 안 그러면 박사학위 논문 써가지고 온 사람들이거든요. 기록 보는 훈련이 안 되어 있잖아요. 그래서 듣기로는 판사, 검사 출신 연구관들로 팀을 만들어서 검토했다고 해요. 그러면 문제가 그 사람들이 이 기록을 읽었다면 아무리 초안이든 초초안이든 그렇게 나올 리가 없다고 생각되거든요. 왜 이런 결정문이 나왔는지, 그 과정을 한 번 따져 봐도 재미있을 것 같아요.

정태호 __ 이 결정은 사실은 우리 의문을 해소해 줄 만큼 치밀하게 논증이 되는 가운데 만들어진 결정문이라고 보기가 어렵죠. 더더군다나 누차 이야기하지만 정부가 제출한 증거가 그렇게 많고, 피청구인 측에서도 반박하는 차원에서 제출한 증거가 이렇게 많은데, 그러면 그에 대한 평가가 구체적으로 다 이뤄져야 하잖아요. 결정문의 다수의견이 이렇게 짧다는 것은 공방에 대한 평가가 제대로 이뤄지지 않았다는 얘기죠.

이재화 __ 주도세력들의 사상적인 경향성, 이념적인 경향성을 분석한다는 것 자체도 헌법상 용인될 수 없는 것 아닙니까?

한상희 __ 그렇죠. 더군다나 주도세력의 이념적 사상적 경향성이 어떻게 조직의 활동으로 나왔는가, 그것이 어떤 공식적인 계획에 따라 구체화되고 있는가를 판단해야 하는 것이죠. 정당의 해산요건에서 정당의 목적과 활동을 말하는데, 여기서 목적이라고 하는 것은 이런 계획이라는 맥락 속에서 판단해야 하거든요. 그런 것을 이야기 해줘야 되는데 그런 것이 전혀 없고, A라는 사람이 어떤 이야기를 한다, 그런데 이 사람이 주도세력이다, 그래서 그 사람의 이야기가 정당의 숨은 목적이다, 뭐 그런 정도로만 이야기한다는 거죠.

이재화 __ 결정문 다수의견은 주도세력이 사회구성체 논쟁을 할 때 NLPDR(민족해방민중민주주의혁명)의 관점을 보여줬다고 합니다. 그런데 딱 한사람입니다. 그 사람이 과거 영남위원회 사건에 연루된 박경순 진보정책연구원 부원장인데, 당의 당직을 맡기 전에 2007년 토론회에서 한국 사회를 식민지반자본주의 사회로 보고 민족민주주의혁명을 추구해야 한다는 논지를 토론회에서 폈던 것을 가지고 반복적으로 원용하고 있거든요. 우리나라는 한때 국가보안법을 위반했더라도 지금은 공당의 당원이 될 수 있습니다. 현재는 합법적인 활동을 하고 있어도 옛날에 처벌받은 것 때문에 불이익을 받아야 된다는 논리인데, 이거야말로 반헌법적 사고 아닌가요?

"생각이 바뀌었음을 증명해 봐라"

한상희 __ 그렇죠. 문제는 앞으로도 똑같이 연결되어서 그렇게 될 가능성이 농후하다는 것입니다. 진보당에 가입했던 사람들은 앞으로 어떤 정당 활동을 하든 이미 낙인이 찍혀 있기 때문에 그 정당을 해산할 수 있는 빌미가 되는 것이죠.

이재화 __ 당 간부 중에 일심회 사건과 실천연대 사건에 연루되어 처벌받은 전력이 있다고 하더라고요. 그 사람이 통합진보당에 들어와서 반국가단체 활동을 하지 않는 한 그 사람의 전력을 갖고 문제 삼아선 안 되는 것이에요. 옛날의 처벌 전력을 가지고 이 사람은 여전히 그러한 이념적인 성향을 갖고 있을 것이라는 추측을 해서도 안 되는 겁니다. 헌법재판소의 시각은 또 다른 연좌제가 아닌가 의심됩니다.

한상희 __ 더군다나 생각이 바뀌었다는 것을 인정조차 하지 않고 있습니다.

이재화 __ 오히려 그 이야기에 대해 "생각이 바뀌었음을 증명해 봐라." 라는 투였습니다. 생각이 바뀌었다는 것을 머리 뚜껑 열어서 입증해야 합니까? 머리 뚜껑을 열든 엑스레이를 찍든 안 나오는 거죠. 그런데 정부 측 대리인들과 재판관들은 과거 주사파 활동을 하다가 전향한 증인들에게 "저 사람(통합진보당에서 활동하는 사람)의 생각이 바뀔 수 있느냐?" 하고 묻고, 증인들은 "저 사람의 생각은 바뀔 수 없다."라고 진술했습니다. 재판관들은 이러한 증인의 추측성 진술에 근거해서 이른바 주도세력의 사상적 성향을 단정해렸습니다. 김이수 재판관이 지적했듯이 사람의 생각이란 것은 나이가 들면서, 시대의 사조에 따라 바뀌는 것이지요. 꼭 공개적으로 전향해야만 바뀌었다고 볼 수는 없는 거죠.

정태호 __ 많은 나라에서 사람들이 젊었을 때는 좌파였다가 나이 들면 우파가 되는 것과 같은 거죠.

이재화 __ 그런데 다수 의견은 전향하지 않았으니 옛날 그 사상 그대로 아니냐, 이렇게 보는 겁니다.

한상희 __ 지난 1998년 터키 복지당에 대한 유럽인권재판소의 해산 결정 판결문을 보면, 정당에서 공천을 받아서 당선된 국회의원, 시장 등의 지방자치단체장 이런 사람들이 신정주의(神政主義) 이야기하면서 폭력 지하드(Jihad)를 선동하거든요. 그 부분에 대해서 유럽인권재판소는 이렇게 이야기합니다. 일단 정당의 공천을 받아서 당선되었기 때문에 이 사람들의 활동은 정당 활동으로 볼 수가 있다. 다만, 정당이 공식적으로 그에 대해서 거리를 두거나 부인하는 조치를 하는 경우에는 대중들이 그 사람의 발언이 정당의 발언이라고 신뢰할 수 있는 것들이 없어지기 때문에, 그 경우는 정당 활동으로 보지 않아야 한다는 취지로 판결을 내렸습니다. 이것이 무슨 의미냐 하면, 당원들의 활동이 적어도 어느 정도의 공식성을 띠고 있어야 하고, 대중들이 보기에 저것은 '저 사람의 말이 아니라 저 정당의 말이구나' 하고 믿을 수 있어야 한다는 거예요. 일종의 외관설[12]이죠. 거기에 정당이 그것을 묵인하거나 방조하는 경우가 있어야 합니다. 터키 복지당의 경우에는 그 사람들의 강연록을 가지고 전국을 돌면서 당원과 주민들을 교육 시켰어요. 이것은 완전히 당의 의사라고 보아야 하겠지요. 만약 복지 당이 보도자료나 공식논평 등을 통해서 그 사람들의 행동이나 발언 은 복지당과 무관한 개인의 것이라고 선언했다면 사정은 또 달라질 것입니다. 그런데 이 사건 결정문에서 언급된 사건들을 보면, 적어도 대중들이 통합진보당의 의사라고 믿을 여지가 전혀 없어요.

이재화 __ 이 판결문에서 여러 번 언급되는 2007년도 한국 사회 변 혁전략 토론회를 예로 들어 보겠습니다. 이 토론회를 민주노동당 집 권전략위원회가 주최한 것은 맞습니다. 집권전략위원회가 집권전략 수립에 참조하기 위해 80~90년대 사회구성체 논쟁에서 여러 경향을 보였던 사람들을 초청해 사회구성체론의 현재적 의미에 대해 토론한 것입니다. 집권전략위원회는 2009년 집권전략보고서를 작성하였을 때 박경순의 발제문 내용을 전혀 반영하지 않아요. 당의 부속기관인 집권전략위원회가 토론회에서 발표한 내용을 채택하지 않았으면 그 것은 당의 의견이 될 수가 없지요. 박경순 씨는 그 이후에 당직을 가 졌는데, 그때부터는 그런 견해를 주장한 적이 단 한 번도 없어요.

정태호 __ 김이수 재판관 소수의견을 보면 이런 이야기가 나오잖아 요. 다수의견은 광주전남연합, 부산울산연합도 주도세력에 포함했 는데, 실제로 부산울산연합은 이석기 의원 제명문제가 대두된다든

---

12 공무원이 어떤 행위를 했을 때, 그것이 그 공무원이 어떤 생각을 가지고 했는가에 관계없이 통상적인 인식능력을 갖추고 있는 일반인이 그 행위가 공무상의 직무행위라고 볼 수 있을 정도의 외관을 띠고 있다면, 그것을 공무원의 직무행위로 인정하여 국가의 손해배상책임을 인정한다는 이론.

가 비례대표 경선문제와 같은 중요하고 핵심적인 의미를 갖는 사안에서는 이석기 의원 등 경기동부연합과 다른 입장을 취했다는 것이죠. 그러니까 '마치 이석기가 수괴인 RO가 경기동부연합을 장악했고, 경기동부연합이 광주전남, 부산울산연합과 연대해서 통합진보당을 장악했다, 이들의 이념은 대개 자주파에 속하니까 어떻다.', 이런 건데요. 이 논리를 깰 수 있는 증거들은 매우 많은데 그 부분은 전혀 인정을 안 하고 있죠.

이재화 __ 다수의견은 북한 추종성의 대표적인 예로 일심회 관련자 제명 문제를 말할 때 주도세력이 제명을 부결시켰다는 것을 예로 들고 있는데, 제명에 가장 적극적으로 반대를 했던 게 PD 계열의 '다함께' 예요. 기록에 분명히 나오는 사실이에요. 그런데도 다수의견은 이러한 증거를 무시해버린 거죠.

한상희 __ 반대했던 이유가 이들을 지지하였기 때문이 아니라 국가보안법 자체를 인정할 수 없다는 것 아니었나요?

이재화 __ 맞아요. 그때 당시에 PD 성향의 당원들이 NL : PD 구도를 49 : 51, 50 : 50 이렇게 이야기하는데, 당시 반대가 3분의 2거든요. 이 이야기는 국가보안법에 대한 대의원들의 정서 때문에 부결이 된 것이지 N L계열의 '오더' 내려와서 반대했던 것이 아니거든요. 정부 쪽도 그렇고 헌법재판소도 필요할 때는 NL이라고 하고, 또 어떨 때는 경기동부연합이라고 하거든요. 소위 NL 또는 자주파로 분류된 인천연합 같은 경우는 일심회 사건 관련자들 제명하는 데 찬성을 했죠. 이렇게 어떤 사안을 문제로 삼을 때는 NL 계열이라고 하고, 나중에는 설명이 안 되는 거죠. 초기에는 오히려 NL들이 '군자산의 약속'[13] 이후에 대거 입당했다고 했는데, 이때 대거 입당한 것이 인천연합이 거든요, 그런데 주도세력을 말할 때는 인천연합 이야기는 쏙 빼버려 요. 자기들 마음대로 잣대를 들이대는 것이죠.

정태호 _ 이 주도세력의 개념도 불분명하고, 범위도 불분명하고, 그들 이 사실 어떤 정치적 이념을 추구하는지도 불분명한 가운데 그냥 북한 식 사회주의 혁명을 은밀히 추구한다고 해서 딱지를 붙여버린 거죠.

10만 당원 모두 꼭두각시인가?

한상희 _ 판결문 앞부분에서는 그 정당이 취하고 있는 정치적 이념 을 가지고 판단하는 것이 아니라 목적과 활동을 가지고 판단해야 한 다고 하고서는, 뒤에 가면 주도세력의 정치적 이념이 무엇인가 살펴 보자고 해면서 정치적 이념을 쭉 분석해요. 그 분석 자체가 뭐 제대 로 된 것인지 아닌지도 모르겠지만 그것을 가지고 다시 목적과 활동 을 추론해 내거든요. 이게 대표적인 유추해석이고, 법 해석 방법론의 자의성이거든요.

---

13 전국연합은 2001년 9월경 충북에 있는 한 수련원에서 '민족민주전선 일꾼전진대회'를 개최해, "3년 안에 광범위한 민족민주 전선과 민족민주정당을 건설하여 10년 안에 자주적 민주정부를 수립하고 연방통일조국을 건설하자."는 취지의 특별결의문을 채택하였는데, 위 결의문을 이른바 '군자산의 약속' 또는 '9월 테제(9월 방침)'라고도 한다. 위 결의는 전국연합의 제도권 정치에 대한 참여 내지 대중정당건설·참여를 선언한 것으로서, 이후 전국연합 구성단체 중 인천연합, 전농, 한총련 등 다수의 NL 계열 단체들의 구성원이 민주노동당 당원으로 가입하기 시작했다. 전국연합의 참여로 민주노동당은 당원 수가 크게 증가하고, 전국의 지역기반·조직이 공고해질 수 있었다.

"이 결정은 사실은 우리 의문을 해소해 줄 만큼 치밀하게
논증이 되는 가운데 만들어진 결정문이라고 보기가 어렵죠.
더더군다나 누차 이야기하지만 정부가 제출한 증거가
그렇게 많고, 피청구인 측에서도 반박하는 차원에서 제출한
증거가 이렇게 많은데, 그러면 그에 대한 평가가 구체적으로
다 이뤄져야 하잖아요. 결정문의 다수의견이 이렇게 짧다는
것은 공방에 대한 평가가 제대로 이뤄지지
않았다는 얘기죠."

이재화 __ '엿장수 마음대로' 하는 법리죠. 시민사회단체의 요청으로 요새 전국 순회강연을 다니고 있어요. 지난주 금요일에 울산에 가니까 한 당원이 질문을 하더라고요. "나는 15년 동안 민주노동당, 통합진보당 당원이었는데, 주도세력이 누군지도 모르겠고, 숨은 목적이 뭔지도 모르겠다. 북한식 사회주의 하고는 전혀 무관하고, 내가 알기에는 당이 북한식 사회주의를 추구하지 않는다. 설령 몇몇이 북한식 사회주의를 추구한다 하더라도, 왜 우리 당 전체를 해산시키느냐? 전체 당원들의 심각한 명예훼손이다. 헌법재판관들에게 명예훼손 손해배상 청구하고 싶다." 이렇게 이야기도 하더라고요. 이분 말씀대로 설령 그런 사람 일부가 있다고 하더라도, 실정법 위반이면 그들만 처벌하면 되는 일 아닙니까? 당원들이 10만 명이나 있는데, 이분들이 꼭두각시도 아니잖아요. 헌법재판소는 정점에서 누가 지시하면 당원이나 대의원들은 꼭두각시처럼 행동한다는 전제에서 결정해버린 것이지요.

한상희 __ 독일의 나치당과 독일 공산당도 그렇고 터키의 복지당도 그렇거든요. 전국을 순회하면서 당원교육을 하거든요. 독일 공산당 같은 경우에는 그것을 학습이라고 이야기했는데, 프롤레타리아 혁명, 마르크스−레닌주의를 쭉 이야기해요. 터키 복지당도 특히 아나톨리아, 아시아 지역을 대상으로 해서 신정주의를 계속 강연했어요. 그게 그러니까 그 정당의 위헌성을 드러내는 하나의 행동이었던 것이거든요. 그런데 통합진보당 같은 경우에는 북한식 사회주의를 가지고 10만 당원들에게 설명한 적이 없거든요.

정태호 __ 만약에 그것을 했다고 하면 국가보안법 위반이죠.

한상희 __ 당원들을 상대로 "여러분은 만약 어떤 상황에 처하면 이렇게 하자."는 이야기를 한 적도 없잖아요. 북한이 어떻다고 이야기도 안 했는데.

이재화 __ 안창호 재판관과 조용호 재판관은 다수의견 보충의견에서 당원 교육자료 중에 진보적 민주주의가 사회주의와 사회민주주의 중간에 위치한다는 메모를 중요한 증거로 거론하고 있는데, 정당해산은 이념을 금지하는 것이 아니라 그 목적을 달성하기 위한 수단의 폭력성을 문제 삼은 제도거든요. 이념적으로 사회주의 하고 사회민주주의의 중간이라고 이야기한 것이 도대체 왜 문제가 된다는 것인지 이해할 수가 없어요.

한상희 __ 5·16쿠데타가 일어나고 나서 당시 어느 장관이 사회주의 정당도 허용된다고 이야기를 했거든요. 적어도 그런 정도의 인식이 있어야지.

폭력혁명만 아니면 사회주의도 허용한다면서

이재화 __ 판결문 앞부분에 보면 사회주의나 공산주의나 폭력혁명만 아니면 다 허용이 된다고 써 놨어요. 이렇게 해놓고 뒤에는 엉뚱한 논리를 편 것입니다.

정태호 __ 독일 공산당 금지 판결도 모든 공산당이 헌법에 위반된다고 이야기한 게 아니거든요. 폭력혁명을 추구하는 마르크스-레닌주의 정당에 대해 위헌선언을 한 것이지요. 일체의 공산당이 위헌이라고 이야기한 것이 아니란 말이죠. 마찬가지로 사회주의도 워낙 범위가 넓잖아요. 그러니까 구체적으로 이데올로기를 어떤 식으로 실현하겠다는 것인지 이것을 들여다보지 않고서 이것이 헌법적으로 문제 되는지를 가릴 수가 없는 것이죠. 그래서 사회주의와 사회민주주의 중간에 진보적 민주주의를 자리매김했다면, 그것 하나 가지고 추론하는 것은 굉장히 위험한 것이죠.

이재화 __ 2011년 6월에 창당강령의 "사회주의적 이상과 원칙을 계승한다."라는 말을 대의원대회에서 삭제하고, 그 대신 진보적 민주주의를 용어로 사용했어요. 대의원 대회에서 격론이 벌어지고 반대를 하고 분위기가 심상치 않으니까, 최규엽 강령개정위원회 위원장이 이런 말을 해요. "'사회주의 이상과 원칙'이라는 단어를 강령에서 뺀다고 해서 자본주의를 추구한다고 보는 것은 말이 안 된다. 우리 강령 총론을 보면 말만 공산주의라고 쓰지 않았지, 인간의 존엄성이라든지 다 들어가 있다." 라고. 이 말은 강령개정에 반대만 하지 말고 찬성할 생각도 해보라고 설득하기 위해 '공산주의란 말만 쓰지 않았지 다 들어가 있다.'는 수사적 표현을 사용한 것입니다. 청구인 측은 이것을 꼬투리 잡아 진보적 민주주의는 사회주의를 추구하는 것이라고 주장했는데, 헌법재판소는 이를 근거로 북한식 사회주의를 추구한다고 결론 내려 버렸습니다.

한상희 __ 설령 그것이 의미가 있다 한들, 헌법재판관 자신들이 민주적 기본질서를 이야기할 때 경제 부분을 빼버렸잖아요. 자본주의는 빼버렸잖아요. 그렇다면 그게 뭐가 문제가 됩니까? 앞뒤가 안 맞아요.[14]

09. 파시즘 사고 묻어나는 북한 추종성 판단

이재화 __ 주도세력이 북한을 추종한다는 근거를 세 가지 들고 있죠. 북한 핵 개발에 대해 이용대 정책위 의장이 자위권적인 측면이 있다고 발언한 것 하고, 천안함과 연평도 사건에 관한 이정희 대표의 발언, 북한 인권문제와 3대 세습에 대해서 적극적으로 비난하지 않았다는 걸 들고 있는데, 하나씩 살펴보지요.

이용대 정책위 의장이 북한이 핵 개발에 이르게 된 것은 북한의 자위권적 측면도 있다고 발언을 했다고 해서 북한을 추종했다고 보고 있거든요. 이것은 1999년 페리보고서에서도 나오는 내용이고, 전 주한 미 대사 도널드 그레그도 이런 발언을 했어요. 정세현 전 통일부 장관, 이종석 전 통일부 장관도 비슷한 논조의 발언을 했고요. 다수의견의 논리대로라면 미국 대사도 전 통일부 장관들도 모두 종북이라는 것 아닌가요?

정태호 __ 참여정부 때도 그런 기조에 입각해서 봤죠.

---

14 "민주적 기본질서를 현행 헌법이 채택한 민주주의의 구체적 모습과 동일하게 보아서는 안 된다. 정당이 위에서 본 바와 같은 민주적 기본질서, 즉 민주적 의사결정을 위해서 필요한 불가결한 요소들과 이를 운영하고 보호하는 데 필요한 최소한의 요소들을 수용한다면, 현행 헌법이 규정한 민주주의 제도의 세부적 내용에 관해서는 얼마든지 그와 상이한 주장을 개진할 수 있는 것이다. 마찬가지로, 민주적 기본질서를 부정하지 않는 한 정당은 각자가 옳다고 믿는 다양한 스펙트럼의 이념적인 지향을 자유롭게 추구할 수 있다. 오늘날 정당은 자유민주주의 이념을 추구하는 정당에서부터 공산주의 이념을 추구하는 정당에 이르기까지 그 이념적 지향점이 매우 다양하므로 어떤 정당이 특정 이념을 표방한다 하더라도 그 정당의 목적이나 활동이 앞서 본 민주적 기본질서의 내용들을 침해하는 것이 아닌 한 그 특정 이념의 표방 그 자체만으로 곧바로 위헌적인 정당으로 볼 수는 없다." (결정문 15쪽).

한상희 __ 지금 당장 나한테 가서 무슨 이야기를 하라고 해도 그렇게 이야기하겠어요.

이재화 __ 당연하지 않겠어요? 그런데도 다수의견은 그렇게 이야기했다는 것을 근거로 북한을 추종하고 북한을 두둔했다고 판단해버렸어요. 재판관들은 그야말로 북한 알레르기가 있는 사람들 같아요.

북한 알레르기와 조건반사 법칙에 충실한 토끼

정태호 __ '조건반사의 토끼' [15]죠. 예전에 리영희 교수님이 하셨던 말씀인데요.

이재화 __ 천안함, 연평도 사건 발언도 이정희 대표 발언에 대한 인용내용이 다수의견과 소수의견이 달라요. 다수의견은 조·중·동이

---

15 "매카시즘에 관한 설명을 새삼스럽게 할 필요는 없겠다. 요컨대 학문의 자유, 양심의 자유, 사상의 자유, 신앙의(종교적 신앙뿐이 아니라 누구든지 자기가 옳다고 믿는 신념을 가질 수 있는) 자유라는 민주주의의 근본적 가치들이 반공(反共)이라는 단 한 가지의 가치 때문에 부정된 사상통제의 선풍이다. 매카시즘과 매카시즘적 사고방식은 미국 정부와 사회 전반에 걸쳐서 사실을 사실대로 진실을 진실대로 보고, 말하고, 주장할 수 있는 지적 정신을 뿌리부터 뽑아버렸다. … 매카시즘의 지적 풍토는 부정적이고 파괴적이기 때문에 그것이 목적으로 하는 상대에 대한 두려움이 되기보다는 자기 자신에게 사실 아닌 환상의 최면술을 걸어버린다는 것이다. … 우리들의 인식론적 기능은 냉전 사상과 체제 속에서 조건반사(條件反射)의 토끼가 되어버린 감이 있다. 예로 '중공'이라는 용어는 즉각적으로 '기아' '괴뢰' '피골상접' '야만' '무과학' '반란' '정권타도' '침략' '호전(好戰)' … 등 냉전용어와 그것이 담고 있는 그와 같은 관념을 우리에게 일으켜왔다. 우리는 강요된 조건반사의 토끼가 되어 있다. 예로 든 중공이 그런지 안 그런지는 알 길이 없다. … 문제는 어떤 객관적 사실이 교육되고 선전되고 세뇌된 대로인지 아닌지의 여부가 아니다. 진실로 문제인 것은 그렇게 말하면 그렇게 믿어야 했고, 어떤 사상(思想)에는 어떤 용어를 사용해야 하고, 그 용어를 사용하면 반드시 일정한 스테레오타이프적 관념을 머리 속에 형성하게끔 우리들이 냉전용어의 조건반사 법칙에 충실한 토끼가 되지 않았는가 하는 의문이다." (리영희, 『전환시대의 논리』, 1974. 6.)

편집한 것을 사용했어요. 통합진보당 소송대리인이 법정에서 전문을 제시했고 원문취지를 충분히 설명했습니다. 그런데 다수의견은 서증조사 때 확인된 사실을 무시해 버리고, 조·중·동이 편집한 것을 마치 사실인 양 결정문에 반영해버린 것이죠. "북이 이래서는 안 됩니다." 이런 말을 빼버리고, 마치 이정희 대표가 북한을 두둔한 것 같은 뉘앙스로 편집해놓은 것을 그대로 판결문에 옮긴 것입니다. 이것은 취사선택의 문제가 아니라 명백한 왜곡이지요. 2010년 8월경에 한 언론인터뷰에서 이정희 대표가 "만약에 북이 한 것이라면 그 문제에 대해서 책임을 물어야 한다고 봅니다."라는 말을 분명히 했거든요. 다수의견은 그런 말들은 쏙 빼버렸어요. 그리고 2010년 11월 24일 자 이정희 대표의 트위터에는 "연평도에서 군인이 사망하고 주민들이 불길 속에서 두려움에 떨고 있습니다. 북이 이래서는 안 됩니다. 전쟁은 불행을 가져올 뿐입니다." 이런 의견 표명이 있는데, 이런 것은 쏙 빼버렸어요. 극우적 인사나 하는 행동을 헌법재판소 재판관들이 한 것이죠.

정태호 __ 모든 국민과 모든 정치사회단체에 북한 문제가 대두되면 북한을 비난하는 태도를 취할 것을 헌법재판소가 간접적으로 명령하고 있는 것이죠.

이재화 __ 이것이야말로 파시즘적 사고 아닌가요. 너희들은 3대 세습에 대해서 국민들이 원하는 속 시원한 대답을 왜 안 하는가, 이 논리잖아요. 제가 볼 때는 정부와 같은 강도로 비난하지 않는다고 해서 북한을 지지하는 것으로 몰아붙인 것입니다.

한상희 __ 스페인의 바타수나당을 해산시킬 때 비슷한 이야기들이 있었거든요. 바스크 지역 무장독립운동의 외곽 단체가 바타수나당인데 여기 당직자가 테러 활동을 비난하지 않는다는 게 이유였어요. 그런데 문제가 뭐였냐면, 비난하지 않을 뿐만 아니라 내부적으로 연계되어 있었거든요. 내부적인 연계를 이야기하면서 찾아보니까 비난하지 않은 사실도 있더라고 말을 한 거예요. 비난하지 않았기 때문에 나쁜 게 아니고 "나쁜 놈들인데 비난하지 않은 것도 있더라." 한 걸 거꾸로 갖다 붙인 거죠.

이재화 __ 침묵과 동조는 엄연히 다른 것인데 재판관들은 침묵을 동조하는 것으로 간주해버린 것이지요.

한상희 __ 퍼즐 맞추기라고 이야기하면서, 퍼즐을 맞춘 게 아니라 아예 만들어 낸 대표적인 사례가 되겠죠.

정태호 __ 마사지를 해서 머릿속에 그려놓은 모습에다 맞추기 위해서, 퍼즐을 만든 뒤 갖다가 껴 맞추는 식의 논증이죠.

10. 전향자들의 잔치판이 돼 버린 정당해산 심판

이재화 __ 헌법재판소의 다수의견은 탈당한 사람들이 다소 감정적으로 통합진보당을 비난한 말을 원용해, '탈당한 사람들이 종북주의자라고 이야기했으니까 종북정당 아니냐?'는 취지의 논리를 전개하고 있습니다. 이에 대해 한 교수님은 어떻게 생각하시나요?

한상희 __ 저는 그 이전에 한 가지 지적하고 싶어요. 정말 '종북'이라는 개념을 어느 누구도 규정하지 못하고 있거든요. 북한을 추종한다고 했을 때, 그 의미가 과연 무엇인지? 그리고 그 의미에 비추어 봤을 때 그것이 우리 헌법에 허용될 수 있는 것인지 어떤지? 그런 판단이 있어야 하거든요.

이재화 __ 예컨대 북한의 사회주의를 추구했다거나, 북한의 지시를 받는다고 판단하려면, 추구하는 구체적인 내용과 당의 누가 어떤 내용의 지시를 받았는지에 대해 구체적으로 설명해야 하는데, 다수의견을 보면 이에 대한 구체적 내용이 전혀 없어요. 말하자면 구호만 있는 셈이지요.

한상희 __ 하다못해 북한으로 가자고 이야기를 한다든지, 그런 것들이라도 있어야 하는데 전혀 그것은 아니잖아요. 단순히 경향성이거든요. 이렇게 보면 북한이랑 같을 수 있더라. 그런 외형적인 일치 하나만 가지고 유추해 낸 것이죠.

정태호 __ 재판관들은 자주파들이 왜 북한에 대한 비난 내지 비판을 자제하는지에 대해 이해하고자 하는 고민이 없어요. 자주파들은 장기적으로 봐서 자신들이 우리 정치에서 주도세력이 될 때, 북한과 대화를 해야 하고 통일문제를 이야기하고 그렇게 할 때, 지금의 무자비한 비판이 남북 간 대화에 방해가 될 것이다. 쓸데없이 긴장만 유발하고 신뢰 기반만 무너뜨릴 것이다. 이런 차원에서 그런 행동을 하는 것이거든요. 사실 비난하기는 쉬운데요. 장래를 보고 길게 보았을 때 값싼 비난이 한반도에 쓸데없는 긴장만 유발하고, 통일에 방해될

거라는 긴 안목에서 취하고 있는 태도예요. 이것에 대해 무조건 북한을 추종하기 때문에 비판하지 않는다는 식으로 평가하는 것은 올바른 것이 아니지요.

한상희 __ 거기다가 덧붙여서 비유를 하나 해볼게요. 동네에 망나니가 하나 있어요. 이 망나니랑 어쩌다 한 번씩 밥도 같이 먹고, 이야기도 했던 거예요. 그것을 정치적으로 나쁘다고 할 수는 있겠지만, 법적으로 나쁜 놈이라고 잡아넣을 수는 없어요. 우리 헌법 판단이 필요한 부분이 그 부분이거든요. 북한이 좋든 나쁘든, 북한과 의식적인 관계를 형성하고 그에 따라서 행동했다는 것이 옳으냐 그르냐는 것은 따로 판단할 문제지요.

이재화 __ 통합진보당이 북과 연계되었다는 아무런 증거가 없어요. 단지 북한을 통일의 파트너로서 인정하고, 북한의 체제를 인정하자는 주장밖에 없어요. 상대방을 인정하지 않고 통일하자는 것은 허구잖아요.

정태호 __ 우리가 남북 간의 상호 내정간섭을 하지 않기로 선언했잖아요.

6·15 공동선언은 위헌이라는 증언에 침묵하는 정부 측 대리인

이재화 __ 그게 7·4 선언부터 6·15 공동선언까지 이어져 내려오는 정신이지요. 정부는 6·15 공동선언을 겉으로는 그렇게 말하지 않았지만, 실질적으로는 위헌이라고 보고 있습니다. 재판과정에서 치안 문제연구소에서 근무했던 유동렬 씨가 통일문제 전문가라며 정부 측 전문가 증인으로 나왔습니다. 그는 6·15 공동선언은 김대중 대통령이 북한의 현혹에 넘어가서 잘못 결정한 위헌적인 행동이라고 진술했습니다. 정부 측 증인으로 나온 남파간첩 출신 곽인수도 그와 같은 이야기를 했어요. 정부 측 대리인은 자신들이 신청한 참고인과 증인이 그러한 진술을 하는데도 침묵했습니다. 오히려 통합진보당 측 대리인이 "역대 대한민국 정부와 대통령들의 통일정책을 위헌이라고 주장하는 것이 비정상적인 것 아니냐."라고 비판했지요. 사족이지만, 제가 비참하게 느꼈던 것은 '역대 정부의 통일 활동은 위헌'이라는 증언에 침묵하는 정부 측의 비정상적 태도에 대해 이른바 진보언론들도 전혀 보도 안 하더라는 것이죠.

한상희 __ 그것도 나중에 한 번 비판해야 해요.

이재화 __ 그것을 보면 결국 종북프레임이 먹혀들어 간 거죠.

한상희 __ 저도 사족이기는 한데, 그 유 모 씨, 곽 모 씨라는 사람이 대한민국 최고 사법기관인 헌법재판소에 나와서 증언한다는 것이 기분 나빠요.

이재화 __ 그거 사족 아닙니다. 김동식(곽인수) 이런 사람들은 간첩행위를 했던 사람들 아닌가요? 어떻게 하다 보니 통합진보당 정당해산 사건이 간첩행위자, 전향자들의 잔치판이 되어버렸어요. 이런 사람들이 근거 없는 추측성 증언을 하는 것에 아무도 제지를 하지 않아요. 김영환도 자기가 주변 사람들 주체사상에 다 오염시켜놓고 혼자만 싹 빠져나가서 처벌받지 않았잖아요. 결국, 그 사람이야말로 지금 '종북장사' 해서 자기만 영웅대접을 받고 있거든요. 김영환은 자신이 1999년도에 법정에서 선서하고 증언한 것을 '형식적 위증'이라고 하면서 헌법재판소에서 종전에 자신이 한 증언을 번복하는 증언을 했어요. 헌법재판소 다수의견은 그 진술을 이번 판결의 기초로 삼고 있어요.[16] 이것이 제대로 된 나라입니까?

정태호 __ 그것에 대해서 반론도 할 기회를 안 줬나요?

이재화 __ 반대신문을 통해 김영환의 헌법재판소에서의 증언은 신빙성이 없음을 밝혔죠. 그런데 재판관들은 김영환의 추측성 진술을 오히려 즐기고 있었어요. 이정미 재판관은 김영환에게 "민혁당 잔존세력으로 통합진보당을 장악할 수 있느냐?"는 질문을 했어요. 추측성 진술을 더 해달라는 투였어요. 제대로 된 재판관이라면 김영환에 대해 어느 쪽이든 위증했다고 수사 의뢰했어야죠.

한상희 __ 확실히 위증이면 재심청구도 해야 하고….

이재화 __ 그렇게 해야 하는데 정부대리인과 재판관이라는 사람들이

---

16 서울고등법원이 '내란음모는 성립되지 않고, 지하혁명조직 RO는 존재하지 않는다.'고 판단하자, 정부 측 대리인은 민혁당에서 활동하다 전향한 김영환을 증인으로 신청했고, 헌법재판소는 그를 증인으로 채택했다. 김영환은 헌법재판소에서 1999년 민혁당 중앙위원이었던 하영옥의 국가보안법 위반 사건에서 한 증언을 뒤집고, 김미희, 이상규 의원 등 통합진보당 핵심 인물은 모두 민혁당에서 활동한 자들이고, 민혁당 잔존세력이 통합진보당을 장악했으며, 그들은 여전히 주체사상에 입각해 북한식 사회주의를 추구하고 있다는 취지로 증언했다.

한발 더 나아가 '이번에 이야기한 것이 맞다.'고 한 것이거든요. 이번에 김영환이 헌법재판소에 참고인 증인 자격으로 출석해서 말한 것은 정치적 의도에서 한 것이잖아요. 고등법원에서 'RO의 실체가 없다.'고 하니까 그때서야 부랴부랴 섭외해서 증인으로 나온 것인데요. 김영환 자신이 나중에 종편에서 이야기한 것을 보면, (정부에서) 아직 헌법재판관들이 마음의 결정을 내리지 못했기 때문에 나와 달라고 했다는 것 아니에요. 어쩌다가 대한민국을 전향자들이 좌지우지하게 되었는지….

정태호 __ 소수의견에 의하면 김영환의 증언 내용에도 틀린 내용이 있다던데요?

이재화 __ 틀린 게 있죠, 많죠.[17]

한상희 __ 제가 아까 백서 이야기했는데, 백서가 필요한 게 이런 부분 때문이거든요. 나중에 이 사건을 연구하는 사람들은 볼 수 있는 게 이 결정문밖에 없잖아요. 그런데 사실인정 과정에서 어떤 문제가 제기

---

17 "민혁당의 총책이었던 김영환은, 청구인이 민혁당 잔존세력이라 주장하는 피청구인 당직자 등이 민혁당의 조직원이나 하부조직원 또는 관계자가 맞다고 증언하였으나, 그러한 증언은 김영환이 민혁당 중앙위원이었던 하영옥에 대한 형사재판에서 증언한 내용과 상반된다. 그리고 이 사건에서 김영환으로부터 민혁당 조직원으로 지목된 당사자들은 그러한 사실을 부인하고 있다. 설령 김영환이 민혁당에서 차지한 위치에 비추어 김영환의 증언에 어느 정도 신빙성이 있다고 보더라도, 과거 민혁당사건과 관련하여 김영환이 수사기관에서 진술한 내용을 넘어 이 사건 증언과정에서 처음으로 조직원 내지 하부조직원이라고 언급한 사람들에 대해서까지, 당사자들에게 어떤 탄핵의 기회도 부여하지 아니한 채 다른 설득력 있고 확실한 증거도 없이, 김영환의 증언 만으로 그들이 민혁당 조직원이었다고 쉽게 단정할 수는 없다. 민병렬, 장원섭, 유선희, 홍성규, 김미희 등의 경우가 그러하다."(결정문 261쪽, 김이수 재판관의 소수의견).

한상희 교수

되었고, 어떤 것은 안 받아들여졌고, 어떤 거짓말이 있었다는 것. 이런 것들은 쭉 정리해야 할 필요는 있을 것 같아요.

11. 진보적 민주주의, 북한식 사회주의인가?

이재화 __ 진보적 민주주의에 대해서 이야기를 좀 해봤으면 좋겠습니다. 다수의견은 진보적 민주주의는 주장하는 사람들마다 내용이 달라서 다의적인 의미로 사용되니까 그 자체로 민주적 기본질서에 위배된다고는 할 수 없지만, 진보적 민주주의를 강령으로 채택한 통합진보당의 주도세력들이 북한식 사회주의를 추구하는 성향이기 때문에, 결국 진보적 민주주의는 궁극적으로 북한식 사회주의를 추구하는 것이라고 판단했는데, 이에 대해 말씀해주십시오.

한상희 __ 진보적 민주주의라는 것이 본래 전략적인 개념이잖아요. 실제 진보적 민주주의를 가지고 북한식 사회주의를 끄집어내려면, 그 전략적 단계가 앞으로 어떻게 발전해 나갈 것인가에 대한 그림이 있어야 합니다. 그게 '계획'인데, 그런 계획에 대해서는 언급이 또 없어요. 이 진보적 민주주의가 설령 그런 생각들을 하는 사람에게서 주도된다 하더라도 그 자체로 남지 않고, 어떻게 북한식 사회주의로 확장될 수 있는지 입증이 되어야 잘못된 것이라고 이야기할 수 있거든요. 현재의 상태에서는 어려워요. 물론 앞에 폭력에 의한 것이라고 이야기하고 있기는 합니다만, 그것도 아주 애매모호한 단어 몇 개 연결해서 폭력을 만들어낸 것이거든요. 과연 이 진보적 민주주의가 어떤 단계와 어떤 실천을 거쳐서 북한식 사회주의로 간다는 것인지를 논증했어야죠.

정태호 __ 원래 통합진보당 강령에 의하면, 진보적 민주주의는 실질적 민주주의 하자는 것 아닙니까? 그런데 실질적 민주주의가 되면 어떤 사태가 벌어지느냐면, 절대로 북한식 사회주의로 체제가 이행해 갈 수 없다는 것이죠. 진보적 민주주의가 실현된 체제의 정당성이 높아지고, 그렇기 때문에 북한식의 유일사상에 입각한 일당지배 독재 체제로의 이행 가능성은 오히려 진보적 민주주의가 실현되지 않는 상태보다 더 줄어들 수밖에 없는 것이죠.

진보적 민주주의, 김일성 연설보다
임시정부 헌법에 먼저 나와

한상희 __ 1945년 10월에 김일성이 진보적 민주주의를 말할 때 무슨 생각을 가지고 이야기했는지 몰라도 어쨌든 북한 체제가 등장한 것은 이 진보적 민주주의와는 관계없습니다. 중간단계가 없었거든요. 김일성이 용어만 썼던 것이죠.

이재화 __ 지금 그 용어를 썼는지도 논란이 되고 있어요.

한상희 __ 그렇죠. 지금은 그 강연을 실제로 했는지도 논란이 되고 있어요.

이재화 __ 연혁으로 보면 김일성 연설보다는 임시정부 헌법에 진보적 민주주의라는 말이 먼저 나와요. 민주노동당의 창당강령에는, '사회주의적 이상과 원칙 계승'이라는 내용이 있었어요. 집권을 하겠다는 정당이고 대중정당을 한다고 하면서, 사회주의를 추구한다고 하면 집권 안 하겠다는 것 아니냐는 안팎의 비판을 받았지요. 그래서 2003년부터 계속적인 문제가 있었어요. 외연을 확장하고자 하는 세력들이 문제를 제기했죠. 꼭 특정한 사람이 했던 것은 아니고요. 그게 2011년 6월 대의원대회에서 결실을 맺게 됩니다. 사회주의적인 부분을 많이 제거했어요. 사람들이 그럼 민주노동당, 통합진보당은 무엇을 추구하느냐고 질문하면 난처해져요. 자주적 민주정부, 민중 중심의 자립경제, 연방제 통일 등등을 줄줄이 읊을 수는 없으니까,

그것들을 한마디로 다 묶는 가치개념이 필요했던 것이죠. 그래서 '새로운 민주주의', '진보적 민주주의', '자주적 민주주의' 이렇게 세 용어가 나왔다가 그중에 진보적 민주주의를 채택한 것이에요. 만약에 특정 이념을 도입했다면, 문건에 남아있지 않겠어요? 전혀 없어요. 이념적으로 봐도 김일성이 이야기했던 진보적 민주주의는 아니거든요. 진보적 민주주의의 핵심내용인 자주적 민주정부, 민중중심의 자립경제체제, 민중주권주의는 창당 강령부터 그대로 있거든요. 진보적 민주주의가 들어간 다음에 강령의 내용이 구체적으로 변한 것이 하나도 없거든요.

민주주의는 진보적 민주주의일 수밖에 없다

정태호 __ 민주주의는 내재적 속성상 평등을 지향할 수밖에 없고, 진보적 민주주의일 수밖에 없어요. 모든 사람에게 동등하게 한 표씩 주어지는 체제하에서는 모든 문제가 정치 문제화 할 수 있습니다. 그러다 보면 다수 대중이 원하는 분배문제라든가 이런 것이 정치 문제화될 수밖에 없죠. 그런 대중의 욕구나 욕구의 수준이 항상 균일한 것이 아니거든요. 어떤 상태에 도달하면 더 많은 것을 요구하게 되죠. 그래서 민주주의는 불가피하게 진보성을 띨 수밖에 없다는 것이죠. 제대로 된 민주주의라면. 그런 것을 군이 '진보'를 붙여서 진보적 민주주의라고 할 필요도 없는 것인데, '우리 제대로 민주주의 한 번 해 보자!' 라고 하면 될 것을 형용사 '진보적'이라는 말 붙였기 때문에 이런 오해를 받았습니다. 이것을 가지고 북한식 사회주의 혁명을 추구하는 것으로 몰아붙이고 있는 것이죠.

이재화 __ 여기저기서 민주주의, 민주주의 하니까 보수정당에서 말하는 민주주의와 다르다, 그런 의미에서 진보적 민주주의라는 용어를 사용한 것이에요. 지금 다수의견에서 가장 치명적인 논리적 모순이 무엇이냐 하면, 강령 내용은 그대로인데 주도세력이 바뀌었다고 해서 갑자기 의미도 바뀌었다고 판단한 점이지요. 강령이 카멜레온인가요?

정태호 __ 미국 헌법에 우리처럼 사회적 기본권이 보장된 것도 아니지만, 오바마가 집권하고 나서 민주당의 오랜 숙원인 건강보험 개혁을 합니다. 결국, 민주주의는 다수가 지배하는 체제이고, 다수가 원하는 정책이 정치 이슈화되면 어떤 식이든 관철될 가능성을 내포하고 있거든요. 단순히 의사결정의 틀로서의 민주주의가 아니라 목표로서의 민주주의, 모든 국민을 위한 민주주의를 해야 한다는 측면, 이것이 강조된 것이 기실 진보적 민주주의이지요.

12. 민중주권주의, 북한식 인민주권주의인가?

이재화 __ 헌법재판소에서는 민중은 인민과 같은 의미이기 때문에 통합진보당의 '민중주권주의'는 결국 북한식 인민주권주의를 의미하는 것이라는 단순논리로 판단했는데, 그 부분에 대해서도 좀 말씀해 주시죠.

정태호 __ 그런 식이라면 유럽에는 농민당도 있고, 노동당도 있고, 해적당도 있습니다. 다 계급정당들 아닙니까? 이런 계급정당들은 속성상 특정 계급과 계층의 이익관철에 초점을 맞출 수밖에 없고, 정당의 특성이 권력 쟁취를 위한 것 아닙니까? 정권 획득을 목표로 하고 있으니, 프로그램이나 강령 등을 매력적으로 만들기 위해서 수사를 동원할 수밖에 없지요. 정당이 놓여 있는 현실을 무시하고 그들의 주장을 해석해서는 안 되는 것이죠. 통합진보당의 강령이나 그전 민주노동당의 강령과 강령해설이나 이런 것들을 보면 굉장히 용어가 호전적이죠. 전투적이란 말이죠. 그 당시의 불완전한 절차적 민주주의, 권위주의 체제하에서 정당이 설정하고 있는 목표를 지지자들이나 외부의 국민들에게 호소하는 수단으로 그런 용어들을 동원했다는 것이죠. 이런 맥락을 무시하고 통합진보당이 지배 엘리트와 재벌을 완전히 숙청의 대상으로 보고 있는 것처럼 몰아간 것이죠. 정당의 특성을 무시한 강령 해석이라고 볼 수밖에 없지요. 민중주권과 관련해서는 한국의 정치 현실을 고려하면서 왜 그런 주장을 하게 되었는지를 살펴서 판단해야지요. 그런 점을 소수의견이 너무나 잘 설명했다고 생각합니다.

투쟁, 저항, 혁명의 함의를 이해 못 하는 재판관들

한상희 __ 저는 그 부분 보면서 헌법재판소 재판관들은 사회적 경험이 좀 많아야 되겠다는 생각을 했어요. 다수의견을 쓴 분들은 '민중'이 어떤 함의로 사용되었는지를, '투쟁'이라든지 '저항'이라든지 '혁명'이라든지 이런 말이 그동안 민주화 과정에서 어떤 함의를 가졌는지에 대해 전혀 이해를 못 하고 있어요. 단순히 사전적인 의미 혹은 자신들이 이해하고 있는 의미, 법전에 나오는 의미, 법학서에 나오는 의미, 그 이상으로 확장하지 못하고 있는 것이죠. 이 레토릭의 의미를 전혀 이해를 못 하고 있어요. 또 하나, 정말 민중주권주의를 자기 식으로 해석한다고 하면, 지금 통합진보당이 자본가 당원 가입하는 것 막고 있습니까? 아니죠? 이런 부분들을 검증해야 하는 것이죠. 지금 현재 진보당이 어떤 태도를 보이고 있고, 어떤 식으로 당원을 받고 있는지를, 또는 자본에 대해서 어떤 식으로 배척을 해왔는지를 바로 드러나게 해야 하는데, 그런 것이 전혀 없어요.

이재화 __ 통합진보당 대리인도 답변서, 준비서면에 계속 두 분 교수님과 같은 주장을 했었어요. "모든 정당이 모든 국민을 대변하는 정당이라고 표방하지만 결국 실질적으로는 계급의 이익을 대변하고 있다.", "새누리당은 재벌의 이익을 대변하고 있고, 새정치민주연합 같은 경우도 중산층이라든지 중소기업까지 포괄하는 이익을 대변하고 있다.", "새정치민주연합도 99퍼센트의 이익을 대변한다고도 하는데, 새정치민주연합이 집권하면 1퍼센트의 참정권을 박탈하겠다는 취지는 아니다.", "통합진보당이 민중의 이익을 대변한다는 이야기는 민중의 계급적 이해관계를 대변하겠다는 것이지 그 외의 다른 사람들의 주권을 박탈하겠다는 것이 아니다."고 주장했지요. 그래도 이진성 재판관이 자꾸 고개를 갸우뚱거리면서, "그러면 폭력혁명을 통하지 않고 집권해서 민중주권을 실현한 예를 들어봐라." 이러더라고요. 그래서 통합진보당 대리인은 민중 주권을 실현했다고 하는 나라에서 자본가 계급 등의 주권을 박탈하지 않는 예로, 남미의 브라질과 베네수엘라의 예를 들었어요. 실제로 민주노동당 집권전략보고서에 진보적 민주주의가 실현되는 나라라고 적시를 해놓고, 당에서 견학도 다녀왔어요. 그 나라들을 보면 집권해서 노동자, 농민 등 민중 지향적인 정책을 시행했지만 집권한 후에 자본가들의 참정권이나 피선거권을 박탈하지 않았어요. 선거를 통해서 평화롭게 집권했고요. 더는 어떻게 잘할 수 없을 정도로 잘 설명했음에도 이진성 재판관도 결국 다수의견에 가담해버렸어요.

민중 주권, 특정 계급의 참정권
박탈하자는 것 아니다

정태호 __ 남아프리카 공화국도 그런 사례이죠.

이재화 __ 그런 사례들을 들고 우리 서증에 다 설명을 했는데, 헌법재판소 결정문에는 그 부분에 관한 언급은 한마디도 없어요.

한상희 __ 한 나라의 장관급 되는, 국가를 대표하는 재판관들이 세계사적인 안목 수준이 그 정도밖에 안 된다는 거예요. 지식이 그 정도밖에 안 된다는 거죠. 그런 사람들이 재판한다고 앉아 있는 거죠.

정태호 __ 한자로 된 성구나 옛날 고전이나 몇 가지 가져와서 유식한 척했지, 우리 사회와 헌법의 규율 대상이 되는 현실에 대한 깊이 있는 이해를 위한 사회과학 서적의 독서라든가 이런 것들이 전혀 안 되어 있는 거죠.

한상희 __ 베네수엘라나 남미의 좌파 정권 이야기가 어디 한두 번 나왔습니까? 그런 부분에 대해서 전혀 지식도 없고 생각도 없다는 것 아닙니까?

이재화 __ 공식 문헌에 아예 명시되어 있거든요. 다수의견은 박경순 부원장이 쓴 책 「21세기 진보적 민주주의」[18]의 과격한 표현을 결정문 여러 곳에서 인용했음에도, "지금 현재 진보적 민주주의가 브라질이나 베네수엘라에서 실현되고 있다."라는 부분을 애써 외면해버렸습니다. 그렇다면 적어도 브라질이나 베네수엘라가 북한식 사회주의를 추구했다는 논증을 해야 하는데 그런 언급은 전혀 없어요. 남미 좌파 정권이 북한식 사회주의를 추구하지 않은 것은 누구나 알고 있기 때문에 이 부분을 언급하지 않은 것이에요. 다수의견은 민중이란 용어는 인민과 같은 말 아니냐, 그렇기 때문에 민중민주주의는 인민민주주의라는 것입니다. 인민민주주의가 제대로 실현되면 비난할 사람 아무도 없잖아요. 북한은 인민민주주의가 제대로 실현되지 않는 나라이기 때문에 문제인 것이죠. 말은 인민민주주의라면서도 일당독재, 일인독재니까 문제라고 생각하는 것 아니겠어요? 유진오 박사도 헌법에 "모든 주권은 국민에게 있다."라고 쓴 것을 "인민에게 있다."라고 고쳐 쓰자고 하신 것 아니에요.

정태호 __ 그렇죠. 국민이란 말은 국가를 전제로 한 개념이고 국가의 구성원이란 말이지, 주권의 주체라는 의미는 아닌데요.

이재화 __ 그러니 인문학적 수준이 떨어지는 재판관들이 앉아서 헌법이란 이름으로 테러를 한 것 같아요.

정태호 __ 재판관들이 고시공부만 하고, 판·검사 되고 나서는 사건

---

18 통합진보당 부설기관인 진보정책연구원이 2011년에 펴낸 진보적 민주주의에 관한 박경순의 저술.

정태호 교수

처리에 급급했지, 우리 사회를 어떻게 제대로 된 민주주의 사회로 만들고, 그러기 위해서는 어떻게 해야 하는지 깊이 있는 고민이라든가 성찰을 해본 적이 없는 사람들인 거예요. 그래서 그 사람들 머릿속에 우리나라 민주주의는 문제가 없는 민주주의, 모범적인 민주주의라고 전제해 놓고 논증을 하는 것이잖아요, 지금.

민주주의를 반공주의로 착각하는 다수의견

이재화 __ 재판관들은 민주주의에 대한 잘못된 인식을 하고 있어요. 민주주의를 반공주의로 잘못 이해하고 있어요. 이런 인식은 전체주의이지요.

정태호 __ 그런 면도 있죠. 안창호 재판관이나 이런 분들이 진보적 민주주의의 자리매김 과정에서 사회주의와 사회민주주의 사이에 진보적 민주주의 있다고 한 걸 가지고 '이것은 북한식 사회주의 혁명 추구하는 것'으로 추론하는 태도야말로 심각하죠.

한상희 __ 1970년대에 저희가 대학교 다닐 때, 가방 들고 학교 가면, 교문을 지키던 전투경찰이 가방을 열어봤어요. 가방에 빨간 책 들어 있나 싶어서. 그때는 노동법이 아니라 사회법이었어요. 그 사회법 교과서가 나오면 전투경찰한테 얻어맞았죠. 이놈의 자식은 사회주의자다 해서요. '사회' 자만 나오면 알레르기 반응을 보이는 것이죠. 실제로 재판관들이 거기서 한 치도 벗어나지 못하고 있어요.

정태호 __ 실제로 제가 헌법재판소에 있을 때, 특정인을 거명할 수는 없지만 공안검사 출신 재판관의 일을 좀 했었어요. 결정문에 경제질서 문제가 나왔어요. 거기에 우리 사회국가 원리 이야기를, '사회국가' 용어를 언급했는데, 이것을 빼라는 거예요. 다른 말로 바꿀 수 없느냐는 것이죠. 우리 교과서에 나오는 사회국가 원리, 내지는 복지국가 원리에 알레르기 반응을 보이는 것이에요.

이재화 __ 민주주의의 대립개념은 전체주의 아닌가요? 사람은 다 다르고, 그래서 시끌벅적하고, 각각의 가치관이 있고, 그래서 토론이 필요하고, 그 과정에서 사회정의와 제도를 만들어 내는 것이 민주주의 아닌가요?

정태호 __ 그렇죠. 독재 내지는 전체주의에 대한 대립개념이 민주주의죠. 공산주의의 대립개념은 자본주의이고요.

이재화 __ 안창호, 조용호 재판관 보충의견 보면, 민주주의를 반공주의, 민주주의에 대립하는 것을 공산주의라고 설정하고 있는 것 같아요. 다수의견의 숨은 생각은 '민주주의는 반공주의다.'라는 것이에요. 그래서 입헌주의적 보편원리가 한국 사회에서 수정되어야 한다고 본 것이고요.

유신헌법 외우며 사법시험 준비

한상희 __ 이 판결 나오고 나서 제가 농담 삼아 이런 말 했어요. 이정미 재판관은 어떤지 모르겠지만 다른 재판관들은 전부 유신헌법 가지고 사법시험 준비했던 사람들이거든요. 그러니까 한국적 특수성이란 말과 너무나 친화적인 생각을 하는 것이죠.

이재화 __ 이정미 재판관은 80학번이고, 강일원 재판관은 78학번이고, 이진성 재판관은 74학번이고, 나머지 분들은 70년대 초반 학번이지요.

한상희 __ 민주주의가 뭐고, 인권이 뭐고, 자유가 무엇인지 제대로 공부하지 못한 것 같아요.

이재화 __ 이들 재판관 상당수는 과거 독재정권 시절 실정법이 있다는 이유로 민주인사들에게 유죄판결을 하지 않았을까요?

한상희 __ 자유민주적 기본질서라는 말이 우리 헌법에 들어온 것이 유신 헌법 때의 일이거든요. 그때 처음 들어와서 통일에 대비된 개념으로 계속 사용해 왔어요. 결국, 자유민주적 기본질서는 반공주의의 아류 개념이죠. 그런 식으로 머릿속에 굳어져 오다 보니까 한국적 특수성은 당연히 고려되어야 하고, 민주주의는 한국적 민주주의와 그 외의 민주주의가 있다는 식으로 생각하는 사람들인 것 같네요.

이재화 __ 국가와 다른 생각을 하면 절대 안 되는 거죠. 극우들이 "북한 가서 살아라." 라고 하는데, 그런 논리도 다 전체주의적 사고에서 나온 겁니다.

한상희 __ 그래서 저는 초기에 이 판결을 규정할 때, 파시즘적 판결이라고 규정한 것입니다. 철저하게 특정한 이념을 안고 있는 국가주의와 반공주의에 기반을 둔 국가절대주의를 바탕으로 해서, 그것으로 모든 것을 다 해석하려고 하는 것이죠.

이재화 __ 국가주의가 결국 전체주의잖아요. 우리 박근혜 대통령께서 좋아하시는 '국론통일', 이러한 사고야말로 전체주의적 발상이지요.

13. 연방제 통일방안이 위헌인가?

이재화 __ 다수의견은 통합진보당의 통일 방안은 궁극적인 통일 후의 국가상을 명확하게 설정해놓지 않아 사회주의로의 통일을 열어놓았기 때문에 이것은 위헌이라는 논리를 펴고 있어요. 정부 측에서도 그렇게 이야기했습니다. 이혼한 부부가 다시 합치려면 상대방을 인정해야 하는 것 아니겠습니까? '내 생각대로 따라오라'고만 하면 절대 합쳐지지 않아요. 상대방을 인정하고 사귀면서 관계가 좋아지면, 앞으로 어떻게 살아갈 것인지를 결정하지 않겠습니까? 남한식 자유민주주의 체제로의 통일이 아니면 통일 안 해, 이렇게 말하면 통일하지 말자는 이야기 아닌가요? 통일의 미래상은 상호 교류하면서 한반도의 구성원들이 알아서 결정해가면 될 문제이지, 굳이 명시적으로 우리가 생각하는 자유민주주의식으로 통일해야 한다고 강조할 필요는 없는 것이지요. 통합진보당 소송대리인도 그렇게 변론했었어요.

정태호 __ 참고인 진술할 때 정부 측 증인으로 나왔던 장영수 교수 생각이 납니다. 장영수 교수가 정부 측 제시한 통일방안도 자유민주주의로의 통일이라는 것이 명시가 안 되어 있기 때문에 위헌이라는 주장을 했죠.

통일 후 국가상 명시하지 않으면 위헌?

이재화 __ 제가 장영수 교수에게 "통합진보당이 통일 후 국가상을 명시하지 않아 위헌이라고 주장하는데, 그럼 정부의 남북연합제도 통일 후 국가상을 명시하지 않았는데 위헌이냐?"라고 물었더니, 정부의 남북연합제도 위헌의 소지가 있다고 진술했어요.

정태호 __ 저는 그것을 들으면서 상대가 있는 문제를 너무 쉽게 이야기한다는 생각이 들었어요. '우리 체제가 통일의 궁극적인 목표다.'고 명시를 하면, 어떻게 그에 대해서 협상을 하고 남북한이 공동으로 통일방안 등에 대해서 공동선언을 할 수 있겠습니까? 그런 선언은 바보가 아닌 이상 안 하지요.

한상희 __ 그건 점령이지.

정태호 __ 협상을 할 때에는 공약수가 찾아지는 부분까지만 선언문에 명시하는 겁니다. 그 다음 부분은 열어두는 수밖에 없는 게 통일 문제의 특수성인데, 그런 특수성을 전혀 인정을 안 하는 것이죠.

이재화 __ 재판 과정에서 보니까 정부 측 대리인이 독일식 흡수통일을 반대하기 때문에 통합진보당은 위헌이라고 주장하더라고요. 그래서 제가 정부 측 대리인에게 "박근혜 정부의 통일에 대한 태도가 흡수통일이냐? 명시적으로 답해라. 대통령도 부정하는데, 지금 정부 측 대리인들이 와서 흡수통일을 이야기하는 것이냐?"라고 따져 물었지요. 정부 측 대리인은 이에 이렇다 할 대답을 하지 못하더라고요. 흡수통일은 북한이 망하기를 원하거나 망하도록 기다리는 것이고, 이는 무력통일의 한 형태이지요. 그것은 우리 헌법의 평화통일원칙에 반하는 것입니다. 망하기를 기다리는 것뿐만 아니라 조장하는 것이 문제죠.

한상희 __ 영국 같은 경우는 스코틀랜드가 분리 독립운동을 했거든요. 물론 국민투표에서 지기는 했지만요. 벨기에도 마찬가지고요. 그것이 헌법적으로 용인되는 이유가 민주적으로 이루어지기 때문이거든요. 각자 의견들의 바탕 위에서 이루어지고요. 그래서 유럽인권재판소에서도 터키나 불가리아 등에서 분리주의 운동을 하던 정당들을 해산시킨 것을 잘못이라고 판단했지요. 평화적 수단에 의한 분리주의 운동은 위헌일 수 없다고 본 것이죠. 분리가 그런 것이라면, 통일도 마찬가지거든요. 자유민주주의에 기반을 두어서 통일을 하라는 요구도 기본적으로 민주적인 틀에 맞춰서 통일을 하라는 것이에요. 그때그때 다수의 의사를 확인해서 하라는 겁니다.

이재화 __ 지금 통합진보당의 통일 강령, 코리아 연방공화국의 기본적인 입장이 뭐냐면, 교류하고 협력하고 난 다음에 국민 구성원의 총투표로서 국가상을 결정하면 된다는 겁니다.

한상희 __ 분리주의가 합헌인가에 대한 판단 기준이 세 가지 기준이 있는데, 그중에 제일 중요한 게 개방성이에요. 분리된다 하더라도 서로 사람들이 자기 살 곳을 정할 수 있도록 하는 이런 건 위헌 아니라고 보거든요. 그 외에 평화적이고 민주적이어야 하는 그런 것도 있습니다. 통일도 마찬가지예요. 서로 개방되는 과정이 있어야 하고, 개방이라 하면 대화와 협력이죠. 개방하고 대화와 협력을 해야 민주적인 의사결정이 가능합니다.

이재화 __ 남한이 북한에 비해 군사력이나 경제력이 십수 배가 넘어서는 상황이고 체제의 우월성도 사실상 입증이 되었지요. 뭐가 그렇게 불안하고 자신감이 없는지, 북한의 체제를 인정하고 북한을 통일의 파트너로 인정하는 것까지 겁내는 것인지 이해할 수 없어요.

한상희 __ 전 거꾸로 생각합니다. 자신감이 없어서가 아닌 거죠. 그들이 있기에 존재할 수 있는 세력이 있는 겁니다.

이재화 __ 자신들의 통치 수단으로서 악용할 가치가 있기 때문에 그런 것이란 말씀이네요.

14. 서둘러 선고기일 잡은 이유는 무엇인가?

이재화 __ 우선 내란 관련 사건이 대법원에서 확정[19]되지도 않았는데 헌법재판소가 서둘러 선고를 한 것에 대해서 어떻게 생각하세요?

정태호 __ 저는 전제가, 진짜 증거조사를 제대로 했다면 이 부분도 그렇게 논란이 안 됐을 거예요. 문제는 시간에 쫓겨서 날림으로 증거조사를 했으면서, 왜 그렇게 앞서서 결정을 해야 했는지? 진짜 그렇게 증거조사에 들어가는 시간이 아까웠다면, 대법원 판결을 기다렸다가 그것에 입각해서 사실을 인정하고 결정을 내리는 것이 타당했을 텐데요. 증거조사도 제대로 안 했으면서 왜 그렇게 서둘러야 했는지 저는 이해가 안 됩니다.

한상희 __ 기다려도 한두 달이었을 것 같은데요? 곧 판결할 것 같던데요.[20]

이재화 __ 2월 말이 구속기간 마감이기 때문에 그 전에 판결하겠죠. 더군다나 어쨌거나 위헌정당해산심판 청구의 공식적인 계기는 내란

---

19 2015년 1월 22일 대법원에서 판결을 선고했으나, 좌담은 선고기일이 지정되기 전인 1월 13일에 진행됐다.
20 실제로 대법원은 2015년 1월 22일에 선고했다.

음모 사건이거든요. 또 주된 부분이고요. 헌법재판소는 대법원의 판결을 기다려서 하는 것이 모양새도 좋고, 서로 간에 엇갈린 판결을 할 위험성도 없고 여러모로 좋은데, 왜 서둘렀는지 이해할 수 없어요. 박 대통령 당선 2주년에 맞추려고 오버한 것 같아요. 대법원 판결이 나오면 그것과 다른 결론을 내리기 어렵다고 판단해서 선수 친 것 아닌가 의심스러워요. 헌법재판소 결정문을 보면 주도세력이라는 논리로 사실상 지하혁명조직 RO를 인정했고, 회합 참석자 130여 명이 내란음모를 한 것으로 판단했는데, 대법원이 이를 부정하면 곤란하다고 생각해서 서두른 것이 아닌가 하는 생각을 지울 수 없어요.[21]

정태호 __ 그래서 저는 헌재 소장이 리더십을 제대로 발휘하지 못했다는 생각을 해요. 저라면 똑같은 결론을 내리더라도 본인이 국회에서 한 발언이 있기 때문에 더 늦춰서 했을 것 같아요. 오얏나무 밑에서 갓을 고쳐 쓰지 말라고 했는데, 자신이 정치인의 압력에 밀려서 2014년 내에 결정을 서둘러서 한 모양새가 되어버렸거든요.

선동죄도 얼마든지 반론이 가능

한상희 __ 결정문 자체도 엉터리가 될 수밖에 없었던 것이 이 중요한 결정을 내리면서 '내란 관련 사건'이라는 그런 애매모호한 용어를 사용했어요. 그 정도로 스스로 자기 밑천을 드러내고 있는 것이거든요.

이재화 __ 정당해산심판에서 내란음모 사건에 관해서는 별도의 서증

---

21 실제로 대법원 판결은 헌법재판소 결정과는 달리 "RO는 존재하지 않고, 내란음모죄는 성립하지 않는다."고 판단했다.

조사는 안 했어요. 단지 쌍방 대리인이 5. 12 회합에서 발언을 담은 녹취록과 제1심과 항소심 판결문에 대한 각자의 입장에 대해 설명만 했을 뿐입니다. 재판관들도 판결문 있으니 간략하게 설명하라고 했고요. 별도로 내란음모 사건에 관한 한 서증조사를 하지 않은 헌법재판소는 대법원 판결을 기다리든가 아니면 항소심 판결의 사실관계를 토대로 판결했어야지요. 그런데 재판관들은 사실관계를 자기 마음대로 인정해버렸어요. 거의 1심 판결에 가깝게 인정해버렸어요. RO의 실체가 있고, 회합에 참석한 130여 명은 내란을 모의했고, 이들이 통합진보당의 주도세력이고, 북한식 사회주의를 추구하는 세력이라고 판단해 버린 것이에요.

한상희 __ 당의 공식행사라고 본 것은 강의실 마련해 줬고, 뭐 강사 섭외해 줬다 뭐 그런 것이거든요.

이재화 __ 그것도 사실관계가 좀 달라요.

정태호 __ 그래 봐야 경기도당밖에 안 되잖아요.

이재화 __ 경기도당에서 비공식적으로 그렇게 했던 것이고, 행사비용도 십시일반으로 만 원씩 걷어서 했어요. 당의 공식자금으로 쓰지 않았어요.

한상희 __ 설령 공식자금으로 썼다고 하더라도, 행사를 공식적으로 사무처리 했다고 하여 그 강연에서 논의된 내용이 공식 당론이라고 판단할 수 없는 것이죠.

이재화 __ 그래서 이정미 재판관이 "대관료는 무슨 돈으로 썼냐?"고 물어봐서, 구체적으로 증명을 다 했어요. 이정미 재판관이 경비를 누가 부담했는지에 대해 묻기에 '당 행위로 보지 않을 수도 있겠구나.' 생각을 했었죠. 130여 명이 참석한 행사에서 발언한 사람들은 10여 명이 안돼요. 나머지 참석자들은 가서 가만히 있었던 것이죠. 그날 행사는 정세 강연회였습니다. 만약 저가 어디 강연회에 참석하였는데 그 강연회에서 강사가 저와 다른 생각을 이야기해서 가만히 듣다가 나왔다면 제가 강사의 견해에 동조한 것은 아니잖아요. 그런데 헌법재판소 다수의견은 이날 회합에 참석한 사람 모두 이석기 의원의 발언에 동조한 것으로 취급해버렸습니다. 너무 비약이 심한 것 아닙니까?

정태호 __ 이석기 의원의 말에 따라서 구체적인 행동계획이라든지 그런 것이 만들어지고, 실제로 거기 온 사람들 사이에 과제의 분담이 이루어지고, 뭐 그랬다고 하면 진짜 구체성이 있는 거죠. 합의에 이르지 않은 것은 물론이고 회합 이후 실행에 옮긴 것이 없었죠.

이재화 __ 합의가 없죠. 고등법원 판결도 합의라고 볼 수 없다고 했죠.

정태호 __ 그러니까 선동으로 간 것인데, 사실은 선동죄를 인정할 수 있느냐의 문제도 얼마든지 반론이 제기될 수 있는 여지가 있죠.[22] 하여간 결국은 주도세력 이야기가 그래서 나올 수밖에 없어요. 당의 공식행사라고 보기 어렵기 때문에, 주도세력이 은밀하게 이런 짓 하기 위해서 사람 끌어모았다, 이거지요.

이재화 __ 대충 보니까 경기동부 쪽 사람들이 많더라, 이거거든요. 내란선동죄로 기소당한 사람이 딱 두 명이에요.

정태호 __ 나머지 5명은 국가보안법 위반이지요.

이재화 __ 네, 그렇죠. 그리고 내란음모는 고등법원에서 인정이 안 되었죠. 두 명의 내란선동 행위를 가지고 당을 해산시킨 겁니다.

내란음모 기소에 반발한 것이 내란범죄 옹호?

정태호 __ 당의 행위로 귀속시키기 위해서 억지 논리를 동원한 것이 당이 대동단결해서 비호를 했다는 것이죠. 당시 상황을 전혀 고려하지 않는 것이죠. 녹취록도 조작이 많이 되었어요. 녹취록 600~700곳이 오류가 있었다고 하던데요. 그 정도 오류는 오류가 아니라 조작이라고 할 수 있죠.

이재화 __ 더군다나 국정원이 법원에 기소도 하기 전에 언론에 정보를 누설하는 것은 있을 수도 없는 경우이지요. 결국은 국정원 대선 개입 사건을 잠재우기 위한 것이라는 인식을 국민의 과반수 이상이

---

22 대법원의 소수의견(이인복, 이상훈, 김신 대법관)은 "내란선동죄에서도 내란음모죄와 마찬가지로 객관적으로 보아 주요한 부분, 즉 시기, 대상, 수단 및 방법, 실행 또는 준비에 관한 역할분담 등 윤곽에 관하여 어느 정도 개략적으로 특정된 선동이라는 것이 명백하게 인정되고 이러한 선동에 따라 피선동자가 내란으로 나아갈 실질적 위험성이 인정되는 경우에 한하여 범죄가 성립한다고 보아야 한다."면서 "피고인 이석기, 김홍열이 선동하고 피고인들이 통모하였다는 것이 내란행위의 주요한 부분의 윤곽이 특정된 폭동이라고 볼 수 없고, 발언의 내용은 내란죄의 구성요건을 이루는 폭동이라고 보기 어렵다."고 피고인 이석기, 김홍열의 내란선동 혐의에 대해 무죄의견을 냈다(판결문 53쪽~61쪽).

"이 판결로 우리나라는 민주주의, 입헌주의의
갈라파고스 섬이 되어버렸어요. 세계적 추세와 상관없이
한국적 특수성만 이야기하면서 입헌주의, 민주주의, 인권을
무시해버렸거든요. 이제는 국가의 명이 절대적인 것으로
군림하는 새로운 형태의 파쇼체제로 바뀌지 않을까,
그게 제일 큰 우려가 되는 것이죠."

가지고 있었죠.

정태호 __ 검찰이 녹취록을 언론에 흘린 이유는 국정원 대선개입 사건도 있지만, 다른 한편으로는 여론재판하려고 했던 것이죠. 그 당시 야당 국회의원들, 민주당 입장에서는 그렇게 여론 재판이 끝난 사안에 대해서 이석기 의원 체포동의안을 반대하기가 어려웠을 거예요. 그런 정치적 목적을 가지고 녹취록도 조작하는 상황에서 통합진보당이 수세국면에서 이석기 의원을 보호하기 위한 성명을 내거나 하는 등의 활동도 빌미로 삼아서 이것을 내란을 옹호하는 당의 활동으로 귀속시켰어요.

이재화 __ 헌법재판소 다수의견은 그것을 내란범죄를 옹호한 것으로 인정해버렸죠. 그런 논리라고 하면 국정원 댓글 사건은 그야말로 국기문란 사건인데, 이 사건을 엄호하고 옹호한 새누리당도 해체해야 하는 것 아닌가요?

한상희 __ 그리고 옹호했다고 하지만 그 강연 내용이 내란음모가 아니다. 그것은 잘못되었고 조작된 것이다, 본래의 의도는 다른 것이었다, 그렇게 이야기한 것이잖아요.

정태호 __ 이정희 대표는 "공당의 의원이라면 말을 신중하게 해야 한다."라고 했죠.

이재화 __ 그렇죠. 그걸 분명하게 했죠. 그리고 통합진보당에서 반발했던 것은 내란음모가 아닌데 내란음모죄로 기소한 것을 문제 삼았죠. 실질적으로 고등법원에서 내란음모 혐의에 대해 무죄를 선고했잖아요. 당의 반발이 정당했음은 이미 입증된 것이지요.

한상희 __ 이석기 의원이 말했다고 한 그 내용에 대해 "그 내용이 옳은 말이야. 그런데 왜 옳은 말 한 사람을 잡아갔느냐." 라고 했으면 좀 문제가 다르죠. 그런데 그렇게 말한 것이 아니니까요.

정태호 __ 저는 그 부분은 대법원에서 유죄확정판결이 나오고, 그다음에 통합진보당이 이석기 의원에게 어떤 자세를 취하는지 지켜보고 판단했어야 하는 거라고 봐요. 사건이 재판 진행 중에 있었던 것 아닙니까? 우리 형사법의 원칙인 무죄추정의 원칙이 적용되어야 합니다. 아직 확정되지 않은 사건이니까요. 국정원 대선개입 사건을 덮기 위해서 이 사건을 만들어냈다는 시각이 지배적인 상황에서 통합진보당이 얼마든지 반박할 수 있었던 국면이었지요. 그런 상황에서 이것을 감싸고 돌았다 하여 당의 행위로 간주하는 것은 비약이 너무 심하죠.

한상희 __ 옛날에 마녀사냥할 때 이랬던 것이죠. 옆의 무고한 사람이 마녀로 끌려갈 때, 누군가 "이 사람 마녀 아니야!" 하고 말하면 그 사람도 끌고 갔지요.

이재화 __ 헌법재판소 다수의견의 '주도세력'이란 것은 실제 존재하는 세력이 아니에요. 허수아비를 그려놓고 그 허수아비의 숨은 목적을 찾아서 통합진보당을 해산시킨, '허수아비에 대해 판결'인 셈이죠. 통합진보당의 실제 목적은 아무런 문제가 없다는 것을 간접적으로 말해주는 것이 아닌가 싶습니다.

주도세력 빼고 같은 강령으로 정당 만들면 대체정당인가?

한상희 __ 그래서 저는 의문점이, 주도세력이라는 몇 명을 빼고 나머지 사람들이 똑같은 강령, 당헌, 당규로 정당을 만들었다고 합시다. 그럼 이게 법에서 금지하는 대체정당입니까?

이재화 __ 숨은 목적이 없으니까 그렇게 되면 대체정당이 아닌 것이 되지요. 그래서 내가 우스갯소리로 같은 강령을 추구하는 정당을 만들어도 차량 스티커에 "우리는 숨은 목적이 없는 정당입니다."라고 표시를 하면 되는 것 아니냐고 말하기도 했습니다.

한상희 __ 우리는 글자 그대로 '이대로만 합니다?' (웃음)

15. 연대활동이 통일전선전술인가?

이재화 __ 진보와 보수를 떠나 모든 정치세력은 자신의 주장을 관철시키기 위해서, 또는 집권을 위해서 필요한 경우 유사한 생각을 하는 세력을 모으거나 공동의 목표를 위해 연대하는 것은 당연한 것 아닌가요? 이게 사회주의식 통일전선 전술이거나 북의 대남혁명전략이라고 평가할 수 없는 것 아닙니까?

정태호 __ 통합진보당을 장악한 이른바 주도세력이 남한의 자유민주체제를 폭력혁명으로 전복시키는 음모를 꾸미고 이를 실현하려는 노력을 계획적으로 해왔다는 음모론적 관점에서 보면, 통합진보당의 존재, 아니 이른바 주도세력의 일상생활조차도, 심지어는 그들의 숨쉬기조차도 대한민국의 공기를 오염시키려는 음모의 실현으로 보이게 됩니다. 소수의견이 지적하듯이 통일전선전술은 정치권력의 장악을 꿈꾸는 모든 정치세력에 공통된 현상입니다. 새누리당이 대선을 앞두고 충청권을 확실히 자기 진영으로 만들기 위해 이인제 의원을 끌어들이고, 호남인들의 환심을 사기 위해 한광옥 등을 포섭해 영입한 것은 모두 통일전선의 예입니다. 문제는 역시 주도세력의 존재 여부, 그들의 궁극적 목적이 폭력혁명에 의한 북한식 사회주의 체제의 건설이냐 여부인데, 이 핵심적 의문을 해소해 줄 명확한 증거가 없다 보니 이른바 주도세력이라고 규정된 자들이 쓰는 용어에 매달린 것이 다수의견의 논증 방식입니다. 북한이 사용하는 용어와 비슷한 용어를 사용하고 있으면, 이를 모두 주도세력의 궁극적 정체를 말해주는 증거로 인정하고 있습니다. 거듭 말하자면 생사람 잡을 수 있는 매우 위험한 논증 방식이 아닐 수 없습니다.

"발가락이 닮았다." 식의 논법

한상희 __ 전형적인 "발가락이 닮았다."식의 논법입니다. 실제 김일성이 진보적 민주주의를 언급하면서 제시한 상설연대체의 제안은 민족해방인민민주주의혁명의 틀에 기반을 두고, 또 다른 단계로 나아가기 위한 도구적 성격을 띤 것이라 할 수 있습니다. 하지만 소수의견에서도 잘 지적되었듯이 이러한 이론 틀에 기반을 둔 북한의 대남혁명전략은 1990년대에 접어들면서 이미 포기한 것입니다. 다수의견은 이런 상황을 무시한 채 70년 전의 북한의 전략을 가져와 통합진보당의 진보적 민주주의 강령에 끼워 맞추는 무리수를 둔 것입니다. 실제 이 민족해방인민민주주의 혁명론은 앞서도 언급되었듯이 통합진보당의 강령이나 숨겨진 목적이 아니라 지난날의 사회구성체 논쟁을 정리하는 토론회에서 한 발표자가 언급한 것에 불과한, 일과성의 개인적 의견에 지나지 않습니다. 더구나 그 발표자는 그 이후 자신의 이 입장을 포기했다고 밝히지 않았습니까? 실제 이 상설연대체의 논의는 민주노총을 비롯하여 다양한 국면에서 시민사회운동의 한 방식으로 지속적으로 제기되어 온 전략이었습니다. 특히 최근처럼 시민운동이 개별 영역별로 분화되어 전문화의 양상을 띠고 있는 상황에서 이 연대의 필요성은 그 어느 때보다 절실한 실정입니다. 그럼에도 다수의견은 마치 그것이 북한의 독점물인 것처럼, 그 단어를 언급하는 순간 북한의 주의주장에 동조하는 것으로 간주해버리는 근시안적 사고로 일관했습니다. 그리고 바로 이 점에서 다수의견은 대한민국의 헌법을 기준으로 위헌정당심판에 임한 것이 아니라 북한의 주의주장, 그것도 현재의 그것이 아니라 과거의 것을 절대적 잣대로 삼아 통합진보당을 낙인찍고 단죄하는 무리수를 두었습니다.

16. 저항권 주장이 폭력혁명 추구인가?

이재화 __ 다수의견은 민주노동당과 통합진보당이 대중투쟁과 저항권을 결합하여 집권하겠다고 밝힌 것을 폭력혁명을 추구하는 것으로 판단하였는데, 어떻게 보십니까?

정태호 __ 우리 사회가 과거 오랫동안 군사독재세력 내지 권위주의 세력에 의해 지배당한 비민주적인 사회였다는 역사적 사실을 잊어서는 안 되죠. 지금도 자유민주주의의 최소한인 선거민주주의마저 위기에 빠뜨리고 집권한 사이비 민주세력이 장악하고 있다는 현실, 그렇지만 헌정질서를 교란한 중대한 범죄를 저지른 주범들은 물론 하수인조차 제대로 처벌하지 못하고 있는 현실, 따라서 저항권의 행사도 정당화될 수 있는 우리 현실을 떠나서 전투적인 언어구사의 사례를 꼬투리 잡아 진행된 논증입니다. 4·19 혁명이나 6월 항쟁도 시민들이 불법체제에 맞서 목숨 걸고 일어났던 저항권의 행사였고, 그 결과 불법세력으로부터 양보를 얻어냈어요. 민주세력의 역량부족과 사회의 민주적 기반이 취약해 그러한 천재일우의 기회를 민주세력이 주도하지 못한 것이 우리 현대사입니다. 저항이 정당화되는 상황, 대중투쟁이 동력을 획득하게 되는 원인, 불법세력에 대한 응징과 그들이 점하고 있던 권력의 공백은 다른 정치세력들이 주도권을 장악하는 것을 용이하게 만들 수밖에 없다는 사리에 대해서는 말하지 않고, 저항상황에서 불가피하게 동원될 수 있는 물리적 폭력의 행사에만 초점을 맞추어 이른바 주도세력이 은폐했다는 폭력혁명 노선의 일단이 드러난 것이라고 보는 것은 논리의 비약이 아닐 수 없죠. 더구나 일개 당원이 토론회에서 발표한 논문에서 언급한 내용을 바로 정당의 집권전략으로 인정한 것은 조직으로서의 정당의 특수성을 무시한 무리한 논증입니다.

4·19 혁명이나 6월 항쟁도 저항권의 행사

한상희 __ 크게는 두 가지의 문제가 있습니다. 첫째, 다수의견은 대중투쟁이나 저항권이라는 말의 의미를 자의적으로 왜곡 해석함으로써 전체 그림을 짜 맞추는 데 필요한 퍼즐 조각을 새로이 만들어내고 있어요. '투쟁'이나 '저항권'이라는 말은 적극적이고 능동적인 대중운동이라는 의미를 담아내는 레토릭 중의 하나죠. 물론 거기에는 물리적 폭력이 삽입될 수도 있을 것입니다만, 어디까지나 그러한 폭력의 가능성은 너무도 많은 전제조건들이 충족될 때에 비로소 가능한, 문자 그대로 '메이비(maybe)'의 관념에 지나지 않습니다. 막연한 가능성에 불과한 것이고 이를 이유로 정당해산은 할 수 없는 것이지요. 그럼에도 다수의견은 여기에 '폭력'이라는 의미만을 부여하여 그것이 곧장 무장폭동의 형태로 비화될 것처럼 확대해석을 하고 있습니다. 이 결정의 서두에서 스스로도 정당해산의 요건은 엄격하게 해석하여야 한다고 밝혀놓고 곧장 식언을 하고 있는 것입니다.

둘째, 이 부분은 헌법재판소의 인권과 헌법에 대한 의식이 얼마나 후진적인지를 잘 보여줍니다. 만에 하나 통합진보당이 말하는 '저항권'이 법적 개념으로 체제에 대한 강력한 항거라는 의미로 이해된다 하더라도 그것은 헌법재판소도 인정했던 인권의 한 형태이기 때문에 의당 통합진보당의 합헌적인 주장으로 인정해 주어야 해요. 체제가 위헌적인 방법으로 대중의 권리와 삶을 억압하고 있다면, 그에 대해 저항하는 것은 국민의 기본적 권리에 속하는 것이기 때문입니다. 다수의견은 이런 점을 완전히 무시하고 있어요. 또 하나 지적하여야 할 것은 이런 용어들을 폭력으로 본다 하더라도 그 폭력을 행사할 수 있는 현실적 가능성 즉, 구체적 위험이 존재하는가에 대한 판단은 별도로 해야 했습니다. 유럽인권재판소는 터키 헌법재판소가 한 복지당 해산판결을 승인하면서 내세웠던 이유 중의 하나가, 집권당인 복지당은 자신이 주장했던 지하드를 실현할 수 있는 현실적인 능력이 있기 때문에 구체적 위험이 있다는 것이었습니다. 통합진보당 해산 결정에서도 이와 같은 증명이 있었어야 했던 것이지요.

17. 비례성의 원칙은 지켜졌는가?

이재화 __ 비례성의 원칙을 좀 살펴보시죠. 다수의견은 민주적 기본 질서에 실질적 해악을 끼칠 구체적 위험성도 있고 부득이하게 해산 하는 것 말고는 다른 방법이 없다고 판단했는데, 이에 대한 평가도 좀 해주십시오.

한상희 __ 헌법재판소는 정말 말만 비례성의 원칙을 적용했다고 하 였지 실제로는 비례성의 원칙을 적용하지 않았어요. 헌법재판소 다 수의견에 보면 구체적인 기준이 전혀 없어요. 이것은 기본적으로 국 민의 정치적 기본권과 관련된 것이기 때문에 엄격히 심사해야 합니 다. 하나하나 따져야 하는데 그 엄격히 심사하는 것도 전혀 없이 그 냥 다른 방법이 없으니까 처단해야 한다, 이렇게 하고 넘어간 것이 죠. 비례성의 원칙을 실제로 적용했는지, 했다고 해도 아주 형식적으 로 한 것이 아닌지 의문이 듭니다.

내란실행 가능성 0퍼센트, 위험성 뻥튀기

정태호 __ 국가보안법 같은 게 없는 나라였다면 또 모르겠어요. 우 리나라는 방어적 민주주의, 민주주의 방어를 위한 수단이 과잉인 나 라거든요. 형법도 있고, 특별형법인 국가보안법도 있고, 더구나 이미 내란선동죄로 이른바 주요 주도세력의 수괴가 투옥된 상황인데 무슨 대체수단이 없다는 것인지 이해가 안 가죠.

한상희 __ 자기모순인데요. 주도세력론이 대표적이거든요. 주도세력을 제거하면 깨끗해진다는 말은 이게 대체수단이 있다는 것이거든요. 주도세력을 제거할 수 있는 국가보안법과 형법이 있지 않습니까? 왜 이 방법을 안 쓰고 굳이 통합진보당을 해산시켜야 합니까?

이재화 __ 저는 그런 생각이 듭니다. 내란선동이라고 치자고요. 대장이 내란을 선동하였는데, 그 회합 참석자들은 손가락 발가락 하나도 꼼짝하지 않았어요. 이는 회합 참석자들이 내란선동이라는 생각하지 않았거나, 이석기 전 의원이 조직의 수괴가 아니거나 둘 중의 하나인 것이죠. 어느 것이든 내란의 가능성은 0퍼센트라는 말이에요. 실질적 위험성이 없다는 것이죠. 그런데도 다수의견은 구체적 위험성이 있다고 판단해버렸어요. 내란으로 나아갈 위험성은커녕 개연성조차도 없는 상황인데, 구체적 위험성이 있다고 판단한 것은 과장이자 뻥튀기이죠.

정태호 __ 그후에 실제로 내란 준비를 했다면 또 다른 문제이겠지만, 그런 것은 없었고 말뿐이었어요.

이재화 __ 말만으로 내란은 안 되잖아요?

한상희 __ 터키에서 터키 복지당 해산에 급박성이 있다고 한 가장 큰 이유 중에 하나가 이 복지당이 TV 방송국을 장악하고 있었고, 군부가 산업을 장악하고 있었다는 것입니다. 복지당은 방송국을 장악한 것에 대해 "전차나 대포보다 더 강하다. 우리는 이걸 갖고 있다. 우리 당은 이것을 활용해서 신정주의로 나아간다. 지하드를 선포한다."라고 말한 적이 있거든요.

정태호 __ 터키 복지당은 의원 수도 178명이었고, 제1당이었죠.

한상희 __ 연립정부를 통해서 집권하고 있었고, 그 다음 선거에서 단독 집권할 수 있는 가능성이 열려 있었죠. 여론조사에서 50퍼센트 이상 지지를 받고 있었거든요. TV 방송국을 장악하고 있었고, 아나톨리아라는 아시아 쪽에 붙은 땅도 장악하고 있었어요. 그 정도가 되어야 급박하다고 판단할 상황이 되는 거죠. 통합진보당은 그중에 어느 하나도 없잖아요.

이재화 __ 죽창 한 자루, 새총 하나도 안 나왔지요. 안창호, 조용호 재판관의 다수의견에 대한 보충의견 345쪽을 보니까 "아주 작은 싹을 보고도 사태의 흐름을 보고, 사태의 실마리를 보고도 그 결과를 알아야 한다. 이것이 옛 성현의 가르침이다.", 이렇게 되어 있어요.

한상희 __ 그게 대표적인 나치식 논법이잖아요.

이재화 __ 그렇죠. 이 말은 진보의 싹을, 아예 새싹을 나올 때부터 잘라야 한다는 발상이잖아요.

정태호 __ 저는 궁예의 관심법과 같은 거라고 봅니다.

이재화 __ 스스로 비례성의 원칙과 정반대의 개념을 제시한 거죠. 비례성의 원칙이란 것은 목적과 활동이 위헌이라도 다른 수단을 최대한 연구해보고, 최후의 수단으로 정당을 하라는 것이잖아요. 발상 자체가 헌법 제37조 제2항[23] 위반이고, 비례성의 원칙 위반이죠.

한상희 __ 다 떠나서 법률가라면 저런 식으로 말할 수는 없죠.

참새 잡으려고 대포 쏘면 안 된다

이재화 __ 마지막 날 황교안 법무부 장관이 최후진술할 때 제궤의혈, 즉 작은 개미굴에 의해 큰 둑이 무너진다는 고사성어를 인용했죠. 개미굴이 있으면 굴을 파는 개미만 잡으면 되는 것이죠. 그게 비례성의 원칙이잖아요. 황 장관의 이 말은 "참새 잡으려고 대포 쏘면 안 된다."는 격언과는 정반대로, 다른 수단을 강구할 것이 아니라 선제적 공격을 해야 한다는 것이지요. 청구인인 정부 스스로 비례성의 원칙을 생각하지 않고 심판청구 했음을 자인했음에도 헌법재판소가 정부 측의 손을 들어준 것입니다.

정태호 __ 저런 논증을 하려면 해산요건에 대해서 별개의 의견을 썼어야지요.

이재화 __ 정부 측을 대표하는 법무부 장관이나 법무부 장관의 대리

---

23 헌법 37조 ② 국민의 모든 자유와 권리는 국가안전보장·질서유지 또는 공공복리를 위하여 필요한 경우에 한하여 법률로써 제한할 수 있으며, 제한하는 경우에도 자유와 권리의 본질적인 내용을 침해할 수 없다.

인인 공안검사들이나 정부 측의 전문가 또는 증인으로 나온 전향자들이나, 판결 내린 헌법재판관들은 모두 민주주의에 대한 기본 이해가 없어요. 반공주의자들이 민주주의를 파괴한 것입니다.

한상희 __ 개미굴 이야기는 퍼즐 맞추기랑 똑같죠. 무엇을 개미굴로 본 것인가, 이게 문제죠.

정태호 __ 보충의견이 그거죠. 자기들만 애국하고 있다고 생각해요. 착각하고 있는 거죠. 애국하는 방법은 정말 다양한 것인데요. 어찌 보면 통합진보당이나 한국에서 소수 야당을 하는 사람들만큼 젊은 시절을 뜨겁게 조국을 위해서 불사른 사람들이 없잖아요. 그런 사람들을 반민주세력으로 낙인찍은 거죠.

한상희 __ 부부싸움 하는 데, 애국가 나올 때 경례 안 하고 아랑곳하지 않고 계속 싸우면 매국노라고 하는 것이랑 같죠. (웃음)

18. 의원직 상실, 법적 근거 있나?

이재화 __ 국회의원 자격 상실 건에 대해서도 간단히 평가해주시지요.

정태호 __ 저는 참고인 진술할 때도 그 이야기 했습니다만, 통합진보당의 공식적 당 강령이 민주적 기본질서에 위배되었다고 한다면, 모든 의원들이 그 사실을 다 알고 활동했기 때문에 동시에 의원직을 상

이재화 변호사

실시킬 수도 있다고 봐요. 논리상으로 보면 그럴 수도 있지요. 그런데 헌법재판소는 주도세력을 별도로 설정을 했고, 은밀하게 목적을 추구해왔다고 주장해 왔잖아요. 그럼 어떤 가능성을 배제할 수 없느냐면, 그런 은폐된 목적은 모른 채 공식 강령을 믿고 이를 실현하기 위해서 활동했던 의원들이 충분히 있을 수 있죠. 그런데 비상상황이라는 이유로 법적 근거도 없이 의원직을 날려버렸어요. 독일하고는 성격이 다릅니다. 그 당시 사회주의제국당(신 나치당) 사건에서 전체 의원의 의원직 박탈을 했을 때 법적 상황이 어땠느냐면, 우리와 달리 의원자격심사 제도조차 없었어요. 그러나 우리는 국회가 자율적으로 개별 의원에 대한 자격심사를 해서 의원직을 상실시키는 헌법적 수단이 있잖아요. 독일에서도 그 후에 아니, 지금도 그 법률에 대한 위헌 논쟁이 있습니다. 명문의 규정을 둔 상황에서도요. 의원은 전 국민의 대표이지, 정당의 대표가 아니거든요.

이재화 __ 우리 헌법과 국회법[24]에는 국회의원은 정당에 얽매이는 것이 아니라 국민에게 기속된다고 명시하고 있잖아요.

국회의원 자격상실 결정은 월권행위

정태호 __ 독일의 경우 사회주의제국당 해산판결, 공산당 해산판결이 내려진 이후에 선거법이 바뀌고 명문의 규정을 두었음에도 불구하고, 상당수의 독일 학자들은 그 규정을 위헌으로 보고 있어요. 그렇게 논란이 되는 제도를 굳이 왜 따라갔는지 저는 이해가 안 돼요. 또 하나 독일에서는 독일연방헌법재판소가 나름대로 해산 결정을 하면서 의원직을 박탈할 수 있었던 소송법적인 근거가 있습니다. "독일연방헌법재판소 결정의 집행에 관해서는 독일연방헌법재판소가 결정한다."라는 명문의 규정이 있어요. 그런데 우리는 그런 헌법재판소 결정 집행에 관한 명문의 규정도 없어요. 그리고 해산절차의 당사자는 정당이지 국회의원이 아니거든요. 소송법적으로도 여러 가지 무리가 따르는 결정이라는 것이죠.

한상희 __ 그것을 하려면 소속 의원들도 피청구인이 되어야 하는 거죠.

---

24 헌법 제46조 제2항에서 "국회의원은 국가이익을 우선하여 양심에 따라 직무를 수행한다."라고 규정하고 있고, 국회법 제114조 제1항에서도 "의원은 국민의 대표자로서 소속정당의 의사에 기속되지 아니하고 양심에 따라 투표한다."라고 규정하고 있다.

이재화 __ 소속 의원들이 피청구인이 됐다면 소속 국회의원들도 별도로 자기방어를 했겠죠. 정당과는 달리 자기이해관계가 있으니까요. 연혁을 보더라도 1962년 헌법에 있다가 지금은 없어진 것이니까, 헌법을 개정하는 국민들의 의사라는 것은 결국 민주적 기본질서에 정당성이 있는 국회의원들에게는 손대지 말라는 그런 취지라고 봐야죠.

한상희 __ 정당국가 경향을 이야기하는데요. 당시 독일의 정당국가 경향이라는 것은 우리나라와는 다르지 않습니까? 거기는 정당을 중심으로 국가를 만들었고, 우리는 제3공화국 헌법에서 정당국가를 아주 강화시켰다가 유신헌법에서 대폭 완화를 시켰거든요. 현행 헌법체계에서는 정당국가라고 이야기하는 게 이상할 정도지요. 오픈 프라이머리(완전 국민경선제)까지 이야기하는 판에, 갑자기 정당국가 경향 운운하면서 의원직 상실을 결정할 수 있다는 건 말이 안 됩니다.

이재화 __ 통합진보당을 해산시켜야 한다고 주장한 헌법학자들이 쓴 교과서를 보더라도, "국회의원은 정당에 기속할 뿐 국민에게 기속 않는다."는 입장을 전개하는 사람은 아무도 없어요.

중앙선거관리위원회의 과잉 충성

이재화 __ 선거관리위원회가 지방의회의 비례대표 의원들의 의원직까지 사실상 헌법재판소 결정에 의해 당연 퇴직시켰다고 결정해 비렸잖아요. 이것은 어떻게 해석해야 하나요?

정태호 __ 이것은 청구도 안 했는데 말이죠.

이재화 __ 맞아요. 정부는 지방의회 의원은 행정의 영역이기 때문에 정당해산 하고 무관하다고 판단해서 지방의회 의원에 대한 자격상실에 대해 청구조차 하지 않았지요. 정부 측 대리인은 2014년 1월 7일자 준비서면 152페이지에서 이와 같은 주장을 했어요. 그런데 중앙선관위가 정당법 제192조 4항을 엉뚱하게 적용해버렸죠. 이 조항은 정당의 사유가 아닌, 비례대표 의원 개인의 자의적인 의사로 정당을 바꾸는 경우 그 비례대표 의원직을 박탈하겠다는 취지로 만들어진 것입니다. 이른바 '철새 의원'을 방지하기 위한 것이지요. 중앙선거위원회가 과잉 충성하려다가 이른바 '똥볼' 찬 것이라 봅니다.

정태호 __ 독일에서는 지방자치영역은 중앙정치하고는 본질이 다른 행정영역이었고, 거기서 이른바 위헌정당의 구성원들이 활동을 하더라도 위헌성이 크다고 볼 수 없는 거죠. 헌법재판소가 비상상황을 이야기했는데, 비상상황이 아닌 거죠. 그래서 각 주의 선거법에 맡겨버린 겁니다. 독일의 경우 나중에는 명문의 규정이 만들어졌는데, 우리는 명문의 규정이 없는 상태지요.

이재화 __ 공직선거법 제192조 제4항은 국회의원이든 지방의원이든 철새정치인이 A 당에서 비례대표 되었다가 자의적으로 B 당으로 옮겨갔을 때는 자격박탈 한다는 것이에요. 만약 중앙선거관리위원회 견해대로라면 법에 의해 당연퇴직되는 지역구가 아닌 비례대표 국회의원인 이석기, 김재연에 대해서는 정부가 자격상실 청구를 하지 말았어야죠. 아니면 지방의회 의원들도 국회의원들처럼 모두 자격상실 청구를 했어야죠. 법무부와 중앙선거관리위원회의 행동이 모순되잖아요.

한상희 __ 법리적으로도 지방 차원에서 민주적 기본질서에 위해를 끼칠 가능성은 없잖아요. 그런 의미에서 거기에도 비례성의 원칙을 적용할 수 있는 것이죠. 법률적으로 연결되지 않는 것을 굳이 갖다 붙이는 것은 잘못된 것이죠. 법무부가 준비서면에서 주장한 것이 맞고 중앙선거관리위원회 주장이 틀린 겁니다. 지방선거에서는 외국인도 투표할 수 있거든요. 바로 그것이 지방자치 영역은 민주적 기본질서하고 관계없다는 것을 보여주는 거죠. 주권사항이 아니라고 보는 것이죠.

19. 해산 판결 이전의 당 활동에 대한 수사의 문제점

이재화 __ 위헌정당해산 판결과 그 이전의 당 활동에 대한 소급적용의 형사처벌 문제에 대해서 좀 말씀해주십시오. 공안 당국이 태스크포스팀을 구성해서 연구하고 있다 그러거든요. 일각에서는 공안몰이에 대한 우려가 큽니다. 독일의 사례를 참고해서 말씀해주시겠습니까?

정태호 __ 독일은 우리와 달리 명문의 규정이 있었습니다. 1951년도 구 형법 규정에 있었어요. 반민주적인 단체나 위헌적인 정당을 만들고 수뇌부로 활동한 사람을 처벌하는 명문의 규정이 있었어요. 다만 정당 활동에 대해서는 어떤 규정을 두었느냐면, 위헌결정이 내려진 다음에 기소할 수 있다는 규정을 두었죠. 이 규정에 의해서 1956년 독일 공산당 해산판결 후 수많은 공산당원들이 처벌을 받았어요. 그런데 독일연방헌법재판소가 1961년에 이 규정에 대해서 정당 활동의 자유를 지나치게 침해하고 위축시킨다는 이유로 위헌결정을 했습니다. 정당을 만들고 활동할 때, 그 당원들은 정당이 합헌적인 정당으로 알고 활동하는 것이거든요. 나중에 헌법재판소가 이 정당이 위헌적인 목적과 활동을 했기 때문에 해산시키고, "너희는 이 정당에서 활동했으니까 처벌받아야 한다."고 말하면 정당에 가입하는 사람이 없어지겠죠. 대한민국 정당은 안 그래도 당원 수도 적고, 많은 국민이 정치를 더러운 것으로 인식하고 있는 데, 해산 결정 이전의 활동을 문제 삼으면 더욱더 정당 활동을 안 할 겁니다.

통합진보당만이 아닌 모든 야당의 문제

이재화 __ 독일연방헌법재판소의 결정이 독일 공산당 판결 이후에 매카시즘 열풍으로 불거져서 20만 명 정도가 수사를 받고, 실제 처벌된 사람이 6~7천 명 정도 된다고 하더라고요. 독일연방헌법재판소가 이러한 현상에 제동을 건 것이죠. 종전의 공식적 활동은 합법적인 것으로 간주한다는 것이지요. 그렇지 않다면 정당이 불안해서 활동할 수 없지요. 법치주의의 기본원리인 법적 안정성을 침해한다는 것이죠. 그래서 형법 규정을 위헌이라고 결정한 것이죠.

정태호 __ 헌법재판소의 정당해산효력은 미래를 향해서만 있는 것이지, 과거의 합법적인 수단을 가지고 이루어진 통상적인 정당 활동을 소급하여 위헌으로 만드는 것은 아닙니다.

이재화 __ 우리나라 검찰이나 국정원이 독일연방헌법재판소 판결을 공부해서 통합진보당 관계자들에 대해 제발 부당한 수사를 하지 않기를 바랍니다.

정태호 __ 그래야겠죠. 그런데 뭐 모르죠. 우리 헌법재판소가 그랬 듯이 공안기관이 지금 국가보안법 가지고 무슨 일을 벌일지 알 수 가 없죠.

이재화 __ 예컨대 외곽 때리기, 방계조직 활동, 진보적 민주주의를 개별적으로 공부한 사람, 학습 모임, 이런 것 가지고도 장난칠지도 모르죠.

한상희 __ 사실 더 겁이 나는 것은요. 검찰 등 공안기관이 피의사실 공표하는 것입니다. 먼저 피의사실을 공표하면서 우리나라에 '이렇 게 주사파들이 많다.'고 공포 분위기를 만들어내고, 정치적으로 이 용하고, 그 사람들을 조사한다고 오라 가라 골탕먹이고, 그런 것도 큰 문제죠

이재화 __ 그에 대해서 우리는 어떻게 대응해야 하는 것이죠? 분명히 꼼수 부리거나, 어떤 형태든 가만히 있지는 않을 텐데.

정태호 __ 이미 보수단체에서 고소 고발하고 수사기관이 수사한다는 것 아닙니까? 한편으로는 우리가 저들의 시도가 얼마나 위험한 것인 지, 독일 판례를 적극적으로 알릴 필요가 있는 것 같고요. 통합진보 당의 문제가 아니라 모든 야당의 문제지요.

이재화 __ 정당 활동의 자유에 대한 위축 효과가 있을 것이고, 결국 정당 존립의 기초가 흔들린다는 것이죠.

20. 집시법 제5조 제1항, 어떻게 해석해야 하나?

정태호 __ 집회 및 시위에 관한 법률 제5조 제1항 제1호는 "헌법재판소의 결정에 따라 해산된 정당의 목적을 달성하기 위한 집회 또는 시위"를 금지하고 있어요. 먼저 민주주의에 대해 본질적 의미가 있는 집회의 자유를 최대한 보장할 수 있도록 집회의 자유에 대한 제한규정인 이 규정의 금지범위를 가능한 한 좁게 해석해야 합니다.

다음으로 헌법재판소가 통합진보당의 공식적 강령이나 통합진보당 자체의 활동이 민주적 기본질서에 반한다고 본 것이 아니라는 점에 유의해야 합니다. 헌법재판소가 인정한 일부 주도세력의 숨겨진 목적과 이를 실현하려는 활동이 민주적 기본질서에 위배된다고 보았을 뿐입니다. 그렇다면 이른바 주도세력이 아닌 당원들이 공식적 강령을 실현하려는 집회까지 금지되었다고 보기는 어려워요. 더구나 헌법재판소의 해산 결정의 문제점에 대한 고발과 비판, 헌재의 해산 결정의 배후에 있는 집권세력의 반민주적 정치행태에 대한 비판과 고발 등을 목적으로 개최되는 집회까지 금지되어 있다고 보기는 더욱 어려울 것입니다.

한상희 __ 이 부분은 그 법문 그대로 해석하면 아무 문제가 없어요. 다수의견에서 언급한 것처럼 통합진보당의 공식적인 강령이나 활동은 별다른 위헌성이 없습니다. 위헌적인 것은 주도세력의 '숨겨진 목적'일 따름이죠. 진보적 민주주의가 문제인 것이 아니라 '폭력에 의한' 진보적 민주주의가 문제이고, 그것을 바탕으로 '북한식 사회주의'를 추구하는 것이 문제인 것이지요. 그렇다면 집시법 제5조 제1항에 의해 금지되는 것은 바로 이렇게 진보적 민주주의를 '폭력'으로 달성할 것을 선동하거나 '북한식 사회주의'를 추구하는 행위일 것입니다. 그런데 이런 경우는 집시법을 들이대기 전에 바로 국가보안법이나 아니면 형법상의 내란·폭동죄 혹은 선동죄를 적용하겠지요.

사실 이런 '목적'을 옹호하는 집회와 시위는 별로 없을 것입니다. 대부분 통합진보당의 해산 결정을 비판하고 헌법재판소의 혁신을 요구하는 집회와 시위일 것입니다. 또한 그 결정이 나오게 된 종북담론이나 반공이데올로기와 같은 억압적인 권력행태에 대한 비판과 저항이 집회와 시위로 이루어질 것입니다. 이런 비판과 저항의 집회·시위는 집시법 제5조의 소관사항이 아니죠. 그것은 "해산된 정당의 목적을 달성하기 위한" 것이 아니기 때문입니다. 더구나 형사처벌 조항들은 가능한 한 좁게 해석하여야 한다는 것이 법치주의의 기본원칙이지요. 설령 어떤 집회나 시위가 통합진보당의 주의·주장에 우호적으로 보일 여지가 있다 하더라도, 그 주된 목적이 "일차적으로는 폭력에 의하여 진보적 민주주의를 실현하고, 최종적으로는 북한식 사회주의를 실현하는 것"과 거리가 있다면, 그러한 표현의 자유를 최대한 보장하는 방향으로 법을 해석하고 적용해야 할 것입니다.

21. 통합진보당 해산 결정이 대한민국 민주주의에 미칠 영향

이재화 __ 이번 헌법재판소 결정으로 대한민국은 반공주의란 미명하에 민주주의의 보편적 원칙이 지켜지지 않는 나라로 국격이 추락되었습니다. 헌법재판소가 정치적 논리로, 증거재판이 아닌 심증재판을 함으로써, 1987년 이후 형성해온 헌법재판소에 대한 국민적 신뢰는 상당히 무너졌다고 봅니다. 국내적으로 이 결정이 이념 갈등을 더욱 촉발하고, 매카시즘 광풍에 기름 부은 것이죠. 이 결정은 국민에게 '한쪽 운동장을 폐쇄하고 반쪽 운동장만 사용하라!'는 겁니다. 우리 사회의 성장을 멈추게 하는 판결이라고 생각합니다.

한상희 __ 저는 헌법재판소의 이번 판결이 1987년 헌법의 생명줄을 끊는, 민주주의의 큰 후퇴를 가져온 판결이 아니었나 싶습니다. 동시에 우리 체제가 자랑한 입헌주의나 법치주의 자체도 뒤로 돌려버린 헌법 파괴적 판결이라는 생각이 듭니다. 실제 이 사건은 존재감이 약해지고 있던 공안세력에게 새로운 존재기반을 마련해 준 판결이거든요. 이후에 닥칠 사건들도 이 공안세력들이 자기 존재감을 드러내는 방식으로 공안 정국을 펼칠 가능성이 높은데요. 그 공안정국이라는 것이 한편으로 보면, 헌법파괴 정국이고 권위주의 체제가 기반을 뒀던 틀이기도 하죠. 반공국가 체제, 1948년 헌법에 기반을 둔 굳건한 틀을 재생산하는 것이 아닌가. 그렇게 보면 전 세계적으로 민주주의나 인권이라는 측면에서 발전하고 있는데, 이 판결로 우리나라는 민주주의, 입헌주의의 갈라파고스 섬이 되어버렸어요. 세계적 추세와 상관없이 한국적 특수성만 이야기하면서 입헌주의, 민주주의, 인권을 무시해버렸거든요. 이제는 국가의 명이 절대적인 것으로 군림하는 새로운 형태의 파쇼체제로 바뀌지 않을까, 그게 제일 큰 우려가 되는 것이죠.

공안세력에게 새로운 존재기반을 마련해 준 판결

정태호 __ 중요한 말씀들은 다 해주셨기 때문에 저는 중복되지 않는 범위 내에서 언급하겠습니다. 한국이 처한 상황은 매우 특수하죠. 유일하게 남은 분단국가이고, 그래서 분단 상황을 극복하는데 범상치 않은 정치적 상상력과 노력이 필요해요. 헌데 이번 결정 과정에서 해산 논리들을 들여다보면, 북한과 유사하다거나 용어가 어떻다는 논리가 마구 동원되고 있습니다. 이것은 우리가 직면한 중대한 민족적 문제를 풀어가는 데 필요한 폭넓은 정치적 상상력을 상당히 위축시킬 것입니다. 반쪽 운동장을 폐쇄했다고 말씀하셨듯이, 앞으로 야당들은 정당활동 과정에서 자기검열을 해야 하는 그런 상황이 조성이 되어버렸어요. 항상 북한에 대해서는 긍정적으로 말해서는 안 되고 부정적으로만 말해야 하고, 정부가 북한을 비판하면 가만히 있어야 하는 상황 말이지요. 장기적 안목을 갖고 남북관계를 풀어나가는 선택지를 엄청나게 좁혀놓은 비극적 결정이라고 말씀드릴 수 있겠습니다.

이재화 __ 긴 시간 고생하셨습니다. 감사합니다.